Atrévete a ser emprendedor

Atrévete a ser emprendedor

Jack Fleitman

A mis hijos Israel y David
que con la motivación que me dan
he podido cumplir con el reto de
escribir este octavo libro. Los amo.

EL LIBRO MUERE CUANDO LO FOTOCOPIAN

❦

Título de la obra: *Atrévete a ser emprendedor*
COORDINACIÓN EDITORIAL: Danú Hernández Jiménez

PORTADA: Julieta Bracho • estudio jamaica
DIAGRAMACIÓN: Federico Mozo Macedo

© 2018 Editorial Pax México, Librería Carlos Cesarman, S.A.
     Av. Cuauhtémoc 1430
     Col. Santa Cruz Atoyac
     México DF 03310
     Tel. 5605 7677
     Fax 5605 7600
     www.editorialpax.com

Primera edición
ISBN 978-607-9472-48-1
Reservados todos los derechos
Impreso en México / *Printed in Mexico*

CONTENIDO

poder llevar a cabo su objetivo de lograr el éxito. Lo que considero por mí mismo, hace fin de cuenta que se logre ser un empresario exitoso.

Las empresas exitosas no se logran...

INTRODUCCIÓN

En estas páginas he tratado de dar respuesta a importantes preguntas que hoy en día se les presentan a los emprendedores que quieren empezar un negocio. Es un libro que proporciona conocimientos para manejar técnicas y estrategias con el fin de saber cómo identificar y buscar nuevas oportunidades que permitan desarrollar con creatividad nuevos emprendimientos.

Es una obra que tiene el propósito de contribuir a hacer más eficientes las actividades operativas, administrativas, contables y de mercado, así como favorecer el desarrollo, el crecimiento y la competitividad de las empresas. En definitiva, este texto es una guía para planear, administrar y desarrollar un negocio, y proporciona conocimientos, experiencias y consejos para que el emprendedor realice negocios y gane dinero.

Contiene información sobre cómo iniciar un negocio, cómo elaborar un plan de negocios, cómo utilizar las incubadoras, cómo utilizar la mercadotecnia tradicional y digital, cómo cerrar ventas con éxito, cómo administrar las compras y los inventarios, cómo coordinar al personal, la operación y producción, el manejo de la contabilidad y las finanzas, cómo comprar una empresa y reflexiones sobre la empresa familiar. También aborda la importancia de los sistemas de control de información empresarial, cómo elaborar manuales de organización y de procedimientos y cómo el emprendedor debe manejar y utilizar el tiempo. Finalmente, el texto viene enriquecido por un glosario, cuyo objetivo es uniformar el significado de la terminología más usual en el mundo de los negocios.

Por la amplia variedad de temas que se incluyen en este libro, los invito a que interrumpan periódicamente la lectura y reflexionen sobre las recomendaciones y consejos que se hacen en cada uno de los capítulos. Cada apartado les da información práctica y útil que tienen que tomar en cuenta para evitar al máximo los errores por omisión que se puedan tener al emprender. Es una propuesta exhaustiva de todo lo que hay que considerar para hacer un intento serio en busca de ser un empresario exitoso.

~*Los emprendedores nacen y se hacen*~

ANTECEDENTES

Hay una gran cantidad de personas a las que les gustaría emprender su propio negocio, pero muchas veces el miedo a lo desconocido les impide intentarlo. Casi todos sueñan con emprender en algún momento y lo primero que piensan es cuál es la mejor idea que pueda ser exitosa.

Pero no solo se necesitan buenas ideas, también se requieren negocios bien administrados, con espíritu y sentido social, en donde el personal tenga un lugar preponderante y su talento sea valorado. Se requiere que los emprendedores tengan una nueva forma de dirigir y guiar a las nuevas empresas, que ofrezcan un método humanista e integrador.

Se trata de una transformación radical en la forma de ver, hacer y pensar la administración y operación de una empresa. Los modelos o paradigmas, al igual que las sociedades, evolucionan, lo que significa cambiar y para ello hay que estar dispuesto al cambio.

Hoy, los nuevos paradigmas deben responder a las necesidades de una nueva era de la tecnología, la era digital. El mundo de los negocios es del que está presente en la internet, con cientos de miles de empresas conectadas y millones de usuarios que son clientes potenciales.

La era digital con las redes sociales, internet en el celular, los teléfonos inteligentes, los big data y la nube permiten tener negocios más eficientes y eficaces. Hoy en día la información se transmite alrededor del mundo en segundos. Con las nuevas tecnologías se tiene la posibilidad de compartir sin restricciones el conocimiento, la capacidad de procesamiento de la información aumenta de forma geométrica, lo que está cambiando la forma de hacer negocios, en todos los niveles y en todo el mundo.

Está demostrado que aquellas empresas o instituciones que han adoptado los nuevos modelos son ejemplo de cómo se puede aumentar la productividad y la competitividad. A medida que los emprendedores entiendan las nuevas formas de hacer negocios, tengan la determinación de llevar a la práctica los conceptos y principios de la nueva cultura empresarial y se interesen en capacitarse, entonces, seguramente serán exitosos.

El emprendedor debe tener una ideología y un propósito mucho más importantes que el hecho de ganar dinero. Para tener una empresa con espíritu ganador y poder convertir un sueño en realidad se necesita tener un conjunto de principios éticos y valores.

*Ser emprendedor puede ser una locura
o una gran oportunidad*

CAPÍTULO 1

CÓMO EMPEZAR UN NEGOCIO

Emprender es iniciar un conjunto de actividades encaminadas a un fin específico y predeterminado. Emprender es una carrera con muchos obstáculos que hay que saltar y requiere estar preparado para enfrentar escenarios difíciles e inciertos, en los que con una buena actitud y dedicación se puede tener éxito.

Para que un emprendedor sea exitoso debe crear empresas que satisfagan sus necesidades personales, por lo que ha de cerciorarse de que la naturaleza del negocio es acorde con sus deseos, actitudes, carácter, conocimientos y potencialidades.

Tener una buena idea no quiere decir que se va a traducir en un negocio exitoso, ya que hay muchas variables que intervienen. Muchos pueden tener una idea de negocio, pero nada garantiza que sea buena y se pueda transformar en una empresa exitosa. No hay que creer que una nueva idea realmente es diferente de las que ya existen y que serás el creador de una nueva red social con millones de seguidores.

Los negocios supuestamente originales no siempre son exitosos y pueden ser costosos y tener pocas posibilidades de éxito, por lo que deben ser muy bien pensados. No quiero ser pesimista, pero es necesario mantener los pies en la tierra y ser práctico y racional, no se trata de inventar el hilo negro en los negocios.

La iniciativa o proyecto de creación de una empresa se genera a partir de una idea que surge de la observación de la realidad económica, en la que detectamos posibles oportunidades de negocio, ya sea que en el mercado tenga más demanda que oferta de algún producto o servicio y las empresas que existen no la puedan satisfacer o la demanda de una comunidad por determinado producto o servicio que no esté en el mercado.

Es recomendable empezar con un emprendimiento pequeño para ganar experiencia como emprendedor. De preferencia con un negocio sencillo de operar, probado y comprobado para lograr la autosuficiencia lo más rápido posible y posteriormente conseguir un crédito o un socio para crecer.

Los negocios deben tener visión, misión y objetivos claramente definidos, adoptados y comprendidos por los colaboradores involucrados, que auguren un futuro promisorio y una mejor calidad de vida para todos. El emprendedor es una persona que se involucra con sus propios medios en el mundo de los negocios, cambiando su forma de vivir.

Cuando se va a empezar un negocio lo más importante es ser realistas, ya que el espíritu emprendedor no siempre hace que un sueño se haga realidad. Uno de los miedos más grandes a la hora de comenzar un nuevo negocio son las estadísticas de fracaso de los que empiezan.

Saber que más del 80% de las empresas fracasan y más del 60% de las que sobreviven lo harán en los primeros dos años no motiva a iniciar un negocio. Lo anterior es una realidad que siempre hay que considerar al emprender, no se trata de ser optimista o pesimista, lo único real es que las estadísticas no mienten. Al iniciar un negocio no existen fórmulas garantizadas ni recetas probadas de éxito. Es muy importante establecer objetivos y metas realistas y alcanzables para evitar frustraciones.

Para estar seguro de los objetivos que se pretenden alcanzar es fundamental saber qué estrategia habrá de ser adoptada. Para definir la estrategia que se adoptará habrá que sujetarla a un plan determinado de trabajo que permita alcanzar las metas establecidas y visualizadas. Para definir las metas se deberá tomar en cuenta las potencialidades personales y el perfil de los integrantes del grupo involucrado.

La idea de conseguir inversionistas o préstamos bancarios al comenzar un negocio muy pocas veces es real, ya que la mayoría de los emprendedores no consiguen dinero si no tienen garantías para dar a las instituciones financieras, como inmuebles, cuentas bancarias con mínimos de saldos o avales con credibilidad crediticia. Hay fondos especiales para emprendedores que proporcionan los gobiernos a través de sus incubadoras y aceleradoras, pero todavía son muy limitados los montos que prestan y el universo de personas que pueden abarcar.

Cuando no se tienen muchos recursos para empezar un negocio es conveniente utilizar las redes sociales para promoverlo. Es una alternativa que tiene bajo costo, que requiere imaginación y puede dar buenos resultados.

Para mantener bajos los gastos en el comienzo de operaciones se puede contratar servicios de oficina, asistentes, especialistas, sistemas de telefonía y direcciones de correos electrónicos que permiten ser eficientes y tener presencia en el mercado con una imagen seria y profesional.

❧Lo importante es intentarlo una y otra vez hasta lograrlo, así debe ser el carácter de los emprendedores.❧

PROPÓSITOS DEL EMPRENDEDOR

Cuando una persona emprende un negocio puede tener propósitos a corto, mediano y largo plazo.

A corto plazo es ver el negocio como una fuente de ingresos y de generación de riqueza, en donde las decisiones y acciones estén pensadas con base en los criterios de las utilidades que pueden obtener, sin que importen las relaciones a mediano y largo plazo con los clientes, proveedores y el personal.

A mediano o largo plazo es ver la empresa como un patrimonio personal y familiar, en donde se proporciona un servicio a la comunidad y las decisiones están dirigidas a la mejora continua, buscando con ello tener relaciones honestas y duraderas con su personal, clientes y proveedores.

Cuando realmente se quiere trascender en el mundo de los negocios la única opción viable es el mediano plazo.

PREGUNTAS QUE SE DEBE HACER UN EMPRENDEDOR PARA INICIAR UN NEGOCIO

- ¿Por qué deseo emprender en ese giro?
- ¿Es el giro adecuado?
- ¿Qué puedo aportar y que hay en él para mí?
- ¿Me gusta el mercado al que voy a entrar y le quiero servir?
- ¿Me gusta el tipo de clientes que voy a tener y tengo acceso a ellos?
- ¿Cuáles van a ser mis obligaciones?
- ¿Cuáles son mis objetivos y metas personales?
- ¿Qué estilo de vida quiero tener?
- ¿Tengo o puedo conseguir los recursos financieros necesarios?
- ¿Puedo administrar y operar la empresa?

- ¿Tengo el tiempo suficiente para invertirlo en la empresa?
- ¿Cuáles y de qué tamaño son los riesgos que estoy dispuesto a correr?
- ¿Cuáles y de qué tamaño son los beneficios que deseo obtener?
- ¿Qué tan grande quiero que sea la empresa?
- ¿Con qué rapidez quiero que crezca?

Un paso más adelante, el emprendedor debe interrogarse ya no sobre cuestiones personales vinculadas con el futuro emprendimiento, sino sobre el negocio propiamente dicho.

PREGUNTAS SOBRE EL CONCEPTO DEL NEGOCIO QUE SE DEBE HACER EL EMPRENDEDOR

- ¿Es adecuada la idea del negocio para el mercado en el que se pretende entrar?
- ¿Es el momento oportuno para entrar en el mercado?
- ¿Cuál es la visión, la misión y los objetivos que persigue el negocio?
- ¿Quién va a ser la competencia?
- ¿Cuál será la mejor ubicación?
- ¿Cómo encontrar colaboradores buenos y confiables?
- ¿Cómo conseguir el equipo y la infraestructura necesarios?
- ¿En dónde y cómo conseguir el mejor financiamiento?
- ¿Quién es el socio apropiado?
- ¿Qué contratos tienen que firmarse?
- ¿Qué trámites hay que hacer?
- ¿Cómo se elabora un plan de negocios?
- ¿Cuáles son y cómo utilizar los principios básicos de la administración?
- ¿Qué probabilidad de éxito puede tener el proyecto?
- ¿Cuál será el camino más corto, con menos riesgo y más productivo hacia el éxito?

Este libro ofrece respuestas a estas y otras preguntas desde un punto de vista práctico y orientado a la realidad de la mayoría de los emprendedores, pero además de esta guía, es conveniente que los emprendedores tengan un mentor o una persona con quien puedan intercambiar y discutir ideas, ya que las diferentes perspectivas agregan gran valor y facilitan la toma de decisiones.

~Al comenzar un negocio no existen fórmulas garantizadas ni recetas probadas de éxito~

Así, el emprendedor deberá continuar profundizando en la búsqueda de razones correctas para llegar a una conclusión relacionada con el porqué de la necesidad de que exista esa empresa que está soñando. Dará un paso más y buscará razones contundentes que fundamenten esa realización.

RAZONES POR LAS QUE LOS EMPRENDEDORES INICIAN UNA EMPRESA

- Tienen la posibilidad de introducir un concepto o producto que tiene éxito en otras ciudades y sociedades similares.
- Ofrecen un producto innovador y con tecnología de punta que cubre una necesidad específica.
- Han desarrollado una nueva idea o un producto con mucha creatividad.
- El mercado tiene un abastecimiento deficiente y de poca calidad en cuanto a ese producto.
- Hay muy poca competencia en la zona de influencia.
- Existe una población con poder adquisitivo y perfil adecuado para el tipo de productos y servicios que ofrece la empresa.
- Tiene la posibilidad de conseguir una representación de una marca o una franquicia nacional o internacional.

Finalmente, es muy importante evaluar por dónde comenzar el camino de emprendedor: se puede tomar la decisión de fundar una empresa o bien buscar la posibilidad de comprar una que esté funcionando.

~En los negocios el camino al éxito no es fácil y está lleno de obstáculos y desafíos~

PERFIL DEL EMPRENDEDOR

Un emprendedor debe tener propósitos definidos, objetivos muy claros. Debe concentrar su energía, imaginación y recursos en alcanzarlos, superando circunstancias difíciles y adversas y aprovechando todas y cada una de las oportunidades que se presenten. Debe saber qué quiere y a dónde va. Debe ser perseverante, entusiasta y no ceder hasta lograr lo que se ha propuesto. El emprender un negocio requiere mucho esfuerzo, horarios impredecibles y trabajo, por lo que quien decide crear una empresa debe ser apasionado para tener éxito.

Un emprendedor visionario es el individuo que ve el futuro, es el que se ve a sí mismo en el tiempo y tiene la capacidad y la fuerza necesaria para orientar sus pensamientos a un objetivo concreto, conforme a sus aspiraciones y escala de valores. Debe buscar una superación y mejora continua diaria, haciendo bien las cosas desde la primera vez y siempre.

Los emprendedores deben ser líderes y agentes de innovación y cambio, que guían, desarrollan y hacen crecer sus negocios. Ser innovador y creativo, idear nuevas soluciones, desafiar la forma en que se hacen las cosas y proponer hacer cosas distintas es necesario ante un mundo competido que avanza rápidamente con tecnología cambiante. Los emprendedores necesitan entender cómo se utilizan las nuevas tecnologías y poder analizar y sintetizar eficazmente la información que reciben.

Deben ser apasionados y optimistas. Deben valorar a sus socios y colaboradores, demostrar sus principios y valores, como honradez, audacia, entereza, perseverancia, paciencia, lealtad, humildad, resistencia, respeto, disciplina, modestia y responsabilidad.

El emprendedor debe fomentar un espíritu de equipo que genere sentido de pertenencia y permita hacer un trabajo colectivo que se coordine y complemente con eficiencia y eficacia, con el propósito de generar valor para el negocio y sus colaboradores. El emprendedor debe respetar y acrecentar sus valores éticos, personales y profesionales ante la sociedad.

El emprendedor debe aplicar un amplio sentido social en los emprendimientos y ser promotor de un desarrollo con justicia. El emprendedor social debe proponer soluciones innovadoras e implementar estrategias para un efectivo desarrollo social y económico en distintas organizaciones. Debe tener la capacidad de dirigir y administrar de forma responsable organizaciones con un perfil social.

La fuerza del emprendedor debe radicar en su personalidad, su sensibilidad, sus cualidades, habilidades, conocimientos y capacidades. Hay emprendedores que nacen y otros que se hacen con capacitación y dedicación, y que son tan buenos o mejores que los que tienen una capacidad innata para los negocios. Cualquiera puede convertirse en emprendedor si tiene el deseo de cumplir un sueño y alcanzar un objetivo.

TIPOS DE EMPRENDEDORES

Hay distintos tipos de emprendedores que se mencionan a continuación:

- El que quiere emprender un negocio por cuenta propia y todavía no tiene claro cómo hacerlo.
- El familiar que tiene posibilidades de continuar un negocio con nuevas ideas.
- El que busca amigos para empezar conjuntamente un negocio porque se siente más seguro o necesita recursos.
- El que empieza solo un negocio porque se tiene confianza, se siente seguro y tiene recursos.
- Los que tienen recursos económicos y diferentes tipos de relaciones familiares o personales.
- Los que tienen que conseguir los recursos económicos y hacer las relaciones necesarias.
- El que recibe el apoyo de una incubadora o aceleradora.
- El que ha conseguido que su negocio esté por encima del punto de equilibrio y necesita inversión para crecer.
- El que ya tiene una estructura creada, su negocio funcionando, inversiones realizadas y busca crecer y ser mejor.
- El que inesperadamente tiene una oportunidad y decide tomarla.

Independientemente del tipo de emprendedor que uno sea, se puede emprender en diferentes actividades, por ejemplo, en deportes, política, ecología, ejercicio profesional, entretenimiento, cultura, entre otros. Todos los emprendedores pueden apoyar a diferentes comunidades de la sociedad para desarrollar empresas sociales. Pueden trabajar con fundaciones, sociedades de asistencia social, asociaciones de emprendedores sociales, prisiones, comunidades rurales y suburbanas, etcétera.

EMPRENDEDORES SOCIALES

La empresa social busca obtener sus propios ingresos por la venta de sus servicios o productos y tener impacto social, económico y ambiental positivo para sus socios e integrantes. Las principales características de este tipo de empresas son:

- Son una alternativa viable para el desarrollo de los países.
- Tienen como objetivo sacar de la pobreza a regiones marginadas.
- Solucionan conflictos sociales y comunitarios.
- Fomentan el empleo.
- Mejoran la calidad de vida de las sociedades.
- Generan confianza y lazos de cooperación en la comunidad.
- Garantizan la igualdad de oportunidades evitando discriminación.
- Transforman en sujetos productivos a los integrantes de la comunidad.
- Generan trabajos autosostenibles para darles autonomía a las personas.
- La mayoría de los integrantes de la cadena productiva son socios.
- Los miembros se sienten parte del sistema.
- Buscan lograr autosuficiencia financiera y excedentes económicos.
- Se vuelve de interés colectivo que la empresa genere más utilidades.
- Son negocios cuyo beneficio se reparte entre todos los integrantes.

En internet se pueden encontrar muchos casos de éxito de diferentes tipos de emprendedores: en empresas tradicionales que buscan generar valor para sus accionistas, en organizaciones de la sociedad civil (OSC) que buscan tener impacto social positivo o en empresas sociales que perciben ingresos y al mismo tiempo tienen un impacto social.

EL CAMBIO EN LA VIDA DEL EMPRENDEDOR

El emprendedor debe aceptar que al empezar un negocio su modo de vida va a cambiar. Este ajuste generará un mayor desarrollo personal y un ritmo de vida más acelerado, que implicará cambiar la forma tradicional de entender la vida, por una más intensa y de crecimiento.

El emprendedor debe saber que el negocio no va a generar utilidades en forma inmediata y que parcialmente empezará a generar flujos positivos cuando comience a tener ventas que se mantengan en un nivel razonable y estable.

Todo cambio exige modificar la conducta, el comportamiento y el quehacer como personas, por lo que se requiere:

- Tener una mentalidad abierta.
- Comprender la necesidad de cambio.
- Reconocer las razones por las que se quiere cambiar.
- Comprender los cambios específicos que se necesitan.
- Estar preparado para administrar el cambio y mantener el equilibrio personal.
- Participar con actitudes positivas.
- Modificar malos hábitos personales y de trabajo.
- Tener conciencia de los beneficios del cambio.
- Establecer una cultura de calidad y de mejora continua en el negocio.

El éxito de los cambios en los negocios depende del compromiso del emprendedor y sus colaboradores con el proyecto. Hay que considerar que los cambios no pueden imponerse, cada uno tiene que asumirlos internamente.

Abrirse al cambio significa estar dispuestos a crecer como personas y a dar lo mejor de cada uno con el fin de favorecer el desarrollo individual y del negocio. Incrementar conocimientos, destrezas efectivas y actitudes positivas es esencial para enfrentar un entorno dinámico en los negocios, cada día con más necesidades.

Cuando el emprendedor ya tiene su negocio funcionando debe cambiar por las siguientes razones:

- Conseguir en mejores condiciones sus objetivos y metas.
- Incrementar las ventas y los rendimientos.
- Satisfacer a los clientes.
- Adaptarse a los cambios del entorno.
- Tener más calidad en sus actividades y servicios.
- Modificar el modelo empleado por uno más eficiente.
- Competir en un contexto dinámico de cambios permanentes.

EMPRENDEDORES DE ÉXITO

Son innumerables los factores que tienen relación directa con las personas de éxito. El éxito no es solo una cuestión de suerte o audacia, está relacionado íntimamente con un trabajo intenso, tenaz y cotidiano, resultado de la dedicación, la constancia, la inteligencia y la formación. Sin embargo, y por encima de todo esto, el éxito está en la confianza que una persona tiene en sí misma y en la actitud que asume en el presente y el futuro.

Un negocio propio da independencia, libertad de decidir la hora a la que se llega y se retira del negocio, cómo se usa el tiempo y en qué proyectos se invierte. Es conveniente hacer un cálculo realista del tiempo disponible para empezar un nuevo negocio, ya que requiere mucho tiempo y esfuerzo.

Hay que considerar que pocas empresas pueden generar dinero desde el primer día y quizá pase bastante tiempo hasta que se produzcan recursos para los gastos familiares y personales. Los ejecutivos que han renunciado a su trabajo o que lo han perdido y quieren empezar un negocio deben recortar inmediatamente los gastos propios y los de su familia. Deben analizar las posibilidades más viables para empezar una nueva empresa, buscando concentrarse en una idea que sea coherente con su economía y conocimientos.

Algunos emprendedores que han empezado un negocio, además de triunfar, han conseguido tener un patrimonio. Otros emprendedores que han intentado distintos emprendimientos han fracasado en varios y en otros han tenido éxito.

Hay muchos emprendedores que han fracasado porque no visualizan el tiempo necesario para que madure el negocio y el dinero que se requiere para resistir y llegar al punto de equilibrio, que es donde no hay utilidades y tampoco pérdidas. Puede perderse todo lo que se tiene si no se está bien preparado para el giro del negocio seleccionado y no hay objetivos claros de lo que se pretende lograr.

⌒Comenzar un negocio implica gran esfuerzo, horarios impredecibles y mucho trabajo⌒

RAZONES DE PERSONALIDAD PARA NO SER EMPRENDEDOR

Es muy importante considerar las razones vinculadas a la personalidad para no ser emprendedor y ver si es posible cambiar y si no, mejor no emprender porque el riesgo de fracasar es grande. Todo el mundo habla de las muchas razones para ser emprendedor y muy pocos reflexionan sobre por qué ciertos perfiles no son los mejores para emprender un negocio.

Conocer algunas de estas razones sirve para reflexionar y saber si se cumple o no con las características necesarias para ser un emprendedor exitoso. Las personas que no tengan el perfil adecuado para empezar un negocio es mejor que no lo intenten porque seguramente fracasarán. Veamos algunas de las características personales que indicarían que no es conveniente emprender:

- Las ventas son el corazón de cualquier negocio. Para que un negocio empiece tiene que hacer su primera venta, o nadie tiene trabajo dentro de la empresa. Si a alguna persona no le gustan las ventas y emprende un negocio lo más seguro es que fracase.
- Para ser emprendedor se requieren muchas horas de trabajo, levantarse temprano y acostarse tarde durante el tiempo que dure la maduración del negocio, que puede ser de meses o años, dependiendo de cada proyecto.
- Es necesario contar tener la capacidad para entender y hacer cálculos numéricos, que son parte fundamental para el control de cualquier negocio.
- Se requiere el don de la organización, o en su caso desarrollarlo, si se quiere emprender con éxito un negocio. Las personas desorganizadas tienen un porcentaje mayor de probabilidades de fracasar. Se puede decir que la madre del éxito es la organización.
- Si la persona que quiere emprender piensa que es mejor tener ingresos fijos y no arriesgarse definitivamente no tiene actitud ni mente emprendedora.
- Un emprendedor debe ser arriesgado y sentirse capaz de iniciar un negocio y estar dispuesto a superar cualquier situación complicada.

Es conveniente que el emprendedor entienda la contabilidad y la situación financiera del negocio, por lo que es recomendable tomar un curso de contabilidad para no contadores. Siempre se tiene la opción de tener asesores especialistas en diferentes temas que pueden suplir las deficiencias de cualquier emprendedor.

Muchos proyectos de negocio se detienen por pequeños problemas que se presentan y no se resuelven, lo que genera frustración a la que no son tolerantes. Algunas personas, al primer problema que se les presenta abandonan el proyecto.

En resumen, si a una persona no le gusta vender ni levantarse temprano y acostarse tarde, si no le gustan los números ni arriesgarse y no es tolerante a la frustración, entonces, es mejor que no sea emprendedor o esté consciente de sus limitaciones y las trate de resolver con ayuda de los socios o asesores especialistas.

~Si no se empieza un proyecto
no hay ni éxito ni fracaso~

COMPETENCIAS QUE DEBEN TENER O DESARROLLAR LOS EMPRENDEDORES

Lo que se busca con esta serie de competencias es que el emprendedor siempre se preocupe por ser mejor, desarrollarse personalmente y estar actualizado en el conocimiento de los diferentes temas que son de utilidad para mantener y crecer los negocios.

OBJETIVIDAD	✓ Buscar el término justo en las diferentes situaciones. ✓ Ser objetivo en el análisis de la situación real del negocio. ✓ Ser objetivo en los proyectos en que se decida participar. ✓ Tener amplitud de criterio. ✓ Tener sentido común para actuar.
COMUNICACIÓN	✓ Demostrar interés y respeto por lo que dicen otras personas. ✓ Expresar las ideas de forma clara, precisa y oportuna. ✓ Proporcionar información, veraz, concreta, oportuna y congruente. ✓ Tener disposición a escuchar y transmitir conocimientos. ✓ Poseer la capacidad para interactuar activamente con profesionales de todas las áreas funcionales de la empresa.

LIDERAZGO	✓ Conocer las fortalezas y debilidades de los integrantes del equipo de trabajo. ✓ Conocer las necesidades de formación y desarrollo de su personal. ✓ Crear las condiciones que faciliten a cada uno dar lo mejor de sí. ✓ Crear un ambiente positivo de trabajo. ✓ Dirigir los esfuerzos de la gente hacia el logro de objetivos comunes. ✓ Dirigir positivamente al grupo. ✓ Establecer agendas, objetivos, programas y darles seguimiento. ✓ Estar automotivado permanentemente. ✓ Marcar los lineamientos y caminos a seguir. ✓ Obtener la atención y aceptación de los integrantes del grupo. ✓ Participar siempre con entusiasmo. ✓ Proyectar el negocio en el entorno que le corresponde. ✓ Realizar todas las actividades con entrega, vitalidad y control. ✓ Reconocer y fortalecer a los demás. ✓ Ser visionario, organizado y motivador. ✓ Tener capacidad para las relaciones humanas y sociales. ✓ Tener confianza de lograr con éxito lo que se propone. ✓ Tener influencia y poder de convencimiento.
NEGOCIACIÓN Y COMPROMISO	✓ Aclarar expectativas y obtener compromisos concretos. ✓ Buscar el consenso de calidad para optimizar resultados. ✓ Conocer el marco jurídico del negocio. ✓ Convencer con argumentos fundamentados. ✓ Efectuar negociaciones que convengan a todas las partes. ✓ Enfrentar y resolver conflictos con rapidez, honestidad y objetividad. ✓ Influir positivamente en las personas para llegar a acuerdos. ✓ Orientar el proceso de negociación sobre el principio de ganar-ganar. ✓ Propiciar un clima de respeto, credibilidad y confianza. ✓ Saber conciliar diferentes intereses. ✓ Tener flexibilidad y disposición para aceptar propuestas de otros. ✓ Defender los intereses del negocio. ✓ Defender decisiones y posiciones que beneficien al negocio.

ORIENTACIÓN A RESULTADOS	✓ Asumir compromisos y realizarlos. ✓ Cumplir objetivos y lograr resultados con calidad. ✓ Eliminar el trabajo innecesario e incrementar la efectividad. ✓ Establecer, enfrentar y superar retos. ✓ Insistir hasta conseguir los resultados esperados. ✓ Encontrar alternativas de solución a los problemas que se presenten. ✓ Evaluar los resultados obtenidos para detectar desviaciones. ✓ Orientar las acciones para alcanzar las metas con calidad. ✓ Realizar las actividades de los programas en tiempo y forma. ✓ Tener ideas originales y ponerlas en práctica. ✓ Tomar decisiones oportunas y acertadas. ✓ Utilizar la planeación para tener resultados en el corto plazo.
ORIENTACIÓN AL CAMBIO	✓ Asumir los cambios como oportunidades de crecimiento y desarrollo. ✓ Establecer metodologías para medir los efectos ocasionados por los cambios. ✓ Estar dispuesto al cambio. ✓ Informar oportunamente a sus colaboradores de los cambios en el negocio. ✓ Involucrar a su equipo de trabajo en la generación de proyectos con valor. ✓ Motivar a su equipo de trabajo para asumir los cambios. ✓ Prever los riesgos que se pueden generar por la implantación del cambio. ✓ Ser receptivo y adaptable ante los cambios continuos del entorno.
ORIENTACIÓN ESTRATÉGICA	✓ Conocer las estrategias del negocio. ✓ Desarrollar estrategias de ventas y mercadotecnia tradicional y digital. ✓ Detectar cómo influye el entorno en las estrategias. ✓ Prever los cambios y evolución del sector en el que se desenvuelve el negocio. ✓ Proponer y desarrollar estrategias de negocio. ✓ Ser capaz de pensar en términos estratégicos. ✓ Tener pensamiento de tipo estratégico para anticiparse a los cambios. ✓ Tener una visión integradora de la orientación y funcionalidad del negocio. ✓ Tener visión de tendencias y desarrollo del mercado. ✓ Tomar decisiones para tener ventajas competitivas. ✓ Tener capacidad de pensar en contexto amplio.

	✓ Valorar las posibles implicaciones de las decisiones que se tomen. ✓ Vincular visiones a largo plazo con las realizaciones y el trabajo diario. ✓ Tener una visión estratégica para poner en práctica las teorías administrativas dentro del proceso de toma de decisiones gerenciales. ✓ Entender que las ventas son el corazón del negocio.
ORIENTACIÓN AL CLIENTE	✓ Aprender del cliente. ✓ Conocer al cliente. ✓ Establecer planes y programas para asegurar la satisfacción del cliente. ✓ Establecer relaciones duraderas con los clientes. ✓ Fomentar y consolidar la cultura de servicio en el negocio. ✓ Prever sus necesidades. ✓ Promover la generación de un modelo de calidad orientado al cliente. ✓ Ser aliado de los clientes. ✓ Ser capaz de analizar, identificar y entender las necesidades del cliente. ✓ Tener visión estratégica para cubrir las necesidades de los clientes.
SENSIBILIDAD	✓ Dar a otros la oportunidad de participar. ✓ Estar abierto a la opinión de todos. ✓ Realizar juicios justos. ✓ Reconocer a los demás y sentir empatía por ellos. ✓ Retomar palabras y argumentos de otros. ✓ Tener actitud para resolver conflictos. ✓ Saber manejar las emociones. ✓ Tomar diferentes decisiones con ecuanimidad.
EFECTIVIDAD EN EL USO DE RECURSOS	✓ Considerar la relación costo-beneficio a corto, mediano y largo plazo. ✓ Identificar la forma de realizar el trabajo con calidad. ✓ Planear y optimizar el uso de los recursos técnicos, económicos y humanos. ✓ Lograr la eficiencia, eficacia y economía en la utilización de los recursos. ✓ Tener una cultura de conciencia de la administración de los recursos. ✓ Rendir cuentas con ética, honestidad y transparencia.

INNOVACIÓN Y CREATIVIDAD	✓ Anticipar problemas generando la implantación de ideas innovadoras. ✓ Desarrollar nuevas formas de pensamiento y soluciones diferentes. ✓ Generar estrategias creativas e innovadoras para crear valor agregado. ✓ Generar ideas nuevas y originales. ✓ Promover acciones de innovación y desarrollo para asegurar la calidad. ✓ Visualizar y convertir situaciones impredecibles y cambiantes en oportunidades. ✓ Generar enfoque e ideas novedosas. ✓ Tener capacidad de sorprender al cliente.
VISIÓN FINANCIERA	✓ Analizar e interpretar los indicadores financieros. ✓ Conocer el punto de equilibrio de la empresa. ✓ Coordinar la elaboración del flujo de efectivo. ✓ Entender las finanzas generales de la empresa. ✓ Establecer estrategias de reducción de costos. ✓ Evaluar y determinar la viabilidad financiera de diferentes proyectos. ✓ Identificar y ejecutar acciones para mejorar el rendimiento financiero de su área ✓ Negociar préstamos basados en las necesidades de dinero. ✓ Saber interpretar los estados financieros.
CONOCIMIENTO Y ORGANIZACIÓN DE LA EMPRESA	✓ Comprender las fortalezas, debilidades, oportunidades y los riesgos de la empresa. ✓ Conocer la dinámica y la tendencia de los mercados. ✓ Conocer la misión, la visión y los objetivos del negocio. ✓ Conocer las regulaciones y normas aplicables al giro. ✓ Coordinar la administración, la contabilidad, la mercadotecnia tradicional y digital, la logística y la operación del negocio. ✓ Desarrollar alianzas estratégicas. ✓ Diseñar estrategias para la generación de oportunidades de desarrollo. ✓ Diseñar y elaborar manuales y programas para organizar el negocio. ✓ Dominar el e-business y la mercadotecnia digital. ✓ Entender la dinámica y la complejidad del giro. ✓ Entender que la madre del éxito es la organización. ✓ Estar actualizado con los conocimientos tecnológicos en el giro del negocio. ✓ Resolver problemas técnicos, financieros y de personal.

ADMINISTRACIÓN DEL TIEMPO	✓ Administrar con eficiencia el tiempo en las reuniones. ✓ Dar prioridad a las actividades trascendentes para lograr los objetivos. ✓ Dar seguimiento diario a la lista de pendientes importantes. ✓ Delegar con claridad y precisión. ✓ Desglosar cada objetivo en actividades con un tiempo estimado. ✓ Diferenciar lo urgente de lo importante. ✓ Establecer objetivos a corto, mediano y largo plazo. ✓ Llevar un seguimiento y control de lo delegado. ✓ Priorizar según la importancia y no según la urgencia. ✓ Realizar primero lo importante, sin dejar de atender lo urgente. ✓ Tener una agenda diaria, semanal y mensual de compromisos.

CONSEJOS PARA TENER ÉXITO COMO EMPRENDEDOR

Cada uno de estos consejos es importante para el éxito de cualquier emprendedor, por lo que es recomendable reflexionar sobre ellos. Estos consejos están divididos en ocho temas que al conjuntarlos y aplicarlos aumentan las posibilidades de éxito de los emprendedores.

Carácter y actitud

- Abandona tu zona de confort.
- Aprende a manejar la incertidumbre y la inseguridad del futuro.
- Aprende de tus errores.
- Ayuda a los demás.
- Mantén la confianza en ti.
- Cuida tu salud, come adecuadamente, haz ejercicio y duerme bien.
- Define tus objetivos y ponte metas posibles.
- Disfruta lo que haces.
- Elige un giro en el que seas mejor que la mayoría de la gente.
- Evita la soberbia.
- Formaliza tu misión.
- Habla menos y escucha más.
- Haz algo que verdaderamente te apasione.
- Haz las cosas con moderación.

- ✦ Hazlo divertido.
- ✦ Llena tu mente de pensamientos positivos.
- ✦ Reconoce tus límites.
- ✦ Renuncia a las excusas.
- ✦ Sé curioso acerca de todo.
- ✦ Sé fiel a tus convicciones.
- ✦ Sé humilde.
- ✦ Sé innovador y creativo.
- ✦ Sé un gran líder.
- ✦ Ten capacidad para improvisar.
- ✦ Ten imaginación, creatividad y flexibilidad para afrontar imprevistos.
- ✦ Ten paciencia.
- ✦ Ten tu visión bien clara.
- ✦ Trabaja en lo que te importa.

Planeación, organización y cultura empresarial

- ✦ Actualiza tu plan de negocios periódicamente.
- ✦ Adecua permanentemente la visión, la misión y los objetivos estratégicos.
- ✦ Administra tu tiempo.
- ✦ Adquiere seguros individuales y empresariales a tiempo y acorde con tu situación.
- ✦ Aprende a tomar decisiones de manera veloz y efectiva.
- ✦ Asesórate legal y fiscalmente.
- ✦ Crea un plan de acción.
- ✦ Cuida la calidad, ante todo.
- ✦ Cumple con las políticas y los procedimientos que establezcas.
- ✦ Determina metas acordes con la posibilidad e identidad de tu empresa.
- ✦ Elabora tu plan de negocio.
- ✦ Establece tus estrategias de negocio.
- ✦ Genera cultura empresarial con tus colaboradores.
- ✦ Introduce mecanismos de control y seguimiento.
- ✦ Registra oficialmente tu idea y marca antes de divulgarla.
- ✦ Sé un planificador de metas.
- ✦ Ten un buen sistema de información.

✦ Ten un horario organizado.
✦ Ten un programa para realizar las metas en el plazo que determines.
✦ Ten una agenda con una lista de tareas y registra tu progreso.
✦ Utiliza la tecnología.

Desarrollo y crecimiento

✦ Aléjate de las actividades que te quitan tiempo.
✦ Asegúrate de tener tiempo para hacer las cosas que te gustan.
✦ Busca ser mejor de lo que eras ayer.
✦ Céntrate en lo importante.
✦ Continúa creciendo y mejorando.
✦ Da más de lo esperado.
✦ Haz de tus tareas verdaderos hábitos que te lleven a crecer.
✦ Desconéctate de los dispositivos electrónicos.
✦ Diseña un plan B y ten alternativas.
✦ Enfócate en las cosas que haces bien.
✦ Enfócate teniendo frecuencia, secuencia y consistencia.
✦ Establece buenos hábitos diariamente.
✦ Estate listo para los cambios.
✦ Identifica, imita y supera al mejor.
✦ Impulsa el cambio en tu empresa.
✦ Infórmate sobre lo que pasa en el mundo.
✦ No te obsesiones con pequeñas faltas.
✦ Renueva tu pasión todo el tiempo.
✦ Repite lo que sí funciona y copia las mejores prácticas.
✦ Siempre tendrás más que aprender.
✦ Ten cuidado con abarcar mucho, no puedes hacerlo todo solo.
✦ Ten la mente abierta y una actitud de poder hacerlo.
✦ Ten mentores y pide consejos.
✦ Ten siempre planes de crecimiento.
✦ Ten tiempo suficiente para pensar de manera proactiva y estratégica.
✦ Ten una gran meta a largo plazo, piensa en grande.
✦ Toma riesgos inteligentes y calculados.
✦ Toma vacaciones con regularidad y desconéctate de la oficina.
✦ Visualiza metas personales y profesionales.

Mercado, ventas y satisfacción del cliente

+ Adapta el negocio a tu cliente.
+ Adecúate a lo que requiere.
+ Aprende a convertirte en el mejor vendedor.
+ Aprende algunas técnicas para conectar con tus compradores.
+ Arma una poderosa cartera de clientes.
+ Conoce a tu público.
+ Define claramente el perfil del cliente al que quieres venderle.
+ Define tu mercado.
+ Encuentra un mercado en crecimiento.
+ Encuesta a tu mercado y haz ajustes.
+ Entiende lo que pasa en tu mercado.
+ Estudia los productos, precios, servicios y calidad de tu competencia.
+ Haz campañas de promoción cuando tengas ventas bajas y altas.
+ Induce a tus clientes a un estado emocional positivo.
+ Las promesas que realices a tus compradores deben ser verificables.
+ No olvides las relaciones públicas.
+ Pide la opinión de tus clientes.
+ Ten buena imagen corporal cuando te reúnas con clientes.
+ Utiliza las redes sociales.

Finanzas y contabilidad

+ Ahorra dinero regularmente para invertir, no ahorres por ahorrar.
+ Analiza los costos y precios de venta permanentemente.
+ Busca financiamientos para emprendedores.
+ Compara lo que gastas contra lo que habías proyectado.
+ Encuentra el equilibrio financiero.
+ Gasta menos de lo que ganas.
+ Haz números para conocer desde el inicio el dinero que necesitas.
+ Haz una proyección financiera y apégate a tu presupuesto.
+ No veas el dinero como meta sino como resultado de hacer bien las cosas.
+ Obtén créditos solo si los necesitas.
+ Realiza cada mes un flujo de efectivo realista.
+ Replantea tus estrategias financieras.

- Revisa mensualmente la contabilidad del negocio.
- Ten un buen contador.
- Usa los créditos evaluando las condiciones de las diferentes instituciones financieras.
- Utiliza el dinero de manera eficiente.

Productos

- Analiza los costos de tus productos permanentemente.
- Incorpora innovaciones a tus productos.
- Mejora tus procesos de adquisición o tu producción.

Jurídico

- Lee las letras pequeñas de todos los contratos que firmes, del tema que sea.
- Ten abogados externos especializados para cuando los necesites.

Colaboradores

- Aprende a renunciar al control.
- Construye un buen equipo.
- Contrata a los mejores.
- Dale poder a la gente.
- Delega y confía en tus colaboradores y motívalos para actuar con responsabilidad.
- Establece una relación de confianza.
- Fomenta la autoestima.
- Rodéate de personas clave, confiables y exitosas.

Hay personas a las que debido a su perfil se les puede complicar cumplir con gran parte de los consejos mencionados, por lo que deben considerar si quieren y pueden correr el riesgo de emprender un negocio. Existen cuestionarios de evaluación de las características personales necesarias para ser exitoso en el emprendimiento de un negocio.

❧El éxito en el cumplimiento de los objetivos y metas está en la disciplina❧

LÍDERES EMPRENDEDORES

Cuando un emprendedor tiene las características y cualidades de un líder facilita el logro de sus emprendimientos de negocios. Se puede considerar líder a una persona aceptada por un grupo que lo reconoce y establece con él un compromiso para alcanzar un fin común. Un emprendedor debe comunicar con claridad a sus colaboradores sus valores, visión, misión, objetivos, estrategia y programa de trabajo para alinear los esfuerzos en una misma dirección.

El líder es aquella persona que mejor procesa la información, que la analiza e interpreta rápida e inteligentemente y la utiliza en la forma más innovadora y creativa posible, buscando nuevas y mejores maneras de hacer las cosas.

Se requieren emprendedores flexibles, que puedan adaptarse rápidamente a situaciones desconocidas o diferentes. Un emprendedor creativo es aquel que sabe ver oportunidades en espacios donde otros no las han visto. El líder emprendedor tiene la capacidad de comunicarse con un grupo de personas y debe saber descubrir las capacidades de cada uno de los integrantes de la empresa, entender que todas las personas son diferentes y tener sensibilidad en el trato con cada una.

Tiene como propósito principal el bienestar de sus colaboradores y cumple las promesas que hace, sabe escuchar, dice siempre la verdad, fomenta el respeto entre todos no importando las diferencias sociales o económicas y logra relaciones de confianza, duraderas y auténticas. Aconseja con objetividad, observa situaciones y procesos que se pueden mejorar y comparte experiencias de todo tipo. Se fija en lo valioso, da prioridad a lo urgente, atiende lo importante, reclasifica los objetivos y las metas, se detiene y es reflexivo. Un líder emprendedor tiene que comprometerse y conseguir que sus colaboradores se comprometan con su idea de negocio.

Los estudios sobre el liderazgo señalan que los líderes generalmente son más inteligentes, audaces, objetivos, tienen mejor criterio, interactúan con más facilidad, trabajan mejor bajo presión, toman decisiones rápidas y certeras, pueden tomar el control con efectividad y se sienten seguros de sí mismos. El líder es resultado de las necesidades de una organización y se vuelve vital cuando las tareas, los roles y procesos son más complejos y amplios en función del logro de los objetivos. Un negocio puede tener planeación, organización, administración procedimientos y controles y no sobrevivir o ser exitosa por falta del líder adecuado.

PÉRDIDA DEL LIDERAZGO

El liderazgo requiere actitudes y comportamientos que pueden aprenderse. Y también, el liderazgo se puede perder por diferentes razones. Entre las más comunes están:

- Conflictos y discusiones fuertes con los colaboradores.
- Diferencia de ideas entre el líder emprendedor y sus colaboradores.
- Indiferencia y pasividad de los colaboradores por falta de motivación.
- Las expectativas de los colaboradores no se cumplen.
- Variaciones en la forma de ser, hacer y resolver del líder.

EMPRENDEDORES INNOVADORES Y CREATIVOS

Ser innovador y creativo, idear nuevas soluciones, desafiar la forma en que se hacen las cosas y proponer hacer cosas distintas es importante y necesario en un mundo donde la competencia obliga a avanzar rápidamente con tecnología cambiante. Uno de los consejos más importantes para quien pretende iniciar un negocio es que sea innovador.

Los emprendedores innovadores son capaces de entender mejor las necesidades de los clientes, de aprovechar las nuevas oportunidades del mercado y acceder a nuevas tecnologías para ofrecer con éxito nuevos productos y servicios.

Los emprendedores innovadores destacan porque saben entender lo que está sucediendo a su alrededor y tienen la capacidad de orientar su forma de trabajar a las nuevas necesidades del mercado. Son emprendedores que obtienen una diferenciación natural frente a sus competidores y que han hecho de la innovación y la creatividad una forma de ser y trabajar. La innovación puede darse en:

- La mejora del producto y el servicio.
- El desarrollo de nuevos productos y servicios.
- La orientación al cliente y al mercado.
- Las operaciones y los procesos.
- La cultura organizacional.
- La mercadotecnia tradicional y digital.

- Los canales de distribución.
- La creación de experiencias de compra en el cliente.
- El desarrollo y la creación de marca.
- La forma de hacer las cosas, logrando que sea de modo distinto de los demás.
- La introducción de novedades en el mercado.
- Encontrar nuevos nichos de mercado.
- Mejorar la experiencia de compra de los clientes.
- Procesos y tecnologías de soporte.
- La utilización de nuevas y mejores tecnologías.
- Colaboraciones con nuevos socios.
- Alianzas estratégicas externas.

Un emprendedor creativo es aquel que sabe ver oportunidades en espacios donde otros no las han visto. La innovación y la creatividad deben ser permanentes para mantener el éxito y el liderazgo en el mercado.

Lo importante es ofrecer algo nuevo y diferente en el mercado. El reto es crear conceptos, productos o procesos que proporcionen una diferencia significativa para los clientes y que establezcan una clara distinción en relación con la competencia.

La idea es ofrecer al cliente un valor agregado, diferente del resto de opciones en el mercado y que sea difícil de desarrollar por la competencia. Crear una cultura de innovación y creatividad es decisivo para tener una empresa innovadora de éxito permanentemente.

Las ideas son la base para tener innovaciones que funcionen. Se requieren ideas valiosas que puedan dar lugar a productos, servicios y procesos innovadores. Las ideas pueden surgir en diferentes actores, por ejemplo: colaboradores, socios, clientes, competidores, consultores.

Las ideas deben de ser frescas y originales para que sean viables de desarrollar. Se requiere tener un sistema diseñado para que la generación de ideas sea ordenada y no se vuelva un caos. Cuanto más ordenadas se tengan las ideas mejores innovaciones y resultados se obtendrán. Existen técnicas y métodos que estimulan la creatividad de las personas y les facilitan la tarea de imaginar ideas, respuestas o soluciones alternas, como es la tormenta de ideas, analogías para buscar el parecido de una cosa con otra, inventar historias relacionadas a partir de una combinación de palabras, etcétera.

Se requiere que el emprendedor tenga una vigilancia estratégica del mercado para conocer los cambios e innovaciones de la competencia e identificar oportunidades de mejora en procesos, productos y servicios. Se necesita disponer de un conjunto de indicadores que permitan medir los avances en la innovación del negocio.

En resumen, la innovación consiste en disponer de un modelo de negocio diferenciado para destacar entre los competidores, atraer a los clientes y garantizar el éxito del negocio.

> *ᕗLa cultura de la innovación*
> *para la satisfacción del cliente*
> *es el éxito de la empresaᕗ*

APPS PARA EL EMPRENDEDOR

Es conveniente utilizar herramientas digitales diseñadas especialmente para que un emprendedor sea más eficiente. Algunas de las apps más utilizadas actualmente son:

- *Google Apps for Work.* Ofrece correo electrónico personalizado, videochats, documentos compartidos en tiempo real, seguridad alta y la posibilidad de trabajar desde cualquier dispositivo móvil.
- *Google Analytics.* Sirve para medir las métricas del sitio web. Permite conocer las estadísticas de la página en tiempo real, el número de visitas, sesiones y fuentes de tráfico. Funciona para teléfonos móviles.
- *FreshBooks.* Permite organizar las finanzas en forma rápida, fácil y segura. Contiene recordatorios de pagos, facturas en línea, hojas de cálculo, reportes de gastos y cálculos de impuestos.
- *Grasshopper.* Esta app convierte la línea de teléfono en un conmutador empresarial. Se puede asignar una línea de teléfono, grabar un mensaje de voz de bienvenida y asignar opciones de marcado que redirigirán las llamadas con socios o empleados.
- *Hootsuite.* Permite administrar las redes sociales desde un mismo lugar. Se pueden programar mensajes, tener acceso a reportes que muestran el alcance de las publicaciones y la interacción que hay

con los usuarios. Hay una versión premium que permite anexar a más personas para que administren las cuentas de las empresas o personas.

- *Dropbox.* Sirve para compartir archivos grandes con los socios y colaboradores. Se puede entrar en una cuenta en línea desde cualquier dispositivo y acceder a todos los documentos, imágenes y videos que se hayan guardado.
- *Mikogo.* Permite realizar reuniones virtuales sin necesidad de tener una cámara. Todos se pueden conectar a una computadora y ver una presentación desde su propia pantalla. Se pueden calendarizar juntas y enviar invitaciones a los participantes.
- *Evernote.* Es una oficina en el celular. Permite hacer listas de pendientes, establecer recordatorios con alarmas, digitalizar documentos escritos a mano, redactar notas y compartirlas.

CAPÍTULO 2

CÓMO CONSTITUIR UNA EMPRESA Y ESCOGER UN SOCIO

Hay diferentes figuras fiscales que se pueden utilizar para constituir un negocio dependiendo de la magnitud y giro de este. Las más usuales en México son las siguientes:

PERSONA FÍSICA O MORAL

La persona física es cualquier persona mayor de 18 años que puede hacer negocios por su propia cuenta. Es un individuo con capacidad para contraer obligaciones y ejercer derechos.

La persona jurídica o persona moral es una sociedad formada por dos o más personas físicas, que persigue fines comunes y tiene derechos y obligaciones. Es una agrupación de personas que se unen con un fin determinado, por ejemplo, una sociedad mercantil, una asociación civil, entre otras.

Un empresario puede elegir operar su negocio siendo una persona física o crear una persona moral. Cuando se está pensando en una empresa mediana o grande debe ser una persona moral. Esta elección es muy importante para el éxito del negocio, ya que tiene implicaciones fiscales y legales que pueden ser trascendentes.

Las leyes establecen un trato diferente para cada una y de esto depende la forma y requisitos para darse de alta en el Registro Federal de Contribuyentes (RFC) y las obligaciones que adquieran.

Las características de las diversas formas legales y fiscales de organización de las empresas se determinan por las leyes federales y estatales de cada país. La asesoría de un especialista en la materia es conveniente para tomar la decisión final.

RÉGIMEN DE INCORPORACIÓN FISCAL (RIF)

Este régimen es para personas físicas y puede ser el más indicado cuando se empieza un negocio que se pronostica que no va a vender más de dos millones de pesos anuales.

Este régimen tiene como objetivo incorporar paulatinamente a las personas físicas que no son contribuyentes, otorgándoles en un principio facilidades para tributar y así incentivarlos para salir de la economía informal. En México se crea el 1 de enero del 2014, y es aplicable a personas físicas que cumplan con los siguientes requisitos:

- Realizar únicamente actividades empresariales.
- Que enajenen bienes o presten servicios para los que no se requiera título profesional para su realización.
- Que tengan ventas menores de dos millones de pesos anuales.

Solo podrán permanecer bajo este régimen fiscal por un periodo de 10 ejercicios fiscales consecutivos. Posteriormente deberán tributar conforme al régimen general de las personas físicas con actividades empresariales y profesionales.

PERSONA FÍSICA CON ACTIVIDAD EMPRESARIAL

Las características de este régimen son:

- Aporta todo el capital una sola persona.
- Es responsable de las pérdidas y beneficiario de las utilidades.
- Es fácil de registrar, organizar y disolver.
- Hay control total del propietario.
- La responsabilidad es completamente del propietario.
- En ocasiones se tienen restricciones en la obtención de créditos.
- Su contabilidad es similar a la de una persona moral.

SOCIEDAD ANÓNIMA (S.A.)

- Es una persona moral cuyo objetivo es realizar actividades que sean actos de comercio con fines de lucro, es decir, de generar utilidades.

- Es el régimen que más se utiliza para hacer una empresa.
- Existe bajo una denominación social, y se compone de por lo menos dos socios que solamente son responsables hasta por el valor de sus acciones en la sociedad.
- Requiere un capital mínimo inicial que estará representado por acciones.
- El órgano más importante de esta sociedad es la Asamblea de Accionistas, que se integra por todos aquellos que tienen participación en la sociedad.
- Cuando es administrada por una sola persona el responsable es un administrador único o se pueden nombrar miembros de un consejo de administración.
- Se nombra un comisario para que presida el órgano de vigilancia.
- Su constitución se lleva a cabo ante un corredor o notario público.
- El capital está dividido en acciones según la aportación de cada socio y son transmisibles.
- El capital puede ser fijo o variable.
- Las utilidades y las pérdidas se reparten en proporción a la cantidad de acciones que posea cada socio.

SOCIEDAD CIVIL (S.C.)

La sociedad civil es una organización constituida por dos o más personas con la finalidad de perseguir un fin lícito, preponderantemente económico, sin que constituya una especulación comercial. El órgano más importante de esta sociedad es la Asamblea de socios, que se integra por todos aquellos que tienen participación en la sociedad.

El fin económico preponderante consiste en que la sociedad puede realizar actividades que le produzcan ganancias, pero sin buscar una especulación comercial, como podría ser la adquisición de bienes o derechos con el fin de transmitirlos y obtener de esa transmisión una ganancia, lo cual es propiamente una actividad comercial.

Pueden celebrar diversos tipos de Asambleas dependiendo de los temas que van a tratar, y si es administrada por una sola persona (Administrador único) o por varias personas (Consejo de Administración) y no tiene obligación de nombrar a un Consejo de Vigilancia.

Los negocios que principalmente eligen este tipo de sociedad son aquellos que prestan servicios, como por ejemplo los despachos de contadores o abogados, las agencias de publicidad, los médicos, incluso aquellos negocios que ofrecen servicios educativos.

Los socios se obligan mutuamente a combinar sus recursos o sus esfuerzos para la realización de un fin común de carácter económico y que no realicen actividades que sean actos de comercio para la ley.

DOCUMENTOS PERSONALES QUE REQUIERE EL EMPRENDEDOR PARA INICIAR UN NEGOCIO

- Acta de nacimiento
- Credencial de elector vigente
- Clave Única de Registro de Población (CURP)
- Registro Federal de Contribuyentes (RFC)

REQUISITOS PARA LA FORMACIÓN DE UNA EMPRESA

La apertura de un negocio requiere realizar una serie de trámites jurídicos y administrativos, así como tomar varias decisiones estratégicas para poder iniciar las actividades. En cada país es diferente la cantidad de trámites que hay que realizar. Las decisiones, acciones y trámites que se necesitan para formar una empresa son las siguientes:

1. Determinar el giro de la empresa.
2. Establecer el objeto de la sociedad.
3. Proporcionar una lista de tres posibles nombres en orden de preferencia y se solicita a la Secretaría de Economía la aceptación de uno.
4. Se debe especificar el régimen jurídico.
5. Tener una razón social.
6. Definir y elaborar el contenido de los estatutos de la sociedad.
7. Definir los accionistas y el número, valor y porcentaje de acciones de cada accionista.
8. Tener los datos generales de los accionistas (nombres, nacionalidad, fecha y lugar de nacimiento, domicilio, estado civil y calidad migratoria si es extranjero).

9. Tener identificación oficial de los socios, administradores y representantes legales.
10. Establecer el monto del capital social fijo y variable de la empresa.
11. Establecer la duración de la sociedad.
12. Tener un comprobante del domicilio de la sociedad.
13. Tener el uso del suelo autorizado de la ubicación.
14. Definir la forma de administrar la sociedad, ya sea consejo de administración o administrador único y realizar el nombramiento.
15. Designar y realizar el nombramiento del comisario
16. Designar el nombramiento de los ejecutivos de alta dirección y determinar sus funciones.
17. Protocolizar el acta constitutiva de la empresa ante notario.
18. Registrarla empresa en el registro público de la propiedad.

DEFINICIÓN DEL NOMBRE O RAZÓN SOCIAL DE LA EMPRESA

Para definir el nombre de la empresa se requiere mandar tres opciones a la Secretaría de Economía, en el caso de México, para que se autorice uno. Seleccionar el nombre de la empresa es trascendente, ya que puede expresar directamente lo que esta hace o puede hacer. El nombre puede ser la mejor publicidad de la empresa.

Se necesita creatividad para seleccionar un buen nombre. El nombre debe transmitir a los clientes una idea de lo que vende. Una buena selección del nombre puede influir favorablemente en los resultados de las ventas del negocio. Es conveniente que el nombre se relacione y sea compatible con el giro de la empresa. Hay frases o palabras que parecen totalmente inocentes para alguien, pero a otros les pueden resultar ofensivas y molestas, por lo que hay que tener cuidado con esto.

En general, utilizar el nombre propio puede tener algunos inconvenientes, ya que no expresa lo que la empresa hace. Pero tratándose de una persona reconocida por su experiencia, capacidad y éxito en algún giro conviene analizarlo.

El nombre deber ser original, descriptivo, llamativo, visible, claro y agradable a la vista y al oído. El logotipo de la empresa puede incluir el nombre de esta o las iniciales de las palabras que lo forman. También pueden estar totalmente separados, dependiendo de la imagen corporativa que se decida tener.

En lo que se debe ser original e innovador es en la forma de promover y dar identidad al concepto del negocio. La imagen del negocio se debe construir con creatividad, hacer que se perciba en la red la estructura organizacional y operativa de la empresa muy profesional, para que no se distinga si es una empresa de reciente creación o con antigüedad.

CONSTITUCIÓN Y REGISTRO DE LA EMPRESA

Cuando se inicia una empresa hay que considerar en el presupuesto los honorarios del notario público por concepto de constitución, registro y elaboración de los estatutos y escrituras. Se requiere una asesoría legal y contable que asegure que el régimen que se ha elegido es la mejor opción.

Hay que preguntar a los asesores todas las dudas que se tengan en el proceso de creación de la sociedad. Después de tener la razón social otorgada por la autoridad y definir la forma de constitución de la empresa, se elaboran los estatutos y se registran ante un notario público para la creación de las escrituras.

Dependiendo del giro y del tamaño de la empresa, es necesario hacer algunos de los siguientes trámites y acciones administrativas:

- Registro en la Secretaría de Hacienda y Crédito Público para la obtención del Registro Federal de Contribuyentes.
- Trámites ante la Secretaría de Hacienda para las firmas electrónicas de los socios y representantes legales.
- Inscripción de las escrituras en el Registro Público de la Propiedad y de Comercio.
- Registro patronal y altas del personal en el Instituto Mexicano del Seguro Social (IMSS).
- Registro empresarial ante el Instituto del Fondo Nacional para la Vivienda de los Trabajadores (INFONAVIT).
- Inscripción en el Instituto del Fondo Nacional para el Consumo de los Trabajadores (INFONACOT).
- Inscripción de la empresa y personal en el Sistema de Ahorro para el Retiro (SAR).
- Inscripción en la tesorería del estado, municipio o delegación.
- Cumplir con los requisitos de la Secretaría de Salud (Licencia sanitaria).

- Cumplir con los requisitos de la Secretaría del Trabajo. Constitución de la comisión mixta de capacitación y adiestramiento, seguridad e higiene, planes y programas de capacitación y adiestramiento, protección civil, ecología y protección ambiental.
- Licencias de apertura, funcionamiento y uso del suelo estatal, municipal o delegacional, dependiendo del giro y proyecto de la empresa.
- Permisos en la Secretaría del Medio Ambiente cuando hay descarga de aguas residuales.
- Licencia de bomberos de la localidad.
- Registro de nombres comerciales, logotipos, lemas, marcas, patentes y diseños industriales (solicitud de registro de marca en el Instituto Mexicano de la Propiedad Industrial (IMPI).
- Registro y timbrado de nóminas.
- Solicitud de inscripción a la cámara empresarial que le corresponda.
- Registro de los libros contables y sociales.
- Apertura de cuentas bancarias.
- Elaboración de papelería en general.
- Contratación del sistema para elaborar facturas, notas de crédito y nóminas electrónicas.

Según el giro pueden variar algunas licencias y permisos que se deben tramitar. Hay despachos y personas físicas especializadas en realizar este tipo de trámites. Los profesionistas que conocen todos los procedimientos necesarios para realizar las altas y registros que indica la ley son los abogados y contadores públicos.

ACTA CONSTITUTIVA Y ESTATUTOS SOCIALES

El acta constitutiva está formada por estatutos que generalmente son elaborados por el abogado corporativo y por el notario. Se elaboran dependiendo de las necesidades de los socios de cada empresa y los convenios que tengan entre ellos.

Para que el acta constitutiva sea formal debe ser certificada por un notario público y depositarse en el Registro Público de la Propiedad y el Comercio. Este pago de derechos se calcula en función del capital que registre la sociedad y el número de apoderados.

En los estatutos debe establecerse el porcentaje mínimo de las acciones representadas que deben estar presentes en la asamblea de accionistas para considerarla legalmente instalada y quienes podrán participar en la toma de decisiones de la empresa. Esto último es importante, ya que es un candado que permite a los socios minoritarios participar en las decisiones de situaciones trascendentes para la empresa.

Ejemplo: supongamos que un accionista mayoritario es dueño del 70% de las acciones y el minoritario del 30%. En este caso debe establecerse que solo el 71% de las acciones pueden tomar decisiones para vender o aumentar el capital variable de la empresa, firmar títulos de crédito o modificar estatutos que perjudiquen a la minoría, lo cual permite al accionista minoritario tener forma de controlar situaciones de importancia para el futuro de la empresa y de su inversión.

El ejemplo anterior también es válido para considerar legalmente instalada una asamblea ordinaria de accionistas en primera o ulterior convocatoria, en la cual deben estar representadas el 71% de las acciones.

Los estatutos incluyen el objeto de la empresa, estados financieros, reservas, responsabilidad, disolución, liquidación de la sociedad y cláusulas transitorias, entre otros temas.

OBJETO DE LA EMPRESA

El objeto establece las principales actividades a las que se dedicará la empresa. La actividad principal depende de su giro. Un ejemplo del objeto en el giro de la publicidad es el siguiente: compra, venta, fabricación, distribución, importación, exportación de todo tipo de publicidad en exteriores, televisión, radio, revistas, periódicos, espectaculares, transportes, muebles urbanos, aeropuerto, centrales de camiones, centros comerciales, tiendas de autoservicio y redes sociales.

Es conveniente tener un objeto muy amplio que permita a la empresa participar en diversos negocios, alianzas y actividades. Otras actividades que deben incluirse en el objeto de las empresas son:

- Celebrar contratos, convenios y actos jurídicos.
- Operar actividades industriales y comerciales de todo género.
- Usar y explotar patentes, marcas, nombres comerciales, invenciones, modelos industriales y derechos de autor.

- Adquirir, enajenar y arrendar toda clase de bienes muebles e inmuebles.
- Administrar, financiar y promover todo tipo de sociedades y asociaciones.

ASAMBLEA DE ACCIONISTAS

Los accionistas son las personas que aportan el capital para la realización de la empresa. La asamblea es el órgano máximo de la empresa y decide quién forma el consejo de administración o designa al administrador único y cualquier modificación al capital social o estatutos sociales.

Generalmente las acciones de la empresa se dividen en proporción al capital aportado. Cuando uno de los socios se va a encargar de administrar la empresa pueden hacerse convenios especiales para el reparto de las acciones. Los accionistas llevan a cabo asambleas periódicamente. Estas pueden ser ordinarias o extraordinarias.

Las asambleas ordinarias se celebran cuando menos una vez al año. Son convocadas por el consejo de administración o el comisario. La convocatoria debe publicarse en un diario de los de mayor circulación, cuando menos con quince días de anticipación, y debe contener fecha, hora, lugar y orden del día. Puede establecerse en los estatutos que, además de la publicación, se les avise por escrito a los accionistas, comisarios y suplentes, mediante mensajería y con acuse de recibo.

Las asambleas de accionistas son presididas por el presidente del consejo de administración, o administrador único, y es asistido por el secretario general, y en su ausencia por los que sean designados en la asamblea por simple mayoría de votos. La persona que preside la asamblea designa a los escrutadores, quienes hacen el recuento de las personas, las acciones representadas y el número de votos que emite cada uno.

Se consideran propietarios de acciones las personas físicas o personas morales que están inscritas en el libro de registro de accionistas. El secretario general levanta un acta de lo tratado en la asamblea de accionistas, la cual debe quedar asentada en el libro de actas debidamente firmada por todos los accionistas.

En las asambleas extraordinarias se pueden tratar los siguientes puntos:

- Prórroga de la duración de la sociedad.
- Disolución anticipada de la sociedad.
- Aumento o reducción del capital mínimo de la sociedad.
- Cambio de objeto de la sociedad.
- Cambio de nacionalidad de la sociedad.
- Transformación de la sociedad.
- Fusión con otra sociedad.
- Emisión de bonos.
- Escisión de la sociedad.
- Designación, elección, ratificación y remoción de miembros del consejo de accionistas y administración.
- Aumentos y disminuciones de capital.
- Cualquier modificación de los estatutos.
- Informes del consejo de administración.
- Validación de Estados financieros anuales.
- Definición de reparto de dividendos.
- Compra y venta de activos fijos.
- Aumentos o reducciones de capital.
- Otros.

CONSEJO DE ADMINISTRACIÓN

Los integrantes del consejo de administración generalmente participan en la dirección de los negocios de la sociedad y representan a la empresa ante toda clase de autoridades judiciales, laborales o administrativas. El consejo de administración se integra por un mínimo de tres consejeros que pueden ser accionistas o no y que duran en su cargo el tiempo que decidan los accionistas.

El consejo se reúne las veces que juzgue necesario el presidente, el secretario o una mayoría de los consejeros en funciones. Los miembros del consejo de administración representan y protegen los intereses de los accionistas. Sesionan periódicamente y deciden por votación. En los estatutos del acta constitutiva se establecen las formas de convocatoria y votación.

En el consejo de administración pueden participar expertos en administración de empresas o científicos con conocimientos tecnológicos que le interesen a la empresa. La asamblea de accionistas o el consejo de administración pueden designar entre sus miembros a los funcionarios y los puestos que ocuparán en la estructura de la empresa cada uno de los integrantes.

El consejo de administración puede estar conformado por: presidente, secretario general, tesorero, vocales, consejeros. Las funciones y los poderes de cada miembro del consejo de administración se establecen en los estatutos. Para la toma de decisiones es importante definir si el presidente tiene o no voto de calidad en caso de empate en alguna votación de los miembros del consejo.

En los estatutos puede establecerse que las convocatorias para las sesiones del consejo deben ser enviadas por escrito a cada uno de los consejeros propietarios y suplentes, así como a todos los comisarios. Esto debe realizarse con quince días de anticipación a la fecha de la sesión, por lo menos, y se debe mencionar fecha, hora, lugar y orden del día.

Al igual que en la asamblea de accionistas, debe levantarse un acta en la que se detalle la intervención de cada uno de los asistentes y asentarla en el libro de actas. El secretario del consejo tiene la función de redactar los términos en que se desarrollan las sesiones.

Los asuntos a tratar en el orden del día de la convocatoria para celebrar la sesión del consejo de administración pueden ser los siguientes:

- Lista de asistencia.
- Declaratoria de quórum y constitución legal de la sesión.
- Designación de presidente, secretario y escrutadores para la asamblea.
- Lectura del balance general correspondiente al ejercicio anterior.
- Informe del consejo de administración.
- Informe del comisario o consejo de vigilancia.
- Informe del director general.
- Planes y programas de trabajo para el siguiente ejercicio.
- Asuntos generales.
- Clausura de la asamblea.

La convocatoria también debe incluir fecha, lugar y hora en que se efectuará, así como la firma del presidente y secretario o de quien tenga facultades para convocar.

ADMINISTRADOR ÚNICO

Cuando los socios así lo decidan pueden nombrar un administrador único, quien será el responsable de la administración y operación del negocio y podrá tomar las decisiones que considere correctas sin necesidad de consultar a la otra parte. Los socios pueden firmar un contrato privado en el cual se establecen las obligaciones, la forma de tomar decisiones y el contenido y periodicidad de los informes que debe presentar el administrador.

COMISARIO

La vigilancia de la sociedad se confía a uno o varios comisarios que son designados por la asamblea de accionistas. El comisario no puede ser un accionista y tiene que ser una persona ajena a la empresa. La función principal del comisario es vigilar el cumplimiento de los acuerdos que se toman en las asambleas y los registros contables de la empresa.

PODERES OTORGADOS

Es usual que los accionistas o el consejo de administración otorguen poderes a los directivos o abogados de la empresa. Los poderes pueden ser usados para demandas y cobranzas, actos de administración, títulos y operaciones de crédito, administración laboral y otros.

Los poderes otorgados pueden ejecutarse conjunta o separadamente según lo decidan los accionistas. Cuando se quieren limitar las facultades de los apoderados han de consignarse las limitaciones u otorgarse poderes especiales.

Es delicado otorgar poderes a personas de las que se desconfía. Cuando un empleado al que se le otorgaron poderes se va de la empresa, por cualquier causa, estos poderes deben ser cancelados inmediatamente ante el notario correspondiente.

EMISIÓN DE ACCIONES Y CERTIFICADOS

La mayoría de las empresas pequeñas y algunas medianas no elaboran los títulos de las acciones de cada uno de los propietarios. Existen formatos especiales para elaborar los títulos de las acciones de una empresa.

Cuando los trámites tardan, se puede elaborar un certificado provisional con la misma información, y posteriormente entregar los títulos definitivos a cada uno de los socios.

LIBROS CONTABLES Y CORPORATIVOS

Todas las empresas deben tener los libros que marca la ley. Los libros se dividen en contables y corporativos. Los libros contables son el diario, el mayor, el de inventarios y el de los balances. Los libros corporativos son el de registro de actas de asambleas de accionistas y de sesiones del consejo de administración, y el de registro de accionistas y variaciones de capital social.

ESPECIALISTA EN APERTURA DE NEGOCIOS

Contar con un gestor especialista en apertura de negocios es fundamental para evitar caer en un laberinto de trámites, permisos y ventanillas. Se puede contratar la asesoría de un especialista en apertura de negocios o los servicios de una empresa especializada que coordina el proceso.

SOCIOS

Cuando se decide hacer un negocio se tiene que reflexionar acerca de los siguientes aspectos:

Cómo seleccionar un socio

- ◆ Si es necesario o conveniente tener uno o varios socios.
- ◆ Qué porcentaje de la empresa se está dispuesto a ceder.
- ◆ A cambio de qué se podría ceder un porcentaje de las acciones.

Para tomar la decisión de formar una sociedad hay que considerar si las partes cumplen con los siguientes requisitos:

- ◆ Perfil adecuado para trabajar conjuntamente en armonía.
- ◆ Valores para respetar las reglas que se establezcan para el funcionamiento de la sociedad.

- ◆ Temperamento adecuado para formar y participar en una sociedad.
- ◆ Aceptar su responsabilidad y papel que juega en la sociedad.

Para localizar socios potenciales estratégicos hay que definir qué se necesita, quién lo tiene y quién podría apreciar mejor el potencial de la propuesta de negocios que se le presente. La oportunidad de hacer una alianza estratégica generalmente justifica ceder parte del negocio.

No hay reglas sencillas para hacer una distribución equitativa de las acciones de la empresa entre quien propone el negocio, el que lo administra y el que invierte el capital. Los inversionistas generalmente piensan que es mejor tener un buen empleado, con un buen sueldo, que ceder parte de las acciones de la empresa.

Otro punto de vista es involucrar como socio a quien propone el negocio y lo va a administrar. Puede haber un socio capitalista y otro ser el responsable de la administración y operación de la empresa.

Para que el inversionista ceda acciones debe valorar qué riesgo tiene el capital y cuánto puede ganar. Para empezar a trabajar de manera sana es importante establecer porcentajes justos, para que todas las partes estén satisfechas con las negociaciones.

Objetivos de tener un socio

- ◆ Aportar el capital (recursos financieros).
- ◆ Contar con un aval ante las instituciones de crédito.
- ◆ Compartir éxitos y fracasos.
- ◆ Compartir pérdidas y ganancias.
- ◆ Complementar habilidades y conocimientos.
- ◆ Hacer crecer el negocio cuando no se tiene el capital.
- ◆ Realizar una alianza estratégica.
- ◆ Resolver conjuntamente posibles contingencias.
- ◆ Tener confianza para ser más emprendedores.
- ◆ Tener más relaciones para nuevas oportunidades de negocios.

Consideraciones que hay que contemplar en una sociedad

- ◆ Aceptar que el tener un socio es como tener un jefe, ya que hay que informarle de todos los aspectos referentes de la empresa.

- Estar dispuesto a participar de los errores y aciertos de otros.
- Estar dispuesto a ceder parte del control de la empresa.
- Tener confianza absoluta en el socio.

∽Siempre hay que informar con la verdad,
aunque las cosas estén saliendo mal∽

Un socio puede ser útil si está dispuesto a trabajar las mismas horas que el otro y tener la misma disposición y energía, en caso contrario debe quedar muy claro el rol de cada accionista.

Para tomar decisiones en forma conjunta deben establecerse procedimientos anteriormente definidos que sirvan para arreglar diferencias concernientes a la empresa. Elaborar una lista de posibles áreas de conflicto y discrepancias, así como tener establecida una mecánica de negociación para solucionar los desacuerdos ayudan a mantener una buena relación con los socios.

La falta de entendimiento, el abuso de un socio, la inequidad en los beneficios y las responsabilidades pueden generar problemas. Por ello, es indispensable establecer claramente las reglas del juego, aunque en ocasiones pueda ser incómodo.

Garantía en las inversiones de los socios mayoritarios y minoritarios

Existen herramientas jurídicas para garantizar a todos los socios su inversión, como son los derechos de minorías y los derechos de arrastre y acompañamiento que se conocen como Drag Along y Tag Along.

Las cláusulas de Drag Along (derecho de arrastre) y Tag Along (derecho de acompañamiento) son esenciales en cualquier contrato entre socios y están orientadas a regular la desinversión en la sociedad y la posible salida de algunos de los socios de la misma.

Drag Along

Esta cláusula se puede introducir para proteger la posible salida de un socio inversionista dentro de la sociedad incluyendo al socio mayoritario. El objetivo de cualquier socio inversionista es que su inversión sea rentable, y se incluye en el contrato cláusulas para facilitar su salida como socio y poder proteger sus intereses.

La cláusula debe decir que cuando un tercero realiza una oferta de compra de la sociedad por la totalidad del capital social el socio que tenga el derecho de arrastre podrá obligar al resto de socios a que vendan sus participaciones al comprador.

Para el socio mayoritario esta cláusula sirve para garantizar que puede negociar la venta de la totalidad de la sociedad y que ningún socio minoritario puede negarse a la venta. Garantiza al socio inversionista que si consigue un comprador que esté dispuesto a comprar la sociedad por un precio razonable podrá obligar a los demás socios a vender. Algunos conceptos que tienen que introducirse son:

- ✓ Definición del precio mínimo por el cual los socios están obligados a vender. Es conveniente fijar el precio previamente.
- ✓ Que se tenga la opción del resto de los socios de igualar la oferta por la compra.
- ✓ Establecer el periodo de ejercicio del derecho de compra.
- ✓ Tener cláusulas de penalización en caso de incumplimiento.

Tag Along

Este se encarga de la protección de los socios minoritarios dentro de la sociedad. Este derecho sirve para proteger a estos socios en caso de un posible cambio de control en la sociedad y facilitar así su salida del negocio.

Cuando un tercero realice una oferta de compra a uno de los socios por sus acciones en la sociedad, el resto de socios podrán ofrecer al tercero, en las mismas condiciones y términos, sus propias acciones. El tercero comprará el número de acciones que inicialmente quería, pero de forma prorrateada a todos los socios que ejerciten este derecho.

Carta de confidencialidad entre socios

Si el negocio que se va a iniciar tiene elementos o fórmulas innovadoras se debe firmar un compromiso de confidencialidad para que no se ponga en riesgo la idea.

La carta de confidencialidad debe describir los alcances de la información protegida y las consecuencias en caso de incumplimiento.

En algunas negociaciones esta carta debe celebrarse antes de mostrar el proyecto, a pesar de que no se concrete el negocio con los potenciales socios inversionistas.

Obligación de no competir en el mismo giro

Es indispensable evitar los conflictos de interés que puedan surgir con motivo de que uno o más de los participantes aprovechen el know-how y abran negocios paralelos o se asocien con competidores en el mismo giro. Es necesario establecer cláusulas claras de no competencia, que sean aplicables a todos por igual y cuyas consecuencias sean graves para quienes incurran en esta anomalía.

Dividendos y reinversiones

Es necesario establecer las reglas para proveer la reserva legal necesaria, las reinversiones, las cuotas de retiro y el porcentaje anual de distribución de dividendos cuando los hubiera.

Control de la asamblea de accionistas

Es recomendable que socios con los mismos intereses y de confianza tengan el control de la empresa, es decir, la mayoría del capital, para que de esa forma se tomen las decisiones y se tengan los votos necesarios para tener control de la asamblea de accionistas y del consejo de administración.

Socio inversionista

Es esencial definir qué espera el inversionista a cambio de su dinero y qué tipo de rendimiento considera aceptable. Un contrato justo para todas las partes es el mejor inicio de una relación buena y duradera.

Antes de cerrar un trato es aconsejable definir los objetivos y compromisos de todos los involucrados y asegurarse de que son compatibles.

Hay que fomentar las buenas relaciones con los inversionistas y tratar de que tengan la información que soliciten con la mayor calidad y rapidez posibles. Es preciso mantenerlos bien informados.

⟿Reglas claras evitarán problemas con los socios y le darán valor al negocio⟿

Contenido del contrato entre socios

Algunos de los puntos siguientes se pueden incluir en los estatutos del acta constitutiva de la empresa. En el caso de las empresas familiares se debe elaborar un protocolo familiar para mantener la armonía entre sus miembros.

Cuando el socio mayoritario tiene principios éticos y el negocio es exitoso todas las partes se sienten satisfechas por la sociedad. En cambio, cuando hay problemas en la empresa pueden surgir diferencias de criterio entre los socios en relación a cómo administrar y operar.

La persona o grupo que tenga la mayoría de acciones deberá tomar las decisiones. Ya se mencionaron anteriormente algunos "candados" que pueden incluirse en los estatutos del acta constitutiva para proteger a los socios minoritarios.

El control de la empresa es un factor que se debe negociar, ya que los inversionistas mayoritarios tratan de minimizar su riesgo y prefieren tener el control sobre las decisiones trascendentales de la empresa.

En resumen, los puntos que se pueden establecer en el contrato que se firme entre socios son:

- ◆ Reglas para la admisión o expulsión de un socio.
- ◆ Derechos y obligaciones de los socios.
- ◆ Tipos de acciones que se emitirán y formas de transmisión de las mismas.
- ◆ Porcentaje de acciones que pertenecen a cada socio.
- ◆ Control sobre las emisiones futuras de acciones.
- ◆ Distribución de acciones y derechos de voto.
- ◆ Duración de la sociedad.
- ◆ Limitaciones de participación individual en el mismo giro.
- ◆ Periodicidad y tipo de informes de la dirección o del socio industrial.
- ◆ Políticas para solicitud y obtención de créditos.

- Puestos en el consejo de administración o administrador único.
- Monto e integración del capital social.
- Aportación de la inversión y el capital de trabajo.
- Reglas sobre aumentos y disminuciones de capital.
- Reglas para retiros de utilidades y capital.
- De qué tipo de aportación se trata.
- Reglas para el retiro y la regulación de aportaciones.
- Participación y reparto de utilidades.
- Definición de presupuestos, aprobación, desviaciones y correcciones.
- Cómo se tomarán las decisiones del negocio cotidianas y significativas.
- Cómo se va a decidir la selección de ejecutivos.
- Decisión de utilizar el servicio de outsourcing.
- Cómo se define la plantilla laboral.
- Facultades y poderes que serán otorgados.
- Políticas y procedimientos de la empresa.
- Cómo podrá disponerse de los activos de la empresa.
- Protección de los activos de la empresa.
- Cómo serán distribuidos los beneficios y las utilidades.
- Mecanismo para la salida de un socio de la sociedad
- Terminación y desacuerdos.
- Políticas y procedimientos para la disolución de la sociedad.

~Cuando hay éxito
es más fácil resolver discrepancias~

CONSEJEROS EXTERNOS

Para empezar un negocio, y dependiendo de su magnitud, es importante tener asesores externos que intervengan en diferentes aspectos de la planeación estratégica y de la operación. Los asesores externos que pueden participar en la pequeña y mediana empresa son:

- Abogado laboral, mercantil y penal.
- Asesor en seguros.

- Consejero financiero.
- Contador general externo.
- Fiscalista.
- Ingeniero en sistemas.
- Consultores de negocios, expertos en realizar evaluaciones y diagnósticos integrales, en implantar modelos de calidad, procesos de mejora continua y planeación estratégica.
- Consultor familiar, en el caso de familias que son los accionistas mayoritarios.

La magnitud y la complejidad de negocio determinarán la cantidad de especialistas que se necesitan. La coordinación entre asesores externos es muy importante y necesaria, ya que intervienen conjuntamente en diferentes situaciones y actividades. Los honorarios de los asesores pueden fijarse por trabajo determinado o una cantidad fija mensual.

CAPÍTULO 3
PLAN DE NEGOCIOS, INCUBADORAS Y ACELERADORAS

IMPORTANCIA DEL PLAN DE NEGOCIOS

Hoy más que nunca es necesario contar con instrumentos y metodologías que permitan a los emprendedores tener un pronóstico lo más acertado posible del éxito y la rentabilidad de un negocio. Un plan de negocios es un instrumento clave y fundamental para aumentar las probabilidades de tener éxito.

El plan puede elaborarse para un negocio de reciente creación o para uno que ya está operando y tiene planes de crecimiento. Tiene como objetivo plasmar el conocimiento profundo del proyecto que se pretende iniciar. El plan de negocios es la forma objetiva de visualizar el cuándo, cómo, cuánto y qué de un negocio.

Cuando la empresa está operando y en crecimiento un plan sirve para replantear objetivos, metas y necesidades, así como para solicitar créditos o inversiones adicionales para ampliación o proyectos especiales. Es un documento estratégico indispensable, ya que no es posible emprender con éxito un negocio o hacer crecer uno en funcionamiento sin tener un plan detallado que contenga una guía de las actividades y acciones que se deben realizar.

No hay que casarse con la primera idea que se tenga, es conveniente contar con modelos de negocios alternativos para el mismo producto o servicio con el fin de realizar un análisis profundo y decidir cuál es el más adecuado. Es conveniente ser conservador y realista cuando se elaboran los pronósticos de venta y las proyecciones financieras del negocio.

El plan debe incluir acciones a corto plazo y tareas diarias para llegar al objetivo final. Para que el plan de negocios sea más objetivo y fácil de analizar debe incluir información histórica y comparativa, con datos estadísticos y gráficos de los últimos cinco años sobre diferentes aspectos de la empresa y el mercado.

El plan de negocios debe definir la manera en que una empresa genera, entrega y captura valor. Cada plan de negocios es diferente porque tiene el toque personal del responsable de su elaboración y está diseñado en función del tamaño y giro de cada empresa, lo que imposibilita tener un formato idéntico para todos los casos.

La veracidad de la información que se incluya en el plan de negocios es de vital importancia para su éxito. Es conveniente que los inversionistas y financieros conozcan los pronósticos y las proyecciones que se emplearon para estimar la utilidad. También necesitan conocer y entender los supuestos, la lógica y los soportes que se utilizaron para la realización de las proyecciones.

El contenido, la redacción y la presentación son muy importantes para la aceptación de los inversionistas potenciales o instituciones financieras. Para conseguir los objetivos del plan de negocios a largo plazo es necesario que los emprendedores lo ejecuten disciplinadamente.

Después de un periodo determinado de operación del plan de negocios se deben comparar los resultados obtenidos con el plan original para conocer las posibles desviaciones, las razones de estas, las consecuencias y las medidas correctivas que se deben tomar. Un plan de negocios que no esté bien soportado puede resultar perjudicial y puede generar poca credibilidad de los inversionistas interesados en proporcionar los recursos financieros.

Siempre existe el riesgo de que las cosas no sucedan como se planean, por lo que al elaborar el plan se deben prever los escenarios pesimistas, conservadores y optimistas, además de estar preparado para las contingencias, desviaciones o dificultades que se presenten. Cuando sea posible, es conveniente que al terminar la elaboración del plan de negocios y antes de presentarlo a los posibles inversionistas un experto lo revise para conocer sus observaciones.

⸾Un negocio que recién ha comenzado
no tendrá éxito sin emprendedores apasionados⸾

PLANEACIÓN GENERAL

La mayoría de los emprendedores no le dan importancia a la elaboración de los planes antes de iniciar las operaciones de un negocio, pero es trascendental realizarlos si se quiere tener éxito.

Generalmente, durante la etapa inicial de implementación se pueden conocer las posibilidades de éxito o de fracaso. Es una oportunidad muy valiosa para elaborar con tiempo un análisis del modo en que se piensa administrar, operar y cumplir la visión y misión de la empresa.

Planear puede significar el éxito y la tranquilidad de los emprendedores. Hay que ser profesionales de la planeación precisamente porque es muy difícil anticiparse a todas las posibles contingencias que se presenten.

Se debe contemplar el análisis del tipo de negocio, su viabilidad, factibilidad técnica, económica y ambiental. Se requiere hacer un análisis de los probables escenarios políticos, económicos, sociales y culturales para considerarlos en la elaboración del plan de negocios. El plan necesita ser muy dinámico, actualizado y renovado de acuerdo con las necesidades de las diferentes situaciones y cambios que se presenten.

La curva de aprendizaje es larga y costosa si no se tiene un plan de negocios.

PLANEACIÓN ESTRATÉGICA

Estamos en la era de la creatividad, marcada por el desarrollo de la tecnología y el conocimiento, en donde la investigación y la generación de nuevas ideas son parte fundamental de la planeación estratégica.

Estrategia es el conjunto de objetivos, metas, políticas, planes y programas para lograr la visión de la empresa. Se entiende por *planeación estratégica empresarial* el diseño de estrategias para que las empresas tengan capacidad de adaptarse a las condiciones cambiantes del mercado y satisfacer las necesidades y deseos de los clientes.

La planeación estratégica debe orientarse a la creatividad, innovación y generación de nuevas propuestas y alternativas. Un plan estratégico requiere responder las siguientes preguntas:

Estrategias generales

- ¿Cuál es la visión del negocio en el largo plazo?
- ¿Qué cambios se advierten como los más viables en los mercados?
- ¿Qué hechos probables, fuerzas y tendencias se observan como las más factibles?
- ¿Qué elementos críticos se detectan?
- ¿Qué oportunidades de negocios pueden inferirse?
- ¿Cómo aprovechar las fortalezas de la empresa en su conjunto?

Administración y control

- ¿Cómo desarrollar sistemas administrativos integrados?
- ¿Cómo tener mejores formas de control?
- ¿Cómo implementar mejores estrategias de compra?
- ¿Cómo hacer un uso eficiente de los recursos e instalaciones?
- ¿Cómo tener la mejor información para la toma de decisiones?

Comercialización

- ¿Cómo tener mejores estrategias de comercialización?
- ¿Cómo aumentar las ventas y cuáles son los objetivos?
- ¿Qué tipo de publicidad y promociones se necesitan?

Competencia

- ¿Cómo pueden detectarse las futuras estrategias de la competencia?
- ¿Cómo conocer mejor el mercado y cómo ganarlo a la competencia?
- ¿Cómo tener mejores productos y servicios que la competencia?
- ¿Cómo puede ser el negocio más competitivo?

Personal

- ¿Cómo cubrir las necesidades de personal?
- ¿Cómo pueden conocerse las necesidades de capacitación?
- ¿Cuáles son los cursos de capacitación necesarios?
- ¿Cómo puede aumentarse la productividad del personal?

Financiamiento

- ¿Cómo pueden cubrirse las necesidades futuras de financiamiento?
- ¿Cómo definir las inversiones en tecnología, maquinaria y equipo?
- ¿Cómo decidir las adquisiciones estratégicas de otras empresas?
- ¿Qué costos y gastos pueden compartirse con otras empresas?

Calidad

- ¿Qué medidas deben efectuarse para cumplir con el modelo de calidad que se quiere tener en la empresa?
- ¿Cuándo y cómo implantar procesos de mejora continua?
- ¿Cómo volver a la empresa un modelo de calidad y tener las mejores prácticas en el giro?
- ¿Cómo puede generarse una cultura de calidad?

Cada una de estas preguntas requiere una reflexión profunda para definir una estrategia exitosa para el crecimiento y desarrollo de la empresa. Las estrategias de negocios deben ser delineadas sobre la base de las necesidades específicas de un grupo meta definido en el mercado.

Se deben diseñar estrategias para poder tener acceso, ganar y mantenerse en los mercados con servicios y productos de calidad. Las estrategias deben ser sencillas, fáciles de comprender, implantar, evaluar y dar seguimiento.

❧ Las estrategias describen
cómo se piensan lograr los objetivos. ❧

CARACTERÍSTICAS DE UN PLAN DE NEGOCIOS

Un plan debe cumplir con los siguientes requisitos:

- Nombrar un coordinador responsable de su ejecución.
- Ser claro, conciso, concreto e informativo.
- Involucrar en su elaboración a las personas que vayan a participar en su aplicación.

- Incluir visión, misión, objetivos, metas, estrategias y un plan de acción.
- Definir diversas etapas que faciliten la medición de sus resultados.
- Establecer metas a corto y mediano plazo.
- Definir con claridad los resultados finales esperados.
- Establecer criterios de medición e indicadores para medir avances y logros.
- Tener programas con actividades y acciones diarias, personal responsable, recursos financieros y técnicos disponibles.
- Tener informes trimestrales o semestrales de avance en los programas para evaluar los resultados obtenidos.
- Justificar y proporcionar información suficiente sobre cualquier objetivo y meta que estén en el plan. Ejemplo: si se pronostica un incremento en el tamaño del mercado se debe explicar y apoyar el razonamiento con información objetiva y convincente.

CONTENIDO DE UN PLAN DE NEGOCIOS

Para elaborar un plan de negocios pueden utilizarse diferentes formatos, ya que no existe una guía universalmente aceptada para su elaboración. El contenido debe adaptarse a cada negocio, puesto que el plan de negocios difiere según se trate de una empresa que está comenzando o de una empresa que ya está en funciones y quiere crecer.

La información que se incluya en el plan de negocios debe adecuarse a la empresa según el tamaño, el giro y la disponibilidad de la documentación. Se incluyen todos los conceptos que deben considerar las empresas o proyectos magnos y se debe adaptar al tamaño y giro del negocio.

Es importante hacer énfasis en que los proyectos de negocios nuevos o pequeños no requieren toda la información que contiene esta propuesta de plan de negocios y se deben seleccionar solo los rubros que puedan ser de interés y congruentes con el tamaño y giro de la empresa.

Las empresas y los nuevos grandes proyectos requieren planes de negocios con mucha información, detallados y con diferentes escenarios. Tomando en cuenta lo anterior, el plan de negocios que a continuación se presenta sirve para una empresa que va iniciar operaciones o una en funcionamiento. Este plan de negocios tiene el propósito de servir a cualquier emprendedor y se debe adaptar a la magnitud de cada empresa o proyecto de negocio.

El contenido de un plan de negocios puede incluir lo siguiente:

Portada

- ◆ Nombre y logotipo de la empresa.
- ◆ Nombre del documento.
- ◆ Dirección de correo electrónico.
- ◆ Dirección de la página web.
- ◆ Direcciones en redes sociales.
- ◆ Dirección postal.
- ◆ Teléfonos.
- ◆ Nombre y título del presidente o director general.
- ◆ Fecha de elaboración.

Índice

- ◆ Contenido
- ◆ Números de página

Introducción

Es una carta introductoria que debe mencionar a qué se dedica o dedicará la empresa y las características del plan de negocios. Describe de manera breve la razón por la cual se está haciendo el plan de negocios y destaca los puntos más importantes para los socios e inversionistas.

Antecedentes

Cuando la empresa va a iniciar operaciones debe incluirse la siguiente información:

- ◆ Nombre de la empresa.
- ◆ Concepto y objeto del negocio.
- ◆ Descripción del negocio.
- ◆ Qué tiene de innovadora la idea del negocio.
- ◆ Beneficios del producto o servicio que ofrece.
- ◆ Ventajas competitivas.

- Características de los clientes potenciales.
- Contexto donde se va a desarrollar el negocio.
- El potencial del negocio.
- El resultado del estudio de factibilidad.
- Viabilidad de la idea comercial.
- La proyección financiera.
- La conveniencia de invertir en el negocio (rentabilidad).
- Análisis del sector al que ingresará la empresa.
- Plan general de introducción de la empresa en el mercado.
- Plan detallado de lanzamiento de la empresa.
- Fortalezas, oportunidades, debilidades y riesgos en lo general.
- Factores claves para el éxito del negocio.
- Regulaciones de gobierno.

Visión

En el mundo de los negocios, la visión se define como el camino al cual se dirige el emprendedor a corto, mediano y largo plazo. Sirve de rumbo para orientar las decisiones estratégicas de crecimiento y competitividad.

Conocer el sitio a donde se quiere ir y comunicarlo facilita considerablemente el camino. Es una guía que permite enfocar los esfuerzos de todos los miembros de la empresa hacia una misma dirección, logrando que se sientan identificados, comprometidos y motivados en poder alcanzarla.

Es una visión general del giro de negocio al que está enfocado el plan, considerando el panorama actual y sus posibilidades futuras. La visión incluye el pensamiento estratégico y la intuición de cuál puede ser el futuro. Es importante comenzar a desarrollar el plan de negocios teniendo la última etapa en mente.

Misión

La misión es la forma en que los emprendedores deciden hacer realidad su visión. Es describir lo que vas a hacer para conseguir la visión.

La misión es lo que pretende hacer la empresa y para quien lo va hacer. Es el motivo de su existencia, da sentido y orientación a las actividades de la empresa. Es lo que se pretende realizar para lograr la satisfacción de los clientes, del personal de la empresa y de la comunidad en general.

La misión debe ser precisa, amplia, motivadora y convincente, ya que es la base para que todas las acciones del personal avancen hacia la misma dirección.

La visión es más genérica que la misión y por lo tanto es menos precisa. Para precisar la misión es necesario estar seguros de los objetivos y metas que se quieren conseguir.

Objetivos

Deben mencionarse los objetivos generales y específicos a corto, mediano y largo plazo, así como las metas en relación con los siguientes conceptos:

- ◆ Planeación, organización y control
- ◆ Ventas
- ◆ Mercadotecnia
- ◆ Compras
- ◆ Inventarios
- ◆ Producción
- ◆ Operación
- ◆ Finanzas
- ◆ Sistemas
- ◆ Personal
- ◆ Rentabilidad
- ◆ Crecimiento
- ◆ Beneficios sociales

Metas

La mayoría de los emprendedores y empresarios no consideran la importancia del establecimiento de metas, pero estas son indispensables para definir el rumbo que se quiere seguir y saber si el camino que se está transitando es el correcto o hay que corregirlo. Las características principales que deben tener las metas son:

- ◆ Contemplar fines y medios.
- ◆ Ser cuantitativas y medibles.
- ◆ Ser concretas, realistas y congruentes.

- Tener un tiempo definido para su logro.
- Estar fijadas por los participantes de las diferentes áreas de la empresa.
- Estar documentadas.
- Las metas individuales deben estar relacionadas con las del área y la empresa.

Políticas

Son las reglas con las que se conducirá la empresa en su conjunto. Es lo que se puede y debe hacer. Las políticas deben estar alineadas con la visión y la misión de la empresa.

Es un conjunto de normas o reglas establecidas por la dirección para regular diferentes aspectos del funcionamiento de la empresa. Estas normas pueden incluir desde el comportamiento ante clientes hasta la presentación y forma de vestir del personal.

Ubicación e instalaciones

- Se deben mencionar la ubicación geográfica y los beneficios estratégicos para la empresa.
- Tipo de instalaciones y características de la nave, bodega, local u oficina que se necesita para empezar o crecer el negocio.
- Superficie mínima necesaria.
- Planos de distribución de las diferentes áreas de la empresa.
- Necesidad de espacios para los planes de crecimiento y expansión.
- Descripción de las adecuaciones, construcciones e instalaciones

Organización

En un negocio nuevo se deben elaborar manuales, procedimientos y programas de trabajo, ya que facilitarán la organización. Se pueden anexar los siguientes documentos:

- Manual de organización (estructura, objetivos, políticas, funciones y formatos).
- Manual de procedimientos.

◆ Programa de trabajo mensual, trimestral, semestral y anual por cada área de la empresa.

Directivos

Para la elaboración del plan de negocios es necesario contestar las siguientes preguntas para que los posibles socios o inversionistas conozcan el perfil de los directivos.

◆ ¿Quiénes son o serán y qué han logrado a la fecha?
◆ ¿Cuáles son sus motivaciones y aspiraciones?
◆ ¿Por qué son el personal adecuado?
◆ ¿En qué grado están comprometidos con el éxito de la empresa?
◆ ¿Capacidad y calidad del trabajo de grupo?
◆ ¿Capacidad para desarrollar la empresa?
◆ ¿Claridad y comprensión de la filosofía y la misión?
◆ ¿Conocimientos del giro de la empresa?
◆ ¿Experiencia en el mercado?
◆ ¿Cultura administrativa?
◆ ¿Estilo gerencial y calidad directiva?
◆ ¿Éxitos y fracasos en el logro de objetivos y metas en años anteriores?
◆ ¿Fortalezas y debilidades gerenciales?
◆ ¿Compromisos financieros e inversiones que tienen con la empresa?

Personal

◆ Currículos de los ejecutivos de primer nivel y del personal clave (logros, fortalezas y experiencia).
◆ Información sobre la plantilla de personal administrativo y operativo por área, mencionando características e ingresos.
◆ Planes de sueldos, salarios, honorarios y compensaciones.
◆ Plantilla del personal (de base, de confianza y directivos) comparada con ejercicios anteriores, sueldos, prestaciones e incentivos de cada puesto.
◆ El monto de la nómina mensual total y las prestaciones especiales por área.
◆ Antigüedad del personal.

- Frecuencia de requerimiento de horas extras.
- Rotación de la mano de obra comparada con ejercicios anteriores.
- Necesidades futuras de personal y disponibilidad.
- Si hubiese la necesidad de contratar personal, las razones, en qué áreas, perfiles y cuántos.
- Plan de capacitación y evaluación del personal.

Debe haber congruencia entre la cantidad y la calidad del personal y los objetivos

Sindicato

- En el caso de que se tenga sindicato se deben incluir:
- Las condiciones laborales más importantes del contrato colectivo de trabajo.
- Las características del sindicato y sus líderes.

Situación del mercado

- Características y análisis del mercado.
- Nichos de mercado deseados.
- Qué necesidades de mercado se intenta satisfacer.
- Composición del mercado (concentración geográfica, características de la población, niveles socioeconómicos del mercado objetivo).
- Tamaño del mercado objetivo y potencial.
- Segmentación del mercado y consumo por segmento.
- Ubicar en el nicho en el que se va a desarrollar.
- Cuáles serán las estrategias para ganar el mercado los próximos tres años.
- Diversificación del mercado en relación con ejercicios anteriores.
- Factores que afectan el mercado y cómo funcionará en ciertas circunstancias.
- Información sobre la evolución de la demanda y la oferta.
- Mercados no explotados y capacidad de penetración.
- Participantes y porcentaje de participación en el mercado por empresa y producto.

- Expansiones futuras previstas para mejorar la participación en el mercado.
- Posibles tendencias del mercado para los próximos tres años.

Productos y servicios

- Aceptación en el mercado de los productos y servicios de la empresa.
- Amplitud de la línea de productos y servicios.
- Características, descripciones y aplicaciones del producto.
- Qué necesidades cubre el producto o servicio.
- Quién y por qué lo comprará.
- Dónde se podrá tener acceso al producto.
- Disponibilidad del mercado para recibir nuevos productos.
- Equilibrio de la mezcla de productos y servicios.
- Capacidad para generar y desarrollar nuevos productos.
- Proyectos de desarrollo de nuevos productos y servicios.
- Servicios que ofrece u ofrecerá la empresa.
- Situación de las patentes.
- Ventajas competitivas sobre los productos y servicios existentes en el mercado.
- Políticas para garantías y devoluciones.

Ventas

- Cuál es la base de datos de los clientes.
- Quiénes son los clientes más importantes.
- Cómo se va a ampliar la cartera de clientes.
- Qué tanto depende la empresa de ciertos clientes.
- Qué tan leales son los clientes y cómo se puede afectar su lealtad.
- Cómo es la programación de los pedidos de los clientes.
- Estrategias de cómo de encontrarán, conseguirán y retendrán a los clientes.
- Comparativo de ventas de los últimos cinco años.
- Objetivos por producto y servicio.
- Metas para cada área y vendedor para los próximos dos años como mínimo.
- Metas por canal de distribución.

- Pronósticos de ventas y diferencias de pronósticos anteriores con la realidad.
- Método de venta.
- Perfil, habilidades y número de vendedores.
- Esquemas de compensación y pago a los vendedores.
- Ventas por productos, servicios y dinero, mensuales, trimestrales, semestrales y anuales, comparadas con ejercicios anteriores.
- Ventas divididas por vendedores, zonas y clientes.
- Capacidad para surtir la demanda.
- Costos de los servicios posventa.
- Porcentaje de quejas posteriores a las ventas.
- Necesidad de asistencia técnica para los clientes.

Mercadotecnia

- Plan y objetivos de mercadotecnia.
- Definición del perfil de los consumidores.
- Grado de aceptación de la imagen del producto y de la marca.
- Estrategias para fortalecer la imagen y las ventas de la empresa.
- Fuerza de las marcas de la empresa en el mercado.
- Diversificación, evolución y lanzamiento de nuevos productos.
- Campañas publicitarias actuales y futuras.
- Promociones especiales realizadas y por realizar.
- Eficacia y costos de la publicidad y promoción.
- Posicionamiento de la empresa.
- Plan de medios que se pretende realizar.
- Definición de la estrategia de la mercadotecnia digital.
- Estrategia de mercadotecnia digital: web, sem, smartphones, mercados móviles, marketing por email, canales digitales, banners publicitarios online, social media y otras.

Canales de comunicación

- Establecer el plan de medios masivos de comunicación.
- Definir las redes sociales que se van a utilizar (Facebook, Twitter, LinkedIn, Pinterest, Tumblr, etc.).
- Correos electrónicos directos.
- Newsletters.

◆ Blogs.
◆ Páginas Web.
◆ Web banner.
◆ Otros.

Finanzas

◆ Cantidad de recursos financieros que se necesitan para implementar el plan de negocios.
◆ De dónde, cómo y cuándo van a obtenerse los recursos financieros.
◆ Tiempo calculado para el retorno de la inversión.
◆ Presupuesto anual total y por áreas.
◆ Comparativo histórico del cumplimiento y las desviaciones en el manejo del presupuesto.
◆ Destino detallado del recurso financiero.
◆ Capacidad de generación y captación de recursos financieros.
◆ Programa de aportaciones financieras.
◆ Solicitud de créditos, en qué condiciones y con qué instituciones o personas.
◆ Cuentas por pagar de la operación.
◆ Estructura de costos generales de la empresa, por línea de negocios, áreas y productos.
◆ Endeudamiento a corto y mediano plazo.
◆ Estabilidad y solidez financiera.
◆ Análisis del punto de equilibrio.
◆ Activos (maquinaria, equipos de transporte, cómputo, inmuebles, terrenos, etc.).
◆ Inversiones en valores e inmuebles.
◆ Situación de hipotecas que se tengan.
◆ Flujo de efectivo por mes proyectado a tres años.
◆ Estado de resultados, balance general y balanza de comprobación.
◆ Estados financieros de los últimos tres años.
◆ Estados financieros actualizados (tres meses de antigüedad).
◆ Estados financieros proyectados (3 a 5 años).
◆ Tablas comparativas de ingresos y egresos, costos y gastos, inventarios, utilidades brutas y netas de los últimos tres años.
◆ Capital contable, capital pagado y capital social.

- Análisis de escenarios económicos probables.
- Indicadores y razones financieras (utilidad neta, retorno de capital, otros).

Crédito y cobranza

- Políticas que se piensan establecer o establecidas para otorgar créditos.
- Monto y condiciones de crédito a clientes en relación con ejercicios anteriores.
- Políticas y procedimientos de las cuentas difíciles de cobrar.
- Análisis de solvencia y liquidez de los clientes.
- Créditos que tiene la empresa con instituciones financieras o proveedores a corto, mediano y largo plazo. Esquemas de crédito.
- Porcentaje de cartera vencida y de cuentas incobrables en los últimos tres años.
- Promedio de recuperación de la cobranza.
- En su caso, cobranza judicial que tiene la empresa, y el monto.

Seguros

- Tipo de seguros que se requieren.
- Costo anual de primas de los seguros que se requieren por el giro de la empresa (médicos, vida, daños, responsabilidad civil, etc.).

Proveedores

- Cuáles son las fuentes de suministro.
- Una relación de los principales proveedores.
- Condiciones, capacidad y características generales de los proveedores.
- Créditos y formas de pago.
- Calidad de las adquisiciones.
- Tiempos de entrega.
- Devoluciones.
- Descuentos que se obtienen de los proveedores y sus condiciones.
- Apoyos que ofrecen los proveedores para publicidad.

Inventarios

- Niveles óptimos de inventario en el almacén.
- Rotación de existencias.
- Control de máximos y mínimos (diferencias, periodos de aprovisionamiento).
- Reducciones o aumentos en inventarios.
- Valor de los inventarios.
- Almacenes y bodegas.
- Costos de almacenamiento.

Producción

- Cómo se hace el proceso de fabricación.
- Materias primas fundamentales y su procedencia.
- Lista de insumos principales.
- Desarrollo del producto.
- Capacidad instalada y ocupada y comparación con ejercicios anteriores.
- Capacidad y niveles de producción.
- Capacidad para reaccionar en caso de aumento de la demanda.
- Planes de crecimiento del área de producción.
- Estructura de costos de producción y operación (fijos, variables y unitarios).
- Tiempo de entrega de las órdenes de producción y los pedidos.
- Problemas en el proceso de manufactura.
- Apoyos de ingeniería, diseño y control de calidad.
- Proceso tecnológico utilizado en la producción.
- Evolución actual y prevista en tecnología para operación y producción.
- Capacidad y capacitación del personal del área.

Operación

- Plan de operaciones.
- Eficiencia de los sistemas y procedimientos operativos.
- Flexibilidad de las operaciones.

- Porcentaje de devoluciones y mermas por defectos de fabricación.
- Nivel de devoluciones por desperfectos o baja calidad.
- Niveles de productividad por empleado.
- Presupuesto y programas de mantenimiento preventivo y correctivo de instalaciones y equipos.

Distribución

- Situación actual de la distribución.
- Estrategias y costos.
- Desplazamiento por canal de distribución.
- Tipo de transporte necesario.
- Situación actual del transporte de la empresa.

Sistemas de información

- Características de los sistemas de información y control empresarial.
- Criterios de medición establecidos para dar cuenta de los resultados.
- Tipo de informes y contenido.

Informática

- Porcentaje de automatización de la empresa.
- Promedio de antigüedad de los equipos.
- Tiempo de uso promedio por usuario.
- Inversión que se requiere para tener los equipos de cómputo con las configuraciones y paquetes necesarios.
- Sistemas digitales.

Tecnología e investigación

- Tecnología que tiene la empresa.
- Conocimiento y uso de nuevas tecnologías.
- Planes de adquisición de tecnología de punta.
- Desarrollo de prototipos o tecnología nueva.
- Cambios necesarios por introducción de nuevas tecnologías más competitivas.

Maquinaria y equipo

- Instalaciones, equipo y maquinaria necesaria y disponible si aumenta la demanda.
- Estado actual de la maquinaria, cuándo necesitará reponerse y cuál será el costo.
- Índices de inactividad de la maquinaria y equipo.
- Problemas para conseguir refacciones para los equipos.
- Necesidad de especificaciones especiales de espacios por las características de la maquinaria y equipo.
- Requerimientos para la instalación de la maquinaria y equipo.

Consultores externos

- Abogados laborales, mercantiles, civiles, fiscales, contador externo, asesores en informática, en tecnología de punta, financieros, de negocios y otros especialistas que se puedan necesitar.
- Tipos de consultoría que se tienen vigentes o que se requieren y sus respectivos contratos.

Competencia

Hay mucha información de la competencia que se puede conseguir fácilmente y otra tiene complicaciones. La información de la competencia que se debe considerar incluir en el plan de negocios es la siguiente:

- Quiénes son los accionistas principales.
- Tamaño de las empresas de la competencia (personal, instalaciones, equipos, capacidad de producción, tecnología, otros).
- Historia, relación y localización de los competidores más importantes.
- Participación en el mercado de los competidores más importantes del giro.
- Penetración del mercado actual y penetración proyectada.
- Planes de expansión de los competidores.
- Posibles alianzas estratégicas entre competidores y con la empresa.
- Posible ingreso de nuevos competidores importantes en el mercado.

- Situación financiera de los competidores.
- Perfil y experiencia en el ramo de directivos y ejecutivos.
- Análisis de satisfacción de los clientes de la competencia.
- Fortalezas y debilidades de la fuerza de ventas.
- Porcentajes de comisiones que se pagan a la fuerza de ventas.
- Ventas anuales de los principales competidores.
- Capacidad de comercialización.
- Estrategias de mercadotecnia tradicional y digital.
- Condiciones de venta (descuentos por volumen, devoluciones, garantías).
- Políticas de precios y descuentos.
- Comparativo de precios y calidad de productos similares de la empresa y la competencia.
- Análisis de canales y formas de distribución de sus productos y servicios.
- Características y eficiencia de los procesos de producción.
- Condiciones de crédito que ofrecen a sus clientes: plazos, intereses, penalidades, facilidades, otros.
- Comparativo de variedad y calidad de los productos o servicios.
- Fortalezas y debilidades de los diferentes productos.
- Cantidad de importaciones o exportaciones del producto que hacen los competidores.
- Inversión en medios publicitarios tradicionales y en internet.

El plan de negocios debe tener una buena estrategia de comunicación y una planeación de responsabilidad social que le dé a la empresa una mejor imagen y acercamiento con la sociedad.

Conclusiones

- Análisis general de la situación actual considerando factores políticos, sociales, económicos y legales que pueden influir en la estrategia del plan de negocios.
- Factibilidad de éxito del negocio.
- Futuro a corto, mediano y largo plazo del proyecto de negocio o de la empresa en funciones.

- Posibles riesgos.
- Rentabilidad.

∼Hay que comenzar el plan de negocios
pensando en el final∼

Anexos

Algunos de los anexos que puede contener un plan de negocios de una empresa nueva son:

- Estructura de organización.
- Plantilla del personal.
- Biografías de los hombres clave y consejeros.
- Cartas de intención de compra.
- Copias de contratos importantes.
- Investigación de mercado.
- Listado de clientes potenciales.
- Presupuestos anuales.
- Programas de trabajo.
- Pronósticos de ventas.
- Proyección del flujo de efectivo.
- Proyecciones financieras.
- Plan de mercadotecnia digital y tradicional.

Algunos de los anexos adicionales que puede contener un plan de negocios de una empresa en funcionamiento son:

- Escrituras y estatutos de la empresa.
- Contratos de arrendamiento.
- Contratos con empresas subcontratistas.
- Contratos de mantenimiento.
- Contratos de vigilancia.
- Contratos individuales y colectivo de trabajo.
- Contratos de honorarios.
- Contratos con colaboradores, clientes, proveedores y otros.

- Documentación oficial (licencias, permisos, concesiones, etc.).
- Colaboradores clave.
- Clientes y proveedores importantes.
- Documentación que garantiza el acceso a la energía eléctrica necesaria para iniciar operaciones o crecimiento de la empresa.
- Documentación de acceso al servicio de agua necesaria.
- Contrato de renta o de las necesidades de inversión para la compra del inmueble.
- Estados financieros.
- Gráficas de información relevante para la toma de decisiones.
- Informes al consejo de administración.
- Informes de asesores externos.
- Auditorías realizadas.
- Pagos de impuestos.
- Asociaciones estratégicas con otras empresas competidoras o complementarias.
- Adquisiciones de otras empresas relacionadas con el giro.
- Creación de nuevas empresas complementarias.
- Otros.

*⟿El peor plan de negocios
es el que nunca se escribió⟿*

El plan de negocios debe de incluir un resumen ejecutivo que permita entender el negocio en lo general. La redacción condensada de un plan de negocios no es fácil, pero puede ser la clave para la aceptación del proyecto.

Resumen ejecutivo de un plan de negocios

Generalmente, el resumen es corto y tiene la función de sintetizar los principales aspectos del plan de negocios. Es lo primero que ven los inversionistas por lo que debe resaltar lo más importante del plan de negocios.

La extensión del resumen ejecutivo debe incluir la menor cantidad de cuartillas posibles y que permitan a los inversionistas comprender el negocio e interesarse en el proyecto. El contenido de un resumen ejecutivo de un plan de negocios generalmente es el siguiente:

Datos generales

- ✓ Nombre de la empresa.
- ✓ Justificación.
- ✓ Visión y misión.
- ✓ Estructura de propiedad de la empresa.
- ✓ Quiénes son los accionistas.
- ✓ Qué producto o servicio ofrece la empresa y sus ventajas.

Viabilidad del negocio

- ✓ Demostrar que el plan de negocios representa una oportunidad por sus ventajas competitivas.
- ✓ Variables positivas o negativas que pueden afectar los resultados pronosticados.
- ✓ Ventajas competitivas sustentables.

Marco legal

- ✓ Estatutos.

Organización

- ✓ Estructura de organización y equipo gerencial.
- ✓ Proveedores principales.
- ✓ Programa general de trabajo.

Mercado

- ✓ Información sobre el mercado objetivo.
- ✓ Resumen del pronóstico de ventas.
- ✓ Clientes principales.
- ✓ Análisis y diagnóstico de la competencia.
- ✓ Resumen del plan de mercadotecnia.

Finanzas y contabilidad

- ✓ Proyección financiera a cinco años.
- ✓ Resumen de la situación financiera.
- ✓ Inversión total requerida.
- ✓ Una descripción del pasado y del futuro proyectado en términos financieros.
- ✓ Una explicación y un calendario de cómo se pretende que el inversionista o financiero entreguen los recursos económicos necesarios.
- ✓ Programa de retorno de las inversiones en diferentes escenarios.

Producción

- ✓ Capacidad instalada.
- ✓ Características de la tecnología necesaria.
- ✓ Características y necesidades de producción.

❧La información que interesa a los inversionistas debe ser fácil de encontrar❧

PRESENTACIÓN DEL PLAN DE NEGOCIOS

Se debe realizar una excelente exposición, con argumentos concretos, para vender la idea del negocio a los posibles inversionistas. El emprendedor deberá tener capacidad de persuasión y conocer los detalles, particularidades, bondades, beneficios y riesgos del plan de negocios.

Se requiere planificar la presentación y los pormenores de lo que se va a decir a los socios, posibles inversionistas o instituciones financieras. Hay que tener planteamientos y argumentos contundentes sobre los beneficios del negocio para lograr el interés de los inversionistas y convencerlos.

Es necesario presentar el plan y las estrategias en forma concisa y clara, con imágenes y gráficas informativas, además de entregar una carpeta con toda la información. Algunas partes del negocio pueden representarse con gráficas, como las proyecciones financieras. También se pueden usar fotografías e ilustraciones para demostrar cómo funciona el producto o cómo se diferencia del de la competencia.

Hay que hacer énfasis en los costos que se esperan tener, cuándo se conseguirá estar en el punto de equilibrio, cómo se invertirá el dinero y cómo recibirán el retorno de su inversión. Los inversionistas quieren detalles sobre cómo se usará el dinero que inviertan.

Se requiere transmitir a los inversionistas y financieros los factores que harán del proyecto un éxito y la forma en la que recuperarán su inversión. En el caso de no lograr las expectativas de los socios se debe brindar la fórmula para terminar la sociedad y cerrar la empresa.

La transparencia es esencial para conseguir al inversionista ideal.

INFORMACIÓN ADICIONAL PARA EMPRESAS EN FUNCIONAMIENTO

Un plan de negocios elaborado para el crecimiento de una empresa que ya está en funcionamiento contiene más información que generan las áreas y que se puede incluir para tener un panorama más completo y tener una mejor toma de decisiones.

Cuando la empresa ya está funcionando se requiere la siguiente información para la elaboración del plan de negocios:

- Antigüedad de la empresa.
- Acta constitutiva, reformas estatutarias y apoderados legales.
- Detalles de la historia, evolución y actividades sobresalientes.
- Información general de los accionistas.
- Información general del consejo de administración o administrador único.
- Datos relevantes sobre la administración y operación de la empresa.
- Consejeros y asesores externos de la empresa.
- Estructura del capital legal.
- Diagnóstico general y del mercado en los que se desarrolla la empresa.
- Principales logros alcanzados.
- Imagen general de la empresa ante terceras personas.
- Comportamiento del sector en el que se está durante los últimos tres años.

- Empresas líderes del sector.
- Posición actual del negocio.
- Personal clave de cada área.
- Recursos de que dispone la empresa.
- Experiencia en el giro.
- Registro de patentes.

VENTAJAS DE ELABORAR UN PLAN DE NEGOCIOS

- Sirve para planificar el inicio de operaciones o crecimiento de la empresa.
- Es una herramienta de gran utilidad para los promotores del negocio.
- Facilita la captación de nuevos socios.
- Facilita la negociación para conseguir recursos con inversionistas, instituciones financieras y proveedores.
- Se puede dar seguimiento al cumplimiento de objetivos y metas.
- Permite detectar errores y corregirlos con anticipación.
- Es útil para actualizar los pronósticos de ventas y las proyecciones financieras.
- Reduce la curva de aprendizaje.
- Sirve para tener presente los puntos principales de la estrategia de negocios.
- Minimiza la incertidumbre y el riesgo del comienzo de una empresa o del crecimiento de la misma.
- Permite ser proactivo en el negocio, y no reactivo.
- Facilita la evaluación y medición de los resultados esperados.
- Permite prever algunas de las dificultades que puedan presentarse y las posibles alternativas de solución.

⁓Un plan de negocios
se debe actualizar permanentemente⁓

FALLAS USUALES EN LA ELABORACIÓN Y PRESENTACIÓN DE LOS PLANES DE NEGOCIOS

- Carece de planeación estratégica.
- No contiene análisis comparativo de cifras históricas.
- El presupuesto no está bien elaborado.
- No se consideran los factores sociales, económicos y políticos.
- No se consideran todos los costos y gastos que requiere el proyecto.
- Carece de un estudio de factibilidad.
- No se realiza una investigación de mercado.
- No se tiene información administrativa, contable y fiscal confiable.
- Ignora factores culturales.
- Confunde un plan de negocios con un presupuesto.
- Demasiado optimismo en las proyecciones.
- No considera los riesgos.
- No tienen soportes reales las proyecciones financieras y los pronósticos de ventas.
- No se menciona la rentabilidad y el tiempo de recuperación del capital.
- Falta de diseño en la presentación y mala redacción.
- No se utiliza infografía.
- El emprendedor ve su concepto de negocio diferente de lo que la realidad del mercado considera.
- Se carece de información de la competencia.
- Se subestima a la competencia.
- El expositor del plan no estaba capacitado o no tenía el perfil adecuado.

∽Un plan de negocios es necesario para el éxito del emprendedor∽

Es frecuente que muchos emprendedores, debido a la inexperiencia, cometan errores al momento de elaborar un plan de negocios, y es la razón por la que los posibles inversionistas no quedan convencidos con los planes presentados.

HERRAMIENTAS PARA FACILITAR LA ELABORACIÓN DEL PLAN DE NEGOCIOS

- *Enloop*. Es una app con plantillas y textos automático típicos, genera una proyección de ventas, ingresos y egresos, flujo de efectivo y balance general, con gráficas y elementos visuales.
- *StratPad*. Es una app de planeación estratégica que ayuda en el proceso de toma de decisiones. Ofrece herramientas multimedia para guiar al emprendedor.
- *Business Plan Premier*. Sirve para escribir y organizar un plan de negocios de forma detallada y mostrarlo a una red de posibles inversionistas. El archivo final se exporta a Word y se puede editar, imprimir, mandar por mail o subir a Dropbox.
- *EBP Plan de Negocios*. Permite generar planes de negocios a través de su asistente para la introducción de datos. Hace un análisis de precios por canales, segmentos o zonas, considerando incrementos y márgenes. Puede generar balances y estados de resultados.

> *Elaborar un plan de negocios no es garantía de éxito, pero las probabilidades de fracaso se reducen al poder ver en perspectiva la idea a realizar*

INCUBADORAS Y ACELERADORAS PARA EMPRENDEDORES

Las incubadoras de negocios son centros de atención a emprendedores donde proporcionan asesoría para hacer realidad ideas de negocio. Estos centros ayudan a consolidar estas ideas desde el comienzo, evaluando la factibilidad y viabilidad técnica, financiera y comercial del proyecto o plan de negocios.

Un emprendedor puede tener una idea magnífica y gran entusiasmo, pero si no recurre a una instancia profesional, con una metodología ya probada, como son las incubadoras, lo más probable es que no prospere. Las incubadoras apoyan negocios que requieren de acompañamiento desde la etapa de creación.

En el mercado existen incubadoras que son propiedad de instituciones educativas de enseñanza superior, organismos empresariales y asociaciones civiles. Cuentan con un modelo de incubación de empresas que debe

México. Las incubadoras certificadas por el gobierno tienen subsidios que disminuyen los costos para los emprendedores que entran en el proceso de incubación.

Las incubadoras y las aceleradoras proporcionan asesoría especializada en administración, mercadotecnia, ventas, operación, logística, financiamiento, informática, legal, personal, apoyo técnico, diseño, propiedad intelectual, seguros y capital semilla.

El programa de Capital semilla PYME pertenece al Programa Nacional Emprendedores y tiene como objetivo facilitar acceso a financiamiento a los emprendimientos que son técnica y financieramente viables. Son emprendimientos que no pueden tener recursos del sistema bancario comercial y no son atractivos para los fondos de capital de riesgo y capital privado.

El programa proporciona apoyo financiero temporal para el arranque y la etapa inicial del negocio, a los proyectos de emprendedores de las incubadoras de negocios que forman parte del Sistema Nacional de Incubación de Empresas (SNIE) de la Secretaría de Economía. Este tipo de programas tiene como objetivo ser un instrumento eficaz, eficiente y oportuno, que contribuya a elevar la competitividad de las micros, pequeñas y medianas empresas.

Es importante que antes de iniciar un proceso de incubación se tenga la certeza de que el modelo de incubadora que se seleccionó para solicitar su apoyo es el más adecuado para el tipo de negocio que se pretende emprender.

Cuando un negocio termina con el proceso de incubación en alguna de las incubadoras reconocidas por el SNIE o del Instituto Nacional del Emprendedor (Inadem) y se considera viable su financiamiento se puede registrar en las convocatorias del programa capital semilla, para ver la posibilidad de obtener recursos.

El costo por la asesoría y el apoyo es variable y depende de las tarifas y condiciones de cada incubadora o aceleradora. En la mayoría de los casos, los costos son bajos para los emprendedores. En algunas negociaciones se tiene que ceder a la incubadora o aceleradora un porcentaje de acciones de las ventas o las utilidades del negocio, para recibir los diferentes apoyos que se requieran.

Antes de negociar con los representantes de la incubadora o aceleradora se deben hacer análisis del mercado y proyecciones financieras considerando diferentes variables, para proyectar los escenarios que se pueden presentar y tener una base para tomar buenas decisiones en relación con la cesión de un número de acciones, un porcentaje de las ventas o de las utilidades.

Incubadoras en México

Dependiendo del tipo de negocio, los apoyos de las incubadoras pueden dividirse como sigue:

Negocios tradicionales

- ✓ Apoyan a emprendedores en sectores tradicionales en que la infraestructura tecnológica y los mecanismos de operación son sencillos.
- ✓ Proporcionan algunas de las herramientas necesarias para empezar el negocio.
- ✓ Ayudan a buscar capital de riesgo para que los emprendedores puedan continuar con el crecimiento del negocio fuera de la incubadora.
- ✓ Su tiempo de incubación es variable, depende de cada emprendimiento.
- ✓ Generalmente no proporcionan dinero.
- ✓ Se enfocan principalmente en comercio, servicios e industrias pequeñas.

Algunos ejemplos de los giros que apoyan son: cafeterías, taquerías, restaurantes, papelerías, lavanderías, tintorerías, abarrotes, expendios, otros.

Negocios de tecnología intermedia

- ✓ Para estos negocios los requerimientos de infraestructura física, tecnológica y mecanismos de operación son semiespecializados.
- ✓ Las empresas incubadas con este diseño agregan elementos de innovación, por lo que deben vincularse a centros e institutos del conocimiento.
- ✓ El tiempo de incubación depende de cada empresa y es aproximadamente de 12 a 18 meses.

Apoyan aplicaciones webs, desarrollo de redes sencillas, tecnología de alimentos, tecnologías de la información, del diseño, entre otros.

Negocios de alta tecnología

✓ Negocios basados en desarrollos de punta y economía del conocimiento.
✓ Requieren mayor tiempo de incubación, amplia infraestructura física y tecnológica especializada.
✓ Estos proyectos pueden tardar más de dos años en ser incubados.

Apoyan negocios enfocados en software especializado, computación, tecnologías de la comunicación, multimedia, diseño de microprocesadores, biotecnología, entre otros.

Agronegocios y ecoturismo

✓ Se especializan en la creación y apoyo de agronegocios y empresas de turismo sustentable, por ejemplo, ecoturismo, turismo rural y de aventura, entre otros.
✓ Se busca que estos negocios den oportunidades de autoempleo.
✓ Apoyan proyectos para desarrollar emprendedores dentro de una comunidad.
✓ Dependiendo de la complejidad del negocio es el tiempo de la asesoría.

EMPRENDIMIENTOS SOCIALES

Son incubadoras que apoyan emprendimientos sociales. Tienen interés en proyectos cuyo objetivo es resolver una problemática social o ambiental mediante negocios sustentables. Apoyan a emprendedores que tienen la determinación de luchar contra un problema colectivo a través de la creación de una empresa social que pueda convertirse en económicamente autosuficiente y rentable.

VENTAJAS DE RECIBIR APOYOS DE LAS INCUBADORAS DE NEGOCIOS

Ventajas de negocio

* Apoyan y potencian proyectos de negocio de emprendedores.
* Proporcionan asesoría de negocios personalizada con consultores expertos para desarrollar ideas de negocio.
* Asesoran en la elaboración del plan de negocios.
* Acceso a sistemas de información, análisis de mercado e indicadores del sector de interés.
* Acceso a talleres y cursos de capacitación que ofrece la incubadora.
* Acceso a redes de tutores empresariales y a convenios de colaboración que tiene la incubadora con cámaras empresariales, universidades y otros.

Ventajas financieras

* Por la experiencia de los expertos, se desperdician menos recursos en el inicio del negocio.
* Se puede tener acceso a capital de riesgo y a subsidios del gobierno, dependiendo del proyecto.
* Vinculación con instituciones de crédito, fondos y sociedades de inversión.
* Apoyo en la elaboración de proyecciones financieras para conseguir capital semilla.

Otras ventajas

* Acceso a diferentes equipos y sistemas.
* Relación con empleados calificados.
* Contar con servicios de gestoría y mensajería.
* Disponer de contactos para la introducción rápida de productos o servicios en el mercado.
* Tener proveedores de calidad en condiciones favorables.

REQUISITOS PARA TENER ACCESO A UNA INCUBADORA

- Claridad en los objetivos que se pretenden con la idea del negocio.
- Que el plan de negocios sea integral, para que los asesores de la incubadora dispongan de suficientes elementos para hacer un análisis de la factibilidad del negocio.
- Si la idea de negocio es aceptada, el emprendedor tendrá que entregar los documentos que le soliciten para comenzar los trámites e iniciar el proceso de incubación.
- Si se tiene un diagnóstico del negocio que indica que son pocas las posibilidades de éxito, los asesores hacen recomendaciones para cambiar el plan de negocios o para pensar en otra idea de negocio que sea factible.

ASPECTOS QUE SON EVALUADOS POR LAS INCUBADORAS

- Que el proyecto esté ubicado dentro del ámbito de actividades de la incubadora.
- Que el plan de negocios sea objetivo, innovador y tenga potencial de crecimiento.
- La factibilidad y rentabilidad del plan de negocios.
- Que sea capaz de generar empleos de calidad.
- Que el objetivo de la idea de negocio sea la solución de problemas específicos y pueda generar beneficios para la sociedad.
- Que los emprendedores tengan pasión, entrega, ética, valores y principios.
- Conocimientos, capacidades y habilidades del emprendedor y su personal para determinar las necesidades individuales de capacitación.

PROCEDIMIENTO PARA INGRESAR EN UNA INCUBADORA

I. Comienzo del proceso de incubación

- El emprendedor debe investigar en la red qué incubadoras existen en el área geográfica en donde se pretende realizar el negocio.
- Selecciona en la red de incubadoras la más adecuada para las necesidades del proyecto.

- Hace el contacto con los representantes de la incubadora para plantear la idea de negocio y ver la factibilidad de disponer de los apoyos necesarios para realizarlo.
- También se puede contactar al SNIE para acceder a su red de incubadoras.

Cada incubadora solicita información para determinar la factibilidad del negocio y decidir si es conveniente proporcionar diferentes apoyos.

2. Etapa de preincubación

- El emprendedor hace la presentación del plan de negocios a los representantes de la incubadora.
- Luego de la presentación del emprendedor la incubadora realiza un diagnóstico para determinar si se acepta o se rechaza el plan de negocios.
- En el caso de que sea aceptado, la incubadora proporciona asesoría para adecuar el plan de negocios y determinar necesidades y apoyos para su realización.

Esta etapa puede durar de 6 a 12 meses, dependiendo de cada proyecto.

3. Etapa de incubación

- Se consiguen los apoyos necesarios para entrar en una etapa de incubación.
- Se buscan los recursos humanos, materiales, técnicos y financieros para impulsar el proyecto.
- Se implementa el plan de negocios.

4. Etapa de posincubación

- Se trabaja en procesos de mejora continua para lograr la consolidación del negocio.
- Se busca tener una empresa de calidad, estable, rentable y en crecimiento.

- Se realiza periódicamente un seguimiento y evaluación del desarrollo de la empresa, para ajustar posibles desviaciones en los objetivos y programas de trabajo establecidos.

En el caso de que en esta etapa la incubadora ya no pueda apoyar a la empresa, es necesario buscar una aceleradora o una empresa de consultoría especializada en impulsar negocios.

ACELERADORAS DE EMPRESAS

Las incubadoras y aceleradoras tienen características y funciones muy similares. La incubación es un proceso que ayuda a transformar una idea de negocio en una empresa. La aceleración es un proceso que se ofrece a una empresa que ya tiene funcionando más de dos años, con el fin de que pueda consolidarse y crecer.

Acelerar es dar un impulso a negocios que están desarrollando sus emprendedores y que requieren acompañamiento durante la etapa de maduración.

Las aceleradoras ofrecen a los emprendedores un espacio físico, recursos, conocimiento, mentores, consejeros especialistas, inversión en la etapa semilla y metodologías y programas de aceleración que permiten obtener el máximo potencial de las empresas.

Las aceleradoras ofrecen diferentes programas para que los emprendedores puedan aplicar, pero tienen que pasar algunos filtros para ser aceptados. Se seleccionan los proyectos con mayor potencial de desarrollo y los equipos con mayor capacidad de realización.

El tiempo de apoyo depende de la magnitud y complejidad de cada empresa. Una empresa que se acerca a una aceleradora después de haber participado en una incubadora y haber recibido sus beneficios, puede tener otras ventajas:

- Recibir asesoría para establecer un gobierno corporativo con el fin de institucionalizar la empresa.
- Contar con recomendaciones para realizar modificaciones de mejora al modelo de negocio.
- Planear nuevas actividades para el crecimiento de la empresa.

- Establecer una estructura y estrategia financiera que dé mayor estabilidad a la empresa.
- Establecer estrategias para incrementar los ingresos y reducir los egresos.
- Desarrollar planes integrales de mercadotecnia y comercialización.
- Desarrollar estrategias para mejorarla presencia en línea.
- Espacios de trabajo compartidos con otros emprendedores.
- Contacto permanente con asesores especializados en diferentes áreas.
- Financiamiento de la aceleradora.

Para decidir cuál es la aceleradora que puede apoyar mejor al emprendedor o empresario, debe conocer lo siguiente:

- La visión y la misión de la aceleradora con el fin de evaluar si es la adecuada para el negocio.
- En qué proyectos de éxito ha colaborado (iguales o similares al giro de la empresa que está solicitando el apoyo).
- La metodología y la estructura del programa de aceleración.
- El currículum de los asesores que intervienen asesorando el proyecto.
- Las alianzas de la aceleradora con posibles inversionistas.
- Los resultados de emprendedores y empresas apoyadas anteriormente por la aceleradora.
- Los beneficios accionarios, de participación con un porcentaje de ventas o utilidades que desea obtener la aceleradora por los apoyos que va a proporcionar.

Tener los apoyos de incubadoras o aceleradoras incrementa la posibilidad de realización, consolidación y desarrollo del negocio, al recibir asesoría y asistencia empresarial profesional. La experiencia de los expertos permite reducir las probabilidades de cometer los mismos errores que otros emprendedores ya cometieron.

Internet es una de las mejores vías para encontrar una aceleradora de empresas profesional. Actualmente, en la Secretaría de Economía hay acceso a la red de 500 incubadoras que ofrecen apoyo a emprendedores y a las Micro, Pequeñas y Medianas Empresas (mipymes).

DESARROLLO Y CRECIMIENTO DE LA EMPRESA

El desarrollo y el crecimiento de la empresa no son producto de la casualidad y no son automáticos, requieren la participación activa de todos los actores en una estrategia integral, en la que todos generen un compromiso de entrega y participación. En realidad, no hay una receta para lograr el crecimiento. El proceso, es diferente en cada empresa.

La forma y la velocidad de crecimiento es algo particular de cada negocio, ya que existen distintos factores que intervienen en cada caso. Por ejemplo:

- Visión para crecer.
- Capacidad financiera, operativa, productiva y de administración.
- Asociaciones estratégicas.
- Planes de expansión acordes con los recursos y las capacidades de la empresa.
- El talento del empresario, de los directivos y del personal para aprovechar las oportunidades.
- Relaciones adecuadas para conseguir financiamientos o contratos importantes.
- Capacidad de ampliar la comercialización y la producción.
- Cualidades y especificaciones del producto o servicio.
- Oportunidades de desarrollo del mercado.
- Ubicación estratégica.
- Actualización continua de la tecnología de la empresa.
- Personal calificado.
- Inversión permanente en capacitación para el personal.
- Mejorar el servicio y la calidad de los productos y servicios.
- Mejorar la forma de controlar, obtener, procesar y reportar la información.
- Optimizar los diferentes procesos.
- Mejorar la productividad y competitividad de la empresa.
- Mejorar el servicio y la comunicación con los clientes.
- Mejorar la forma de distribución y producción en el caso de la industria.
- Diferenciación favorable con los competidores.
- Conseguir recursos financieros en condiciones favorables.

- Utilizar los recursos financieros propios y prestados con estrategia, eficiencia y eficacia.
- La tenacidad de la competencia.

Los accionistas y directivos deben estar cien por ciento seguros de que se tendrán los recursos para financiar el crecimiento.

⁓Se requieren emprendedores que puedan adaptarse a la dinámica de un mundo competitivo⁓

CAPÍTULO 4

ADMINISTRACIÓN

DEFINICIÓN DE ADMINISTRACIÓN

La definición de *administración* es muy amplia, pero la podemos resumir en estas máximas:

- Es la utilización eficiente y eficaz de los recursos de una empresa para generar valor, calidad y competitividad con responsabilidad social y cumplir con su visión, misión y objetivos.
- Es la acción de planear, organizar, dirigir, evaluar, controlar y mejorar la utilización eficiente y eficaz de los recursos y el personal de las empresas para que logren sus fines con calidad.
- Es el conjunto de técnicas, herramientas y conocimientos, que aplicados en una empresa, permiten el máximo aprovechamiento y rendimiento de los elementos que la componen (humanos, materiales, financieros y técnicos).
- Busca hacer más eficiente el desarrollo de los procesos gerenciales, utilizando nuevas técnicas administrativas que permitan realizar las tareas con mayor efectividad, elevar la calidad de los productos y servicios, tener una rendición de cuentas transparente y ser más productivos y competitivos.

UBICACIÓN DEL NEGOCIO

Una buena ubicación facilita la administración y la operación del negocio en muchos sentidos. Cuando se va a empezar un negocio tener la ubicación apropiada es una de las cuestiones más importantes y trascendentales para el éxito de la empresa.

Los requerimientos de ubicación, instalaciones y espacios dependen del ramo al que se pertenezca. De acuerdo con el giro, el tamaño del negocio y los planes de expansión debe buscarse el lugar idóneo para su establecimiento.

Hay que realizar una investigación de los lugares disponibles que reúnan ciertos requisitos mínimos antes de elegir la ubicación y las instalaciones apropiadas. Las variables que deben ser consideradas para elegir la mejor ubicación son diferentes para una industria, un comercio o una empresa de servicio.

Algunas variables que deben ser consideradas, dependiendo del giro y la actividad de la empresa para decidir la mejor ubicación para establecer un negocio, son:

- Giro y tamaño del negocio.
- Requerimientos actuales de instalaciones físicas en metros cuadrados.
- Características y costos de los servicios públicos y privados.
- Clima.
- Condiciones de los contratos de compra-venta o arrendamiento.
- Tipo de inmueble.
- Tipo de zona (industrial, comercial, etc.).
- Disponibilidad de medios de transporte.
- Disponibilidad y costo de la mano de obra, energía y agua.
- Disposiciones legales y fiscales.
- Espacio para estacionar transporte de la empresa.
- Estacionamientos para empleados, directivos y visitantes.
- Estaciones de embarque y recepción de materiales.
- Impuestos locales, municipales y estatales.
- Potencial de crecimiento del mercado.
- Tráfico de clientes potenciales.
- Nivel socioeconómico requerido de los clientes potenciales.
- Posibles desarrollos nuevos en la zona.
- Proximidad de las fuentes de abastecimiento.
- Reglamentación oficial (licencias y permisos).
- Reglamentaciones y espacios para desperdicios.
- Hospitales, médicos, bomberos, drenaje, calles, carreteras, bancos, gas y gasolina.

- Costo de los diferentes seguros.
- Costo del terreno y construcción por metro cuadrado en la zona.
- Superficie necesaria y disponible de terreno para expansión.
- Número de competidores en la zona, prestigio, tamaño, calidad del producto y servicio.

Un lugar puede ser bueno al principio, pero no necesariamente permanece como tal en el transcurso de los años, dado que su entorno y lo que hacía de este un sitio propicio puede cambiar por diferentes factores. Los principales factores en este caso son:

- Cambio de políticas de precios.
- Contaminación no controlable en la zona.
- Rechazo de la comunidad a la existencia de la empresa, por diferentes razones.
- Complicación en la distribución de los productos.
- Nueva presencia de la competencia con mejores condiciones.
- Limitaciones geográficas o legales para ampliar las instalaciones físicas.
- Falta de permisos que se deben obtener de las autoridades para expandirse.
- Sistemas deficientes de transporte local.
- Situación laboral complicada.
- Falta de oferta de mano de obra calificada.
- Nuevas leyes ambientales y de usos de suelo.

INMUEBLE DE LA EMPRESA

Cuando se dispone de los recursos financieros suficientes, es aconsejable comprar el inmueble para evitar el riesgo de no poder renovar el contrato de renta, perder la clientela y hasta que el propietario del inmueble se quede con el negocio.

Por otro lado, cuando el dueño del inmueble sabe que el negocio es exitoso puede incrementar exageradamente el alquiler en las siguientes renovaciones y complicar la existencia de la empresa.

Hay empresas expertas en bienes raíces dedicadas a buscar y contratar terrenos, oficinas o locales comerciales y cobran el equivalente a un mes de renta o un porcentaje del pago anual del arrendamiento.

ESTRUCTURA DE ORGANIZACIÓN

La estructura de organización es básica para el funcionamiento de cualquier empresa ya que permite a los empleados saber cómo y dónde se insertan en ella y define cómo están distribuidas las áreas principales de un negocio.

Para definirla se emplea un organigrama en el que se indica cómo está agrupado el personal, cuáles son los niveles de autoridad y cómo fluyen las líneas de comunicación. Para tener una buena organización debe considerarse su estructura, qué niveles jerárquicos tendrá, cuáles serán las funciones de los diferentes puestos, qué políticas serán adoptadas y cuáles son las actividades del personal para conseguir los objetivos generales de la empresa.

No hay una estructura universal que se aplique a todos los negocios, ya que cada uno tiene sus propias necesidades. Algunas empresas utilizan más niveles que otras o son más rígidas en sus esquemas. Hay empresas del mismo ramo que tienen muchos niveles jerárquicos y otras similares funcionan con muy pocos.

Se requiere un manual de organización para definir los objetivos, políticas y funciones de cada una de las áreas. En el capítulo 13 se encuentra un ejemplo de estructura organizacional y el procedimiento para elaborar un manual de organización con los objetivos, las políticas y las funciones principales de las áreas que generalmente conforman una empresa pequeña o mediana.

Tener una buena organización es vital para la lograr la eficiencia y la eficacia del grupo de personas que intervendrá en la empresa y evitar duplicidades o desperdicio de esfuerzos.

∿Ser emprendedor requiere mucha organización
para que el negocio crezca∿

ADMINISTRACIÓN DE PERSONAL

En el mundo de los negocios se dice que no hay buenos ni malos negocios, sino que hay buenos administradores o malos administradores. Y aunque no siempre es una regla, para tener una empresa exitosa es fundamental rodearse de personal con buena actitud, conocimientos y experiencia.

Para cualquier empresa es vital seleccionar las personas adecuadas. Los colaboradores son la columna vertebral de cualquier empresa. Se requiere contratar a las personas mejor calificadas y que tengan el perfil para acoplarse fácilmente a la cultura organizacional de la empresa.

El manejo del personal es materia de estudio para muchas disciplinas relacionadas con las ciencias de la conducta y estas pueden aplicarse al mejoramiento del personal. El empresario exitoso sabe que tener buen personal y excelente clima de trabajo con libertad, justicia y confianza son la base de una empresa competitiva y exitosa.

Los grupos de trabajo con actitudes positivas respecto del cambio son la fuerza impulsora del crecimiento empresarial. Es necesario que se fomente la flexibilidad, la confianza, la lealtad, la franqueza, la equidad y la cooperación entre sus miembros. Cuando un grupo de trabajo se integra y cada participante contribuye con sus ideas y prevalece un espíritu de cooperación los proyectos adquieren vida propia.

Resolver los problemas de administración de personal significa, por un lado, eliminar la excesiva rotación de empleados, por el otro, formar un grupo de trabajo que además de estar identificado, integrado y capacitado conforme una empresa fuerte y competitiva. Tener una excelente administración de personal debe ser la más alta prioridad para la dirección de la empresa.

Para tener un buen equipo de trabajo es necesario establecer criterios y procedimientos específicos para reclutamiento, selección, contratación, inducción, capacitación y compensación del personal.

El personal capacitado, bien pagado, contento y satisfecho facilita alcanzar los objetivos de la empresa

Descripción del puesto

Hacer una descripción de los puestos sirve para ubicar a la persona adecuada en el puesto adecuado. Puede decirse que esta es la base del éxito de cualquier empresa. La descripción de los puestos define las actitudes, las habilidades y los conocimientos necesarios para ocupar un puesto determinado.

La descripción menciona las relaciones del personal con su área y con las demás áreas de la empresa. También contiene información sobre las personas ante las que rendirá cuentas, las relaciones internas y externas y sobre las especificaciones del puesto. Es un documento que sirve como base para realizar un buen reclutamiento y una selección idónea del personal.

Es de gran importancia que las descripciones de los puestos sean elaboradas por expertos que conozcan, lo más detalladamente posible, funciones, obligaciones, responsabilidades y derechos de los puestos. Una descripción del puesto es indispensable para hacer una buena selección del personal y para examinar, junto con el aspirante, sus posibilidades de éxito. En el capítulo 13 se incluye un formato para elaborar una descripción del puesto.

Reclutamiento

Es conveniente que las empresas tengan diferentes fuentes de reclutamiento para disponer del personal necesario y adecuado que pueda cubrir las vacantes temporales o permanentes que se presenten.

Conocer los requerimientos de personal de las diferentes áreas de la empresa es fundamental para definir una estrategia de reclutamiento, inducción y captación del personal requerido en el tiempo indicado. Para que un reclutamiento sea eficiente es indispensable:

- Determinar la descripción del puesto que desempeñará.
- Tener conocimiento claro y preciso del puesto.
- Conocer cuáles serán los objetivos, las políticas, las funciones, los procedimientos y las responsabilidades de cada persona que se pretenda contratar.
- Saber cuál es el perfil necesario de la persona que ha de ocupar dicho puesto.

El reclutamiento debe empezar con una requisición y descripción del puesto precisa y realista, a fin de seleccionar a los mejores prospectos de las fuentes disponibles.

Fuentes de reclutamiento

Existen varias fuentes para obtener aspirantes a la vacante, dos de ellas son las fuentes internas y externas. A continuación, se describen.

Fuentes internas:

- El personal que ya trabaja en la empresa y cumple con el perfil del puesto vacante.
- Las recomendaciones de ejecutivos y empleados que trabajan en la empresa.
- Las personas que se han presentado a la empresa con su solicitud de empleo y de las cuales se tiene una evaluación positiva.

Fuentes externas:

- Agencias de selección y colocación de personal.
- Headhunters (líderes en consultoría de recursos humanos).
- Anuncios en diferentes medios de comunicación.
- Bolsas de trabajo.
- Cámaras empresariales.
- Universidades e institutos.
- Colegios de profesionistas.
- Internet.
- Redes sociales.

Actualmente, muchas empresas usan plataformas como Twitter, LinkedIn y Facebook para sus contrataciones.

Terminado el proceso de reclutamiento habrá varios candidatos que aspiren a ocupar el puesto vacante, los que entrarán en un proceso de selección de personal.

Selección de personal

La adecuada utilización de esta técnica representa uno de los puntos clave en el desarrollo y progreso de cualquier empresa ya que es posible apreciar las características de mayor relevancia que tienen los aspirantes a un puesto determinado.

Lo que se pretende con una buena selección, es contratar a las personas cuyo perfil, capacidad e intereses cumplan con las características del puesto vacante en la empresa.

Procedimiento de selección

1. *Solicitud de empleo*. Sirve como guía para los entrevistadores. Cuando los candidatos no tienen elaborado un currículum deben llenar una solicitud de empleo.
2. *Primera entrevista*. En esta son eliminados los aspirantes que no tengan el perfil adecuado para el puesto. Debe realizarse una entrevista objetiva y de poco tiempo.
3. *Entrevista de acercamiento*. Se realiza una segunda entrevista. Se busca que el aspirante hable de su experiencia de trabajo, de sus jefes inmediatos anteriores, de sus compañeros, de sus necesidades de ingreso, responsabilidades y realización personal. Sirve para saber de sus estudios, personalidad y apariencia.
4. *Pruebas psicológicas*. Se aplican pruebas psicotécnicas para el puesto vacante. Sirven para conocer sus aptitudes, habilidades, intereses, personalidad, entre otros.
5. *Pruebas técnicas*. Si se requiere se pueden aplicar pruebas de carácter técnico.
6. *Estudios socioeconómicos*. Sirven para conocer forma de vida, las posibilidades económicas y las relaciones sociales del interesado.
7. *Entrevista para tomar la decisión final*. Los aspirantes entran en el proceso final de selección, en él se decidirá qué candidato va a ser contratado.
8. *Evaluación de resultados*. Se evalúan los resultados comparando pruebas, personalidades, actitudes, investigaciones y se selecciona al más idóneo.
9. *Contratación del aspirante adecuado*. Se informa al aspirante elegido de la decisión y se procede al proceso de contratación.

Hay despachos profesionales que se dedican a la aplicación de pruebas psicotécnicas y a la elaboración de estudios socioeconómicos.

En caso de que en la empresa hubiese una persona idónea para ocupar la vacante es conveniente promoverla.

⁓Ubicar a la persona adecuada en el puesto adecuado
es parte del éxito⁓

Documentación necesaria para ingresar a la empresa

- ◆ Aprobación de examen médico.
- ◆ Cartas de recomendación de los últimos empleos.
- ◆ Teléfonos de empleos anteriores.
- ◆ Comprobante de estudios.
- ◆ Comprobante domiciliario.
- ◆ Solicitud de empleo o currículo.

Beneficios de una buena selección

- ◆ Reducir la rotación de empleados y su elevado costo.
- ◆ Aumentar la eficiencia general de la empresa.
- ◆ Pagar sueldos acordes con la capacidad de los colaboradores.
- ◆ Ahorrar recursos mediante la reducción de programas de capacitación y adiestramiento.
- ◆ Generar valor a la empresa.

Pruebas (tests)

Para hacer la elección final del aspirante es conveniente aplicar pruebas de cultura, inteligencia y de personalidad. Permiten conocer el coeficiente intelectual de las personas con base en su habilidad para observar y comparar su razonamiento reflexivo o su capacidad para conceptualizar y aplicar el razonamiento sistemático a diferentes problemas.

También pueden conocerse las aptitudes, los intereses, las preferencias, rasgos de personalidad a través de sus gustos y sentimientos y el grado de conocimientos generales que tiene cada persona.

Para los puestos de secretaria, auxiliares de oficina, recepcionistas, etc., es conveniente aplicar pruebas de cultura general, comprensión, razonamiento y entendimiento, aritmética, archivología, ortografía y mecanografía.

Contratación

Terminado el proceso de selección se contrata al aspirante y hay que asegurarse de que entienda cuál es su remuneración, la forma de pago, los beneficios adicionales que ofrece la empresa, a quién informarle de quejas o inconformidades durante el trabajo, promociones y criterios de medición.

Inducción

Los primeros días de todo trabajo son difíciles, por lo tanto, es importante llevar a cabo el programa de inducción para proporcionar la información requerida por el personal de nuevo ingreso, con el propósito de facilitar su adaptación al trabajo que va a realizar. Además, presentarlo con sus compañeros y lograr que se identifique con los objetivos de la empresa.

El tamaño y el tipo de empresa son factores determinantes en el procedimiento que debe utilizarse en la inducción. Los puntos principales que incluye un programa de inducción son:

- Antecedentes de la empresa.
- Presentación con su superior y compañeros de trabajo.
- Visión, misión, valores, objetivos y políticas de la empresa.
- Organización y objetivos de la empresa.
- Descripción del trabajo, obligaciones y normas.
- Explicación general de la operación total de la empresa.
- La rutina diaria, la distribución física y el conocimiento de sus funciones.
- Política de personal.
- Servicios y prestaciones para los empleados.
- Política de seguridad.
- Productos de la empresa.
- Uso de maquinaria, equipo y mobiliario.
- Entrega de manuales de bienvenida, organización y procedimientos.
- Información de su ubicación física.

El personal contratado debe saber qué se espera de él y cuáles son sus responsabilidades para que su estancia en la empresa sea larga.

El personal encargado de la inducción es clave para que el nuevo empleado tenga éxito. La designación del responsable de realizar esta función debe tener disposición para enseñar y compartir experiencias y conocimientos sobre el puesto.

El aprendizaje propuesto en el programa de inducción debe de ser gradual. Esto tiene el propósito de que el empleado vaya adaptándose progresivamente a sus nuevas responsabilidades.

En algunas empresas hay, además de un manual de bienvenida, varias presentaciones digitales que contienen toda la información necesaria para reforzar este proceso.

Trabajo en equipo

Para que un equipo de trabajo sea exitoso el emprendedor debe aceptar que los empleados son el alma de su negocio. Debe rodearse de personas que se identifiquen con la filosofía de la empresa, que adopten el espíritu de colaboración y compartan sus objetivos.

Se deben tener reuniones antes y después de la ejecución de cada proyecto. Esto tiene el propósito de precisar lo que funcionará o no y discutir qué y cómo se puede mejorar, reconociendo la participación de cada integrante.

El emprendedor se debe convertir en el líder del equipo de trabajo, por lo que debe tener las siguientes actitudes y sensibilidad:

- Apoyar a los miembros del equipo.
- Generar compromiso y aceptación de la misión y visión del negocio.
- Construir un sentido de identidad y cohesión entre los miembros del equipo.
- Concientizar a sus integrantes que los logros conjuntos son una oportunidad de crecimiento personal.
- Priorizar los intereses del equipo.
- Definir criterios y normas que faciliten el trabajo en equipo.
- Escuchar a todos los miembros del equipo.
- Establecer conjuntamente objetivos comunes y comprometerse.
- Fomentar el conocimiento estratégico.
- Impulsar la autonomía y el autocontrol del equipo de trabajo.
- Alentar la responsabilidad compartida.
- Inducir a los miembros del equipo a expresar sus puntos de vista.
- Mantener unidos a sus integrantes.
- Participar intensamente con el grupo de trabajo.
- Participar y ayudar a otros.

- Promover la comunicación y la colaboración.
- Estimular la tolerancia entre los miembros del equipo.
- Solicitar sugerencias.
- Tener redes de trabajo orientadas a transferir y desarrollar conocimiento entre sus integrantes.

Un buen equipo de trabajo requiere que sus miembros sean especialistas en el área de la empresa que se les asigne y sean los responsables del logro de los objetivos de su área, alineados con los de la empresa.

El equipo deberá tener valores, principios y ética en todas las actividades que realice. Los equipos de trabajo fracasan cuando no se cumplen algunos de los aspectos mencionados anteriormente.

Sistema de comunicación interno

Tener un buen sistema de comunicación facilita el intercambio de información entre el personal de la empresa y los actores externos. Un sistema de comunicación adecuado es de vital importancia para que el personal haga bien su trabajo.

Se debe establecer el flujo adecuado de comunicación dentro de las actividades de la empresa y las normas y procedimientos a seguir para que el sistema de comunicación sea eficiente. Los sistemas de comunicación tienen las siguientes ventajas:

- Determinar el flujo de la información requerida para tener una buena coordinación y cooperación.
- Evitar que las operaciones se desvíen de los métodos y planes de trabajo establecidos.
- Ordenar, sincronizar y unificar las actividades de las diferentes áreas.
- Que todos los miembros de la empresa comprendan los objetivos de una forma clara y precisa.

Muchas fallas suelen originarse por la deficiencia en la transmisión de instrucciones, órdenes, sugerencias e información en general.

Se ha demostrado que se requiere una buena comunicación y una correcta transmisión de lo que se pretende lograr.

Motivación

La motivación es la fuerza que impulsa a las personas a emprender proyectos y permite tener personal optimista, entusiasta, leal y productivo. Se requiere un clima positivo en el negocio, en donde las metas sean claras, el personal se sienta valioso y apreciado por los directivos y haya justicia en los ascensos y las compensaciones.

Hay diferentes técnicas motivacionales que van más allá de los incentivos tradicionales y que requieren estudios específicos. Actualmente, algunas empresas manejan sistemas motivacionales basados en el mejoramiento de la calidad de vida en el trabajo, en el reparto de utilidades y en la concesión de una parte de las acciones del negocio.

Incentivos

Hay empresas que ofrecen, además de las prestaciones de ley, beneficios adicionales como servicios de hospitales, médicos, planes de pensiones, seguros de vida, más días de aguinaldo o vacaciones y aumento en la participación de utilidades. Para establecer políticas con el fin de otorgar beneficios adicionales al personal conviene conocer qué está haciendo la competencia y cuál es la costumbre de la zona.

El plan de incentivos que se otorgue al personal debe renovarse constantemente, ya que con el tiempo tiende a perder su eficacia. Hay que tener criterios de medición de logro de objetivos para otorgar compensaciones acordes con el trabajo realizado y las metas logradas.

Sueldos, salarios y honorarios

Las estrategias y los métodos de remuneración del personal de confianza y de base son de vital importancia para el éxito del negocio. Determinar cuánto se le va a pagar a cada persona para que la remuneración sea justa en relación con sus funciones y responsabilidades debe ser de lo más importante para el emprendedor o empresario.

Debe establecerse una estructura de sueldos y salarios con ingresos determinados por rangos o niveles. Los salarios y sistemas de remuneración de la competencia pueden ser una buena referencia de los ingresos del personal que tengan puestos similares.

Pagar un poco más que la competencia tiene ventajas, ya que el argumento de ser el que mejor paga en un giro determinado, y que se preocupe por la calidad de vida de sus colaboradores, también le permite pedir mejor actitud y esfuerzo de su personal. Las empresas pueden utilizar diferentes formas para pagar a sus colaboradores:

- Salario fijo.
- Salario más comisión.
- Salario por hora.
- Salario a destajo.
- Salario por trabajo determinado.
- Salario por un periodo de tiempo determinado.
- Honorarios asimilados a salarios.
- Honorarios profesionales.
- Comisiones sobre ventas.
- Comisiones por proyecto.

Es necesario tener en cuenta que en algunas formas de pago la ley establece que la empresa debe pagar un porcentaje adicional por concepto de impuestos sobre la renta, seguridad social, Infonavit y otros impuestos que, en conjunto, en México, pueden llegar hasta un 40% adicional o más, al monto del sueldo que percibe el trabajador. Este porcentaje depende del tipo y monto del pago: por ejemplo, el pago de honorarios causa impuestos diferentes del pago por nómina.

En las proyecciones financieras, en el presupuesto y en el flujo de efectivo deben estar incluidos estos impuestos que generan los sueldos y salarios, así como los de honorarios asimilados o profesionales. Para el personal de las empresas, el salario, las prestaciones y la forma de pago son lo más importante de su empleo.

⁓El personal bien remunerado se entrega a la empresa y es más productivo⁓

Vacaciones

La ley establece que los periodos de vacaciones que deben otorgarse a los empleados dependerán de su antigüedad en la empresa. En México, durante el primer año el periodo será de seis días, mientras que en los siguientes serán otorgados dos días más por año trabajado.

En ciertas empresas la política de las vacaciones es distinta, ya que tienen convenios especiales estipulados en el contrato colectivo de trabajo. Hay empresas que tienen sindicato en las que la política adoptada es parte del sistema de remuneraciones, en esta se dan por antigüedad, periodos extra de vacaciones.

En México, algunos aspectos importantes sobre las regulaciones de las vacaciones para los trabajadores son:

- El pago en efectivo de las vacaciones solo ocurre cuando la relación de trabajo termina antes de que se cumpla el año de servicios.
- El otorgamiento de las vacaciones se da dentro de los seis meses siguientes al primer año de trabajo.
- El periodo de vacaciones no debe comprender días de descanso semanal.
- El trabajador puede gozar de vacaciones fraccionadas.
- Los días festivos no cuentan para efecto de vacaciones.

Está comprobado que las personas que no tienen vacaciones pierden eficiencia.

Rotación de personal

Es frecuente que las empresas tengan problemas con la rotación de personal. Aunque siempre existe y se da en mayor o menor grado, la rotación depende de diferentes variables, como son:

- Dueños o directores que abusan o tratan mal a sus colaboradores.
- El giro de la empresa.
- La ubicación y la facilidad para llegar.
- Que no se respeten los horarios.
- Que los ingresos y prestaciones con relación a la competencia sean menores.
- Futuro incierto por poco desarrollo personal o crecimiento de la empresa.
- Mejores oportunidades de empleo.

Hay diferentes estrategias para bajar la rotación de personal en una empresa, por lo que se requiere diagnosticar las causas que la ocasionan para eliminarlas. Perder un empleado capacitado y con experiencia tiene un costo muy alto para la empresa. Reemplazar un empleado capacitado no es fácil y genera problemas de horas extras de otros colaboradores, acumulación de tareas pendientes, procesos interrumpidos e ineficiencias.

Capacitación

La capacitación es un factor estratégico para que las empresas puedan ser competitivas, por lo que es necesario capacitar a los colaboradores de confianza y a todos los empleados.

Un buen plan de capacitación debe contemplar los conocimientos, las habilidades y las actitudes que una persona debe adquirir, reafirmar y actualizar para desempeñar con mayor eficiencia y eficacia sus funciones.

Un buen programa de capacitación es la base del éxito para un colaborador nuevo. La capacitación de un trabajador recién ingresado es el entrenamiento básico necesario para que una persona desempeñe correctamente las funciones para las que fue contratada.

El colaborador de la empresa que sea seleccionado para capacitar al personal de nuevo ingreso debe conocer los objetivos del programa. La duración variará dependiendo del puesto, la capacidad y la experiencia de la persona a la que se esté capacitando. Algunos puestos requieren adiestramiento especial, en estos casos se contratan especialistas o a los nuevos colaboradores se les manda a cursos especializados.

Es conveniente que sean diseñados y puestos en marcha programas de capacitación basados en una investigación de las necesidades del personal, de la empresa y del mercado. La determinación de las necesidades de capacitación ayuda a conocer los requerimientos del personal, lo que permite establecer los objetivos y las acciones del plan.

Hay empresas especializadas en la detección de las necesidades de capacitación, lo que posibilita tener recomendaciones específicas en cada caso en particular. Es conveniente capacitar al personal que ya trabaja en la empresa para que pueda ser ascendido a puestos de mejor nivel.

La capacitación sirve para que el personal se desarrolle y se forme en puestos ejecutivos medios a través de un proceso paulatino de aprendizaje que permita la comprensión de las actividades propias de un puesto mejor. La adaptación al nuevo trabajo tiene que ser progresiva para que la persona conozca las responsabilidades del puesto.

Cuando el personal de la empresa logra ocupar mejores puestos, y la gente está consciente de que hay posibilidades de crecer dentro de la organización, el esfuerzo que se realiza es mayor, el grupo se identifica con la empresa y esta se fortalece. Una buena preparación es garantía de progreso económico y social, entre más y mejor capacitado está un individuo, más produce y más recibe.

Cuando no hay presupuesto para una capacitación formal se deben transmitir y enseñar los conocimientos y las habilidades mínimas requeridas durante las labores diarias.

⯎La capacitación es una de las mejores soluciones a los problemas de las empresas.⯎

PRINCIPIOS BÁSICOS DE LA CAPACITACIÓN

1. Debe ser considerada una inversión y no un gasto, ya que su costo es inferior a los beneficios que produce.
2. Es el mejor recurso para el mejoramiento de la empresa.
3. Tiene que ser diagnosticada, dosificada, administrada y controlada por especialistas en la materia.
4. Debe de ser planeada profesionalmente.
5. Para ser impartida con éxito, deben determinarse las necesidades reales que demanda el puesto.
6. Para ser efectiva tiene que responder a una enseñanza específica.
7. Debe enseñarse lo que se necesita y a quien lo necesita.
8. Enfocada a la competitividad, debe orientarse a contrarrestar problemas organizacionales y operacionales.
9. Debe mantenerse en un proceso de permanente innovación y dinamismo, acorde con los avances científicos y tecnológicos en el mundo.
10. Debe ser adecuada para los diferentes niveles de la empresa.
11. Sirve para consolidar y potencializar la infraestructura del personal.
12. Es el medio más efectivo para generar en el individuo cambios de conducta en forma planeada y conforme a objetivos específicos.
13. Sirve para incrementar conocimientos, desarrollar habilidades, modificar actitudes, desarrollar el juicio y el criterio, ser más productivos,

actualizar al personal en la aplicación de nuevas tecnologías y ocupar nuevas posiciones.

14. Forma ejecutivos, trabajadores y empleados más capaces, más competentes y realizados y con una mejor calidad de vida.
15. Es una herramienta que mejora la comunicación y la participación del personal.
16. Forma parte de la educación y de la formación integral de las personas.
17. Modifica la forma de pensar, actuar y sentir de los trabajadores.
18. Es aprendizaje y el aprendizaje es cambio de conducta.
19. Constituye uno de los insumos más importantes de la efectividad con calidad.
20. Puede resultar peligrosa, ya que una capacitación mal dirigida puede ser contraproducente, puede propiciar cambios de conducta no deseados.
21. Los resultados de la inversión en la capacitación se aprecian en virtud de los problemas que se van superando y en razón del costo-beneficio.
22. Los cursos de un programa de capacitación deben probar su efectividad por la cantidad de conocimientos que una persona adquiere y el cambio que estos provocan en ella.
23. Los contenidos de un curso, su metodología, el tiempo asignado y los materiales deben ser producto del alcance y la profundidad que indiquen los objetivos del mismo.

❧ *Mayor capacitación = Más competitividad* ❧

CUESTIONARIO PARA CONOCER
LAS NECESIDADES BÁSICAS DE CAPACITACIÓN

Nombre: _____

Dirección: _____

Edad: _____ Estado civil: _____ Teléfono: _____ Nacionalidad: _____

ESCOLARIDAD	
Primaria.	( )
Secundaria.	( )
Preparatoria o bachillerato.	( )
Profesional.	( )
Otros grados o estudios.	( )

Marque con una línea (/) la respuesta que considere correcta:

1. ¿TIENE USTED PROBLEMAS O LIMITACIONES PARA DESARROLLAR SU TRABAJO A SU MÁXIMA CAPACIDAD?

Ninguno ( )	Pocos ( )	Regular ( )	Muchos ( )

2. INDIQUE CUÁLES SON LAS CAUSAS:

( ) Malas relaciones con el personal.
( ) Malas relaciones con el jefe.
( ) Falta de comunicación.
( ) Falta de organización.
( ) Falta de conocimientos.
( ) Falta de recursos materiales o financieros.
( ) Falta de capacitación.
Otros _____

3. DEL 1 AL 5, ¿QUÉ OPINIÓN TIENE SOBRE EL TRABAJO DE SUS COMPAÑEROS?

1 ( )	2 ( )	3 ( )	4 ( )	5 ( )

4. DEL 1 AL 5, ¿QUÉ OPINIÓN TIENE SOBRE EL TRABAJO DE SUS SUPERIORES?

1 ( )	2 ( )	3 ( )	4 ( )	5 ( )

5. DEL 1 AL 5, ¿QUÉ TANTO LE GUSTA TRABAJAR EN EQUIPO?

1 ( )	2 ( )	3 ( )	4 ( )	5 ( )

6. DEL 1 AL 5, ¿QUÉ OPINIÓN TIENEN SUS COMPAÑEROS SOBRE SU DESEMPEÑO?

1 ( )	2 ( )	3 ( )	4 ( )	5 ( )

7. ¿QUÉ NECESITA PARA MEJORAR EL DESEMPEÑO DE SU PUESTO?

( ) Más recursos financieros o materiales.
( ) Más comunicación con los superiores o compañeros.
( ) Más información general o específica.
( ) Elaboración o actualización de manuales de organización y procedimientos.
( ) Criterios de medición e indicadores.
( ) Definición de objetivos.
( ) Programas de trabajo.
( ) Mejores ingresos.
( ) Más capacitación en aspectos como: _____

8. Del 1 al 5, ¿qué piensa sobre el desempeño de su inmediato superior?

1 ( )	2 ( )	3 ( )	4 ( )	5 ( )

Considerando las necesidades de su capacitación general y de sus compañeros, ¿qué temas considera deben incluirse en un programa de capacitación?

¿Considera que hay disposición de los directivos para invertir en capacitación?
( ) SÍ ( ) NO Comentarios_____

INDICADORES

Indicadores de detección de necesidades de capacitación

Algunos indicadores que pueden utilizarse para detectar necesidades de capacitación son:

Indicadores de volumen de trabajo

- ✓ Son indicadores cuantitativos, miden el número o la cantidad de actividades o trabajos realizados en un tiempo determinado por una persona.

Indicadores de eficacia

- ✓ Miden y determinan el grado de cumplimiento de los objetivos y metas en relación con los programas establecidos.
- ✓ Miden los avances en los procesos comparados con los programas establecidos.
- ✓ Evalúan la coordinación entre las áreas que intervienen.

Indicadores de eficiencia

- ✓ Se compara el rendimiento real del personal en sus acciones con una norma de rendimiento previamente definida.
- ✓ Se evalúa el trabajo útil desarrollado vs. esfuerzo, recursos y tiempo utilizados en llevarlo a cabo.

En la mayoría de los casos no existen criterios de medición precisos y aceptados con los que se pueda saber con exactitud el grado de eficiencia con la que se cumple un proceso, una función o una actividad. Algunos valores quedan a juicio y criterio de quien efectúa el trabajo de evaluación y los directivos de la empresa que participan. Las operaciones deben evaluarse con indicadores adecuados a cada situación particular.

EVALUACIÓN DEL DESEMPEÑO

La evaluación del desempeño debe ser objetiva y justa para no generar conflictos. Es necesario precisar los objetivos y las metas para cada actividad, así como un programa que permita dar seguimiento y medir el desempeño del personal. Se requiere establecer estándares e indicadores correctos para elaborar mediciones objetivas.

Estos parámetros y normas específicas de desempeño se determinan realizando un análisis de puestos que permite contar con una base confiable de evaluación. Para que tales parámetros sean efectivos deben guardar relación directa con los resultados deseados de cada puesto.

Para que las mediciones sean útiles deben ser de uso fácil, confiables y tienen que identificar los elementos esenciales que determinan el desempeño.

Se deben establecer las políticas de evaluación, los incentivos por buen desempeño y las medidas correctivas por desempeño deficiente. Se requiere implantar un sistema de comparación relativo al desempeño de cada colaborador con parámetros específicos. El desempeño individual se puede evaluar en:

- Habilidades y capacidades.
- Tareas sobresalientes.
- Tareas personales que deben ser mejoradas.
- Comparación entre el desempeño personal y el de los compañeros de trabajo.

REGLAMENTO INTERIOR DE TRABAJO

El reglamento interior de trabajo contiene las disposiciones que regulan las obligaciones del personal en el desarrollo de sus labores en la empresa.

De acuerdo con la ley federal del trabajo, el reglamento sirve para normar las relaciones entre empleados y patrón.

SEGURIDAD E HIGIENE

Las empresas deben incluir programas de asesoría y orientación para el debido cumplimiento de la normatividad laboral en seguridad, higiene y medio ambiente.

Las principales obligaciones de los patrones y trabajadores en materia de seguridad e higiene en el trabajo deben operar permanentemente para proteger al personal y son las siguientes:

- Colocar avisos o señales sobre la materia.
- Contar con las autorizaciones correspondientes.
- Dar aviso de los accidentes ocurridos.
- Conservar dentro de los niveles permisibles las condiciones ambientales.
- Elaborar programas de seguridad e higiene.
- Informar a los trabajadores sobre los riesgos de la actividad que desempeñan.
- Promover en el reglamento de trabajo las medidas de seguridad e higiene.

Las obligaciones de los trabajadores son las siguientes:

- Conducirse con cautela para evitar riesgos de trabajo.
- Observar las medidas de seguridad e higiene que se establecen en el reglamento.
- Participar en cursos de capacitación y adiestramiento.

ACCIDENTES

Los accidentes tienen una serie de gastos y costos que se deben considerar. Los gastos que suelen ser contemplados son:

- Costo de los beneficios sociales que el accidentado sigue cobrando.
- Costo debido a interferencias en el proceso de producción.
- Costo del daño causado en máquinas, herramientas y materiales estropeados.
- Mala imagen de la empresa al tener accidentes y aumentos en cuotas de seguros.
- Preparar informes oficiales y asistir a juicios.
- Retrasos en los plazos de entrega y pago de penalidades.
- Tiempo para seleccionar y adiestrar al sustituto.
- Tiempo perdido por el accidente.
- Tiempo perdido para investigar las causas del accidente.

Es necesario impartir cursos específicos para crear un clima laboral en que los accidentes puedan evitarse.

⤳La mayor parte de los accidentes en la empresa son previsibles y evitables.⤳

SEGURIDAD SOCIAL

Se debe registrar a los trabajadores ante la entidad encargada de la seguridad social y pagar las cuotas correspondientes.

Una auditoría que realice la autoridad y que detecte empleados que no estén dados de alta ante la institución puede causar serios problemas económicos por multas, además de la suspensión del servicio médico y social.

Es importante conocer los términos para dar de alta o baja a un trabajador ante esta entidad. Cuando un empleado deje de tener relación laboral con la empresa se le debe dar de baja con base en lo que marca la ley. Los términos más usuales para presentar los avisos de baja son:

- Renuncia o separación voluntaria.
- Término del contrato o de la relación de trabajo.
- Término de una relación por obra o tiempo determinado.
- Rescisión de contrato.
- Retiro por pensión o jubilación.
- Ausentismo.
- Dictamen de invalidez o incapacidad total permanente.

SINDICATO

El sindicato es una de las fuerzas que más pueden influir en el buen funcionamiento de una empresa. La función principal de los sindicatos es negociar, administrar y coordinar los siguientes rubros del contrato colectivo y el reglamento interior de trabajo:

- Accidentes y enfermedades de trabajo.
- Sueldos y salarios.
- Aguinaldo y reparto de utilidades.
- Antigüedad y jubilaciones, etc.
- Ascensos, promociones, traslados, compensaciones, estímulos.
- Aseo de lugares y equipos de trabajo.
- Ayudar a los afiliados a resolver los conflictos que existan en su empleo.
- Apoyos para adquisición de habitación y vehículo, defunciones, consultoría jurídica.
- Conocer y opinar sobre las funciones y los puestos sindicalizados.
- Descuentos especiales en tiendas, transporte, hoteles, deportivos, etc.
- Jornada de trabajo, horarios, tiempos extras, comisiones y permisos.
- Días de descanso y vacaciones.
- Días y lugares de pago.
- Disposiciones disciplinarias y procedimientos para su aplicación.
- Fondos y cajas de ahorro.
- Labores peligrosas e insalubres.
- Opinar sobre equipos, métodos de producción y programas de capacitación.
- Periodos de revisión del contrato colectivo de trabajo.
- Prestaciones especiales y préstamos personales.
- Programas de orientación familiar.
- Programas de orientación vocacional a hijos de los trabajadores.
- Responsabilidades.
- Seguridad e higiene.
- Seguro de vida.
- Servicio de comedor y médico.
- Servicios sociales como becas, guarderías, viajes de estudios, otros.
- Transporte y asignación de vehículos.
- Viáticos y gastos de representación.
- Actividades sociales, culturales, deportivas y recreativas.

Es conveniente que el empresario o emprendedor tenga una relación profesional y cordial con los líderes y representantes del sindicato, ya que pueden influir positiva o negativamente en el trabajo del personal, generando tácticas moratorias o huelgas.

Hay representantes sindicales que comprenden la complejidad de administrar una empresa y colaboran en la solución de los problemas, pero hay otros que solo buscan ganar espacios, sin considerar que ponen en riesgo el futuro de la empresa.

Las empresas grandes y medianas tienen personal especializado, interno y externo, para negociar el contrato colectivo de trabajo con los representantes de los trabajadores. Las empresas pequeñas a veces carecen de sindicato, las microempresas no tienen.

Cuando comienzan las labores en una empresa puede recurrirse a la cámara de empresarios del giro al que corresponda el negocio para solicitar la recomendación de algún representante sindical reconocido en el medio como responsable, negociador y conciliador.

PERSONAL DE CONFIANZA

El personal de confianza es el elemento más valioso para la empresa y generalmente lo conforma el cuerpo directivo y administrativo. La mayoría de los conceptos que se incluyen en el contrato colectivo de trabajo para el personal sindicalizado se aplican para el personal de confianza.

ÁREA DE COMPRAS

Una de las principales áreas para el funcionamiento eficiente de una empresa es la de compras. El objetivo de esta área es comprar con eficiencia y eficacia para que el negocio pueda operar a su máxima capacidad. Es la encargada de conseguir insumos, mercancías y servicios, que necesitan las distintas áreas de la empresa, en las mejores condiciones de precio, entrega, calidad, oportunidad y garantía.

Esta área tiene una posición estratégica por su relación con la mayoría de las otras áreas de la empresa. Mantiene contactos con fuentes de suministro externas que le permiten conocer materiales y mercancías nuevas, perfeccionadas, con mejoras de diseño y especificaciones que permiten reemplazar las existentes con mejores resultados.

Las compras se clasifican en locales, nacionales e internacionales. Las primeras son aquellas que se realizan en el lugar donde está ubicada la empresa que las efectúa. Las nacionales son aquellas que se efectúan en cualquier parte del territorio nacional, exceptuando el sitio en que está la empresa que las realiza. Las compras internacionales son las que se hacen en otro país. Requieren agentes aduanales, instituciones de comercio exterior, bancos y corresponsales.

Para tener una operación continua y eficiente es necesario programar los suministros en tiempo, cantidad y calidad.

Perfil del responsable de compras

El responsable de compras debe realizar con eficiencia y eficacia las siguientes funciones:

- Buscar, seleccionar y contratar proveedores.
- Negociar condiciones de calidad, precio, entrega, descuentos, crédito y garantías.
- Organizar concursos para asignar pedidos a los mejores proveedores.

El responsable de compras debe tener los siguientes conocimientos:

- Cómo se encuentran las condiciones del mercado.
- Marcas, materiales y equipos en el mercado local, nacional e internacional.
- Cambios y tendencias de los precios en el mercado nacional e internacional.
- Manejar profesionalmente internet para encontrar los mejores proveedores.

El responsable de área debe ser una persona de ética comprobada y debe estar por encima de cualquier sospecha deshonesta en su comportamiento.

Requisición de compras

Es un documento de control interno por medio del cual se solicitan los materiales, artículos, herramientas, servicios y equipos necesarios para el funcionamiento de las áreas de la empresa.

El número de copias que debe llevar una requisición de compras depende del sistema de control de cada empresa. Generalmente, el original le corresponde al área de compras, una copia ha de entregársele al área de contabilidad y otra para el área que elabora la solicitud. Cuando se tiene un sistema digital para elaborar las requisiciones se evitan las copias impresas.

Orden de compra o pedido

Es el documento o correo electrónico por medio del cual la empresa hace una solicitud formal al proveedor de lo que necesita adquirir. El pedido debe hacerse al proveedor que otorgue mejores precios, condiciones y calidad. Es conveniente que sean elaboradas con un original y tres copias impresas o electrónicas, ya que el original es para el proveedor, una copia para el almacén, otra para el área de contabilidad y la tercera para el área de compras.

Después de elaborar un pedido es necesario darle seguimiento hasta recibir las mercancías solicitadas y se guarden los correos o la documentación generada. En las empresas grandes y medianas las órdenes de compra son parte de un módulo del sistema empresarial de la empresa.

Presupuesto de compras

El presupuesto se elabora calculando las compras requeridas por las áreas para un periodo determinado y tiene como finalidad:

- Anticipar el programa de pagos al área de finanzas.
- Conseguir rebajas por compras en volúmenes importantes.
- Evitar aumentos de precios por requisiciones urgentes.
- Planear las adquisiciones de acuerdo con las tendencias del mercado.
- Programar las fechas de entrega de los productos a los clientes.
- Proteger el programa de producción en el caso de las fábricas.

El presupuesto debe ser flexible, ya que con frecuencia hay diferencias entre lo real y lo estimado. Puede ser mensual, trimestral, semestral o anual. Cuando un precio tenga variación, el proveedor deberá argumentar con pruebas contundentes por qué se dio ese cambio.

Compras para iniciar operaciones

Una de las principales razones por las que fracasan los emprendedores es que en su etapa inicial compran más activos fijos de lo que su flujo de efectivo puede soportar.

Hay que diferenciar entre el equipo indispensable para iniciar operaciones eficientes y el equipo que puede esperar, y en caso necesario, rentarse.

Dependiendo del sector, tamaño y giro para iniciar operaciones, las empresas tienen que adquirir diferentes artículos, entre los que se encuentran:

- ◆ Anaqueles.
- ◆ Archiveros.
- ◆ Cafetera.
- ◆ Caja fuerte.
- ◆ Calculadoras.
- ◆ Casilleros.
- ◆ Circuito cerrado para seguridad y control.
- ◆ Cuadros de adorno, ceniceros, etc.
- ◆ Equipo de transporte.
- ◆ Equipos de cómputo (computadoras, impresoras, software, periféricos e insumos).
- ◆ Escritorios.
- ◆ Extintores.
- ◆ Fotocopiadoras.
- ◆ Gafetes de identificación.
- ◆ Maquinaria y herramientas.
- ◆ Materias primas, productos o mercancías.
- ◆ Mobiliario (sillones, sillas, escritorios, mesas de trabajo, sala de juntas, otros).
- ◆ Papelería en general.
- ◆ Pizarrones con marcadores especiales.

- Sistema manual, mecánico o digital para controlar las entradas y salidas del personal.
- Sellos con logotipo de la empresa (recibido, entregado, pagado, registrado, otros).
- Teléfonos fijos y celulares.
- Uniformes.
- Vajilla (vasos, tazas, platos, cucharas, otros).

Los contratos iniciales de teléfonos fijos, celulares, luz y agua tienen un costo que ha de ser considerado, así como los permisos y licencias y servicios notariales.

El presupuesto disponible habrá de ser asignado a la compra de los materiales y equipos prioritarios para iniciar la operación de la empresa, y posteriormente, aquello que se requiera para mejorar, se adquirirá en la medida de las posibilidades económicas.

PROVEEDORES

Una de las claves para que un emprendedor tenga éxito es que contrate buenos proveedores.

Selección de proveedores

Para hacer una buena selección de proveedores deben solicitarse varias cotizaciones a fin de poder comparar los diferentes ofrecimientos y condiciones.

Los proveedores seleccionados deben tener capacidad para suministrar los materiales, productos, herramientas y equipos en cantidad, calidad, oportunidad y precio deseados. Los proveedores pueden localizarse a través de:

- Internet y redes sociales.
- Boletines informativos.
- Cámaras y asociaciones.
- Exposiciones.
- Folletos publicitarios.

- Periódicos.
- Radio y televisión.
- Revistas especializadas.

Es necesario evaluar a cada uno de los posibles proveedores para conocer sus fortalezas y debilidades a fin de seleccionar a los más adecuados.

Para decidir cuál es el proveedor adecuado se requiere de un análisis y evaluación que contemple lo siguiente:

- Antigüedad en el mercado.
- Calidad de su página web o tienda virtual.
- Calidad de la mercancía.
- Capacidad técnica y administrativa del personal
- Capacidad de producción.
- Certificados ISO y similares.
- Condiciones de pago.
- Cumplimiento en fechas de entrega.
- Garantías.
- Infraestructura.
- Localización (cercanía física).
- Precio.
- Prestigio.
- Referencias de terceros.
- Servicios que proporciona.
- Servicios posventa.
- Solidez moral y financiera.
- Soporte técnico.

Con base en la información anterior, es necesario elaborar un catálogo de proveedores para facilitar la consulta en futuras compras.

Es conveniente diversificar las compras entre varios para no depender de uno, siempre y cuando las calidades y condiciones sean iguales.

Se requiere elaborar un contrato con el proveedor en el que se indiquen los detalles, como son las bonificaciones, los descuentos por volumen y las garantías de precio por un periodo determinado.

Relaciones con proveedores

Para seleccionar un proveedor se requiere establecer una relación de confianza. Para el emprendedor, el contacto y la negociación con los distintos proveedores son importantes para conocer a fondo el giro del negocio. El área de compras establece la relación comercial entre la empresa y el proveedor.

El proveedor debe ser una verdadera fuente de colaboración y un engrane más en la maquinaria de la empresa. El trabajo en conjunto solo traerá beneficios para ambas partes.

Cuando aparecen nuevos productos en el mercado, que pueden ser alternativos a los usados en la empresa, se debe invitar a cotizar a los posibles proveedores. Es recomendable que el personal del área haga visitas a sus instalaciones antes de tomar una decisión final. Elaborar cuestionarios para conocer el punto de vista de los proveedores es muy aconsejable.

Para elaborar el catálogo de proveedores, recomiendo utilizar este formato:

CATÁLOGO DE PROVEEDORES

Nombre de la empresa: _____

Nombre del representante: _____

Dirección: _____

Teléfonos: _____ Cel.: _____ E-mail: _____ RFC: _____

E-mail: _____ Página web: _____

Facebook: _____ Twitter: _____ LinkedIn: _____

Productos que vende: _____

Antigüedad en el mercado: _____

Prestigio: _____

Precio: _____ Calidad en el mercado: _____

Condiciones de pago: _____

Garantías: _____

Capacidad de producción: _____

Soporte técnico: _____

Antigüedad como proveedor de la empresa: _____

Fechas de entrega: _____

Observaciones: _____

INVENTARIOS

Uno de los problemas más comunes de los emprendedores y las empresas en general es el del control de inventarios. Un control efectivo asegura que se tengan suficientes mercancías, materiales, materia prima, herramientas, refacciones y equipos para el buen funcionamiento del negocio.

El control de inventarios requiere una buena localización, un almacenamiento adecuado y un registro sistemático de movimientos para dar un servicio eficaz a las diferentes áreas que lo requieran. Dependiendo de la magnitud de la empresa debe de decidirse si es adecuado centralizar o descentralizar el almacén.

Los inventarios perpetuos dan información para llevar un control, cuantitativo y monetario, efectivo de materiales y sirven para la planeación de la producción. Hay diferentes tipos de registro de inventarios perpetuos que deben de adaptarse a los requerimientos y naturaleza de control de cada empresa.

El inventario físico sirve para conocer las existencias de materiales y mercancías que realmente están en el almacén. Se puede realizar el inventario físico todos los días, una vez a la semana, el último día del mes, semestral o anual, dependiendo de las necesidades de cada empresa y el tipo de negocio. Los principales problemas relacionados con el inventario son:

- Procedimientos y controles inadecuados de entradas y salidas al almacén.
- Existencias excesivas, limitadas o nulas de algunas mercancías.
- Falta de mantenimiento y cuidado de equipos o materiales.
- Pronósticos equivocados de necesidades.
- Retraso de entregas de los proveedores.
- Lugar inadecuado para el almacenamiento.

Mínimos y máximos en el inventario

Se tienen que definir políticas para establecer los mínimos y máximos de cada una de las mercancías y materias primas que se deben tener en el inventario. Es la base para decidir cuándo realizar un nuevo pedido.

Hay que establecer adecuadamente los mínimos y máximos de todas las mercancías y materias primas utilizadas, ya que si el inventario es insuficiente pueden ser afectadas la producción y las ventas, y si es excesivo, los costos financieros y de almacenaje aumentan.

Es necesario conocer las necesidades exactas de materiales, pues los inventarios excesivos implican costos y la carencia de estos también. Los pedidos de todas las áreas de la empresa deben estar coordinados con el área de compras y ser realizados con suficiente tiempo para evitar un posible desabasto. Puede desarrollarse un método automático de compras sobre la base de máximos y mínimos en inventarios.

Inventario físico

Según el giro de la empresa se debe definir la periodicidad más conveniente para realizar el inventario físico. Puede ser diario, semanal, mensual, etcétera. Para realizar el recuento de los inventarios es necesario:

- No recibir o entregar mercancías durante el levantamiento del inventario.
- Que no existan entradas o salidas pendientes de registrarse.
- Tener un formato manual o digital para la captura de la información.
- Que las mercancías estén organizadas para facilitar el levantamiento del inventario.
- Tener personal capacitado y de confianza que lo realice.

Es recomendable efectuar verificaciones constantes y asegurar que no haya malos manejos o robos internos de mercancías, por lo que es mejor dividir las áreas responsables de controlar el inventario y el almacén, para evitar que una sola área sea juez y parte. Una opción es que el control de inventarios lo maneje el área de compras, y operaciones, el almacén.

Valuación de inventarios

Hay diferentes técnicas para valuar los inventarios:

Precios promedio

Los precios promedio pueden ser periódicos o constantes. Los periódicos son los que se ajustan al promedio de compra en un periodo determinado. Ejemplo: si son comprados a principio de mes 10 artículos a 10 pesos y a fin de mes los mismos 10 artículos se compran a 12 pesos, el promedio es de 11 pesos.

Los precios promedio constantes son los que en cada entrada al almacén dan origen a la obtención inmediata del precio promedio.

Primeras entradas, primeras salidas (PEPS)

Consiste en valuar las salidas del almacén a los precios de las primeras entradas hasta agotarlas, siguiendo con los precios de las entradas inmediatas que continúan.

Últimas entradas, primeras salidas (UEPS)

Consiste en valuar las salidas del almacén utilizando los precios de las últimas entradas, hasta agotar las existencias cuya entrada es más reciente.

Precio fijo o estándar

El precio fijo se obtiene cuando los cambios en los precios de compra son menores y se calcula el precio más apegado a la realidad.

Esta técnica requiere de un ajuste al final del periodo considerando la diferencia del precio fijado con el precio final establecido.

Precio de reposición o de mercado

Consiste en valuar las salidas del almacén a precios de reposición de las mismas mercancías. Cuando hay inflación en un país esta técnica resuelve los problemas de valuación de inventarios.

SEGUROS Y FIANZAS

Un seguro se puede definir como un sistema que permite prever las consecuencias económicas de hechos futuros e inciertos, cuya eventual realización puede afectar a la empresa o a una persona asegurada y busca anular sus efectos. Los seguros constituyen un sistema de transferencia de riesgos. La finalidad de los seguros es prevenir contingencias.

Es necesario ser precisos con la información que se proporciona al asegurador, ya que en la póliza se establecen las sumas aseguradas, los deducibles y los límites de indemnización. Es conveniente tener un consultor especializado en seguros para conseguir las mejores condiciones de cobertura.

Hay empresas dedicadas a dar este servicio, tienen agentes de seguros que conocen las ventajas, los pormenores y las características de las diferentes pólizas que ofrecen las aseguradoras.

Seguro de vida

Este es un tipo de seguro en que la empresa aseguradora paga la cantidad estipulada en la póliza cuando el asegurado fallece o rebasa los años pactados en un momento determinado.

El seguro de vida puede ser para personas o grupos. Cuando se elige el monto de la cobertura esta debe estar indexada a la inflación, para no perder el valor adquisitivo.

Seguro de accidentes personales

En caso de accidentes que provoquen la muerte o incapacidad del asegurado a causa de actividades previstas, paga la cantidad estipulada en la póliza. Puede contratarse por un año renovable o por una determinada temporada. En el contrato pueden establecerse los siguientes tipos de cobertura:

- ◆ Un capital en caso de fallecimiento o incapacidad.
- ◆ Una pensión diaria en caso de incapacidad temporal.
- ◆ Los gastos por asistencia sanitaria.

Seguro colectivo de accidentes personales

Pueden contratar la póliza colectiva de accidentes personales las siguientes personas:

* Los empleados y obreros de una misma empresa.
* Los grupos dedicados a una misma actividad (sindicatos, uniones, otros).
* Las agrupaciones legalmente constituidas con características similares de trabajo.

Seguro de enfermedad (gastos médicos mayores)

En las empresas grandes, una de las prestaciones que se otorga a los ejecutivos es el seguro de gastos médicos. Los aspectos a considerar son:

* La suma asegurada que se contrate.
* El deducible (cuanto mayor es el deducible menor es el costo del seguro).
* El coaseguro.

Ramo de daños

Sirve para proteger a la empresa y los bienes que se encuentren dentro de ella. Las coberturas que generalmente se contratan son las siguientes:

* Incendios y explosión (edificio, almacenes, contenidos, pérdidas consecuenciales).
* Responsabilidad civil (daños a terceros en sus bienes o en sus personas).
* Automóviles (indemnización por daños o pérdidas del automóvil o camión).
* Robo con violencia o asalto (mercancías, maquinaria, dinero y valores).
* Rotura de cristales, anuncios luminosos, robo y daño a equipos electrónicos.
* Lesiones que sufran los trabajadores en el desempeño de sus funciones.

* Daños causados por explosión, huracán, granizo, huelgas, alborotos populares, vandalismo, terremoto y erupción volcánica.

Seguro de mercancías y pago de primas

Las mercancías se aseguran para cubrir un percance en las maniobras de tránsito, carga y descarga.

La prima del seguro es el pago que hace el asegurado por la protección contratada. La forma de pago puede ser de contado o mediante pagos fraccionados.

Es necesario detallar en las pólizas los equipos que se aseguran para que, en caso de siniestro, pueda hacerse una reclamación sustentada. Los requisitos que solicita la aseguradora al realizar una reclamación son:

* El levantamiento del acta judicial correspondiente.
* La posesión de las facturas de los equipos asegurados.
* Tener las pólizas vigentes y pagadas dentro de los plazos establecidos.

Deducibles y sumas aseguradas

El deducible tiene por objeto eliminar del seguro las pérdidas pequeñas que no afectan el patrimonio del asegurado. Es un porcentaje que debe cubrir el asegurado después de un percance.

Cualquier gasto que sea menor a la cantidad que represente el deducible no es pagado por la aseguradora. Los montos de los deducibles varían de acuerdo con lo asegurado.

Es recomendable verificar que las sumas en que son asegurados los inmuebles y equipos estén indexadas a la inflación. Algunas aseguradoras ofrecen el servicio de ajuste automático en relación con la inflación anual.

Hay pólizas de seguros que contienen exclusiones y límites, por lo que debe analizar el tipo de póliza que se va a contratar.

Seguros nuevos por crecimiento de la empresa

Cuando una empresa está en la etapa de crecimiento es necesario revisar los seguros para actualizarlos sobre la base de las nuevas necesidades. Algunos ejemplos son los siguientes:

- Adquisición de otras empresas.
- Aumento de la inversión en activos fijos y circulantes.
- Aumento de la nómina debido a mayores sueldos o más empleados.
- Nuevas actividades.
- Nuevos contratos.
- Nuevos productos, bienes e instalaciones.

Aceptación y cancelación de la póliza del seguro

La póliza entra en vigor cuando se le notifica al asegurado que ha sido aceptado. Cuando una póliza es cancelada la empresa debe devolver las primas que correspondan al tiempo que falta para la terminación del contrato.

PROBLEMAS DE ROBO EN LA EMPRESA

En la mayoría de las empresas suele haber problemas respecto de las distintas formas de robo. Los robos más comunes que se dan en las empresas son:

- *Robo hormiga*. Diariamente desaparecen algunas mercancías o productos del almacén, del transporte, del mostrador, etc.
- *Robo de documentación*. Documentos importantes desaparecen (facturas en blanco, recibos, cheques, pagarés, contratos confidenciales, etcétera).
- *Robo de información estratégica*. Fórmulas secretas, estadísticas e informes confidenciales sobre ventas, finanzas, clientes, sistemas, etcétera.

    Es muy importante contemplar este tipo de acciones cuando se contraten seguros y se establezcan políticas de seguridad dentro de la empresa.

FIANZAS

Fianzas de fidelidad

El objetivo de una fianza de fidelidad es garantizar al beneficiario adquirente de la fianza la reparación del daño patrimonial por hechos ilícitos, como robo, fraude, abuso de confianza y peculado, que ocasionen los colaboradores a la empresa en sus bienes o en aquellos que le hayan sido confiados y de los cuales sea legalmente responsable. Se puede adquirir a un bajo costo en comparación con las grandes pérdidas o desfalcos que pudieran ser ocasionados por los colaboradores.

Dependiendo de las necesidades específicas de cada empresa, debe contratarse la fianza adecuada, pues cada una establece diferentes condiciones. Las fianzas pueden producir presión psicológica en los empleados, induciéndolos a no cometer delitos patrimoniales y evitarles problemas judiciales. Las ventajas de las fianzas de fidelidad son:

- ◆ Seguridad en el manejo del dinero, productos y bienes del negocio.
- ◆ No arriesgar el patrimonio de la empresa y familiar.
- ◆ Recuperar un porcentaje importante de lo perdido.

Fianza individual

Es la garantía específica para un empleado, comisionista, obrero, personal de ventas etc., con un monto de fianza para un puesto determinado.

Fianza grupal

Es la garantía, bajo un monto común y máximo, que cubre a un grupo de trabajadores o empleados, generalmente los de mayor riesgo, haciéndose necesario reportar por escrito a la Afianzadora las altas y bajas del personal.

Procedimiento de reclamación

La empresa debe tener la certeza de que el trabajador afianzado cometió un delito. Además, debe aportar las pruebas que acrediten el daño patrimonial y la responsabilidad del fiado. Las empresas afianzadoras proporcionan asesoría con abogados especializados.

Deducible

Debe pactarse un deducible sobre el monto de la pérdida o de la fianza. Las afianzadoras solo pagan las reclamaciones que sean superiores al deducible fijo o la cantidad pactada.

No tener los seguros necesarios y adecuados pone en riesgo la empresa

VIGENCIA DE PÓLIZAS DE SEGUROS					
EMPRESA	TIPO DE SEGURO	VIGENCIA	PRIMA	IMPORTE A PAGAR	FECHA DE PAGO

PROGRAMAS DE TRABAJO

Los programas de trabajo son la base de una buena administración. Muchas veces el éxito de una empresa depende de contar con ellos. Para los emprendedores es una herramienta vital para empezar una empresa.

Son pocas las empresas pequeñas y medianas que tienen programas de trabajo bien estructurados. Los programas contienen las actividades y las tareas del personal, los tiempos de realización, el uso de recursos materiales, tecnológicos y financieros necesarios, la aplicación de métodos de trabajo y de control para el seguimiento en las diferentes operaciones de una empresa.

Son un instrumento clave para conocer periódicamente los avances y corregir de inmediato el rumbo cuando se detecta una desviación. Hay varias cosas que los distinguen: determinan el tiempo en que debe ser cubierta una actividad, tienen un responsable y una cantidad asignada de recursos para su cumplimiento.

Los programas pueden ser para toda la empresa, para un área específica o para realizar cualquier proyecto a corto o largo plazos. El plazo de vigencia depende del calendario de actividades necesarias para cumplir con las metas de este. Las actividades pueden programarse por día, semana, mes o año y debe establecerse un tiempo razonable para cada actividad.

Para elaborar un programa de trabajo hay que saber:

- Cuáles son los objetivos.
- Qué actividades hay que llevar a cabo.
- Establecer prioridades.
- Cuáles son los tiempos de realización (comienzo y terminación).
- Qué recursos materiales y financieros son necesarios.
- Quién es el personal responsable de su ejecución.
- Cuáles son los beneficios esperados.

Las ventajas de tener programas son:

- Actividades organizadas, eficientes, controladas y medibles.
- Desarrollo de procedimientos y sistemas.
- Disminuye desviaciones y malas decisiones.
- Facilita el control contable y administrativo.
- Mayor coordinación entre las personas y las áreas.
- Contar con una adecuada distribución de las cargas de trabajo.
- Mejora en la elaboración de los presupuestos.
- Mejor utilización de los recursos.
- Pueden establecerse criterios de medición.

PROGRAMA GENERAL DE ACTIVIDADES

NO.	ACTIVIDADES	1	2	3	4	5	6
NOMBRE DEL PROYECTO:							
FECHA DE COMIENZO:							
FECHA DE TERMINACIÓN:							
ÁREA RESPONSABLE:							
COORDINADOR RESPONSABLE:							

SISTEMA DE ARCHIVO MANUAL

Tener orden en la forma de guardar los documentos es esencial para cualquier emprendedor. Una buena administración requiere de un sistema de archivo fácil y eficiente.

El sistema de archivo puede ser manual o electrónico. Un sistema de archivo uniforme en todas las áreas de la empresa facilita la consulta de todo el personal.

Actualmente hay sistemas operativos muy robustos, que permiten guardar de manera organizada grandes cantidades de información. Los archiveros tradicionales son utilizados para contener escrituras, asambleas, expedientes de clientes y proveedores, contratos, etcétera.

Un sistema común es el alfanumérico. Este consiste en ordenar los expedientes por temas, asignarles un número consecutivo y colocarlos en un tarjetero donde serán acomodadas las tarjetas en orden alfabético. En la ordenación, cada tarjeta poseerá el número que le haya sido asignada en el expediente, el nombre del mismo y su contenido principal. Al frente de cada cajón del archivero tiene que ser colocado un catálogo que contenga información sobre los expedientes indicando número y nombre del expediente archivado. A continuación, se incluye un ejemplo de cómo elaborar el catálogo de archivo:

100	Gobierno.
100.1	Secretaría de Turismo.
200	Bancos.
200.1	Banco del Sur.

Archivo digital

Actualmente la mayoría de las empresas manejan sus archivos de forma digital y cada vez menos de forma manual.

Un sistema de archivo digital son los métodos y estructuras de datos que un sistema operativo utiliza, es decir, es la manera en la que se organizan los archivos en la computadora. La mayoría de los sistemas de control empresarial manejan su propio sistema de archivos.

CAPÍTULO 5
MERCADOTECNIA

DEFINICIÓN DE MERCADOTECNIA

Según la definición de la American Marketing Association, *mercadotecnia* es la planeación y ejecución de la concepción, fijación de precio, promoción y distribución de ideas, bienes y servicios para generar intercambios que satisfagan objetivos individuales y organizacionales. Es necesario saber utilizar profesionalmente la mercadotecnia tradicional y digital para comunicar y promover un negocio.

Una buena mercadotecnia coloca los productos y servicios en el momento y lugar adecuados para proporcionar el servicio en el tiempo y sitio que el consumidor requiere y con ello lograr la satisfacción esperada por el comprador.

IMPORTANCIA DE LA MERCADOTECNIA

Saber utilizar la mercadotecnia es muy importante para que un emprendedor pueda tener éxito. Hay que destacar la importancia que tiene para el emprendedor y el negocio el utilizar la mercadotecnia de la mejor forma posible, ya que sirve para diferentes propósitos, como pueden ser:

- Introducir un producto o servicio en el mercado.
- Promover la imagen de un producto y de la empresa.
- Tener mayor participación del mercado tradicional y en línea.
- Generar mayores ventas.
- Lograr la satisfacción del cliente.
- Desalentar a los competidores.
- Tener beneficios para los colaboradores y la comunidad.
- Tener mejores ventas y utilidades.

Muchos emprendedores y algunos empresarios creen que un análisis y una estrategia de mercado son costosos e innecesarios. Este es uno de los errores más grandes y la razón del fracaso de muchos que han intentado empezar un negocio.

La responsabilidad del ejecutivo encargado de la mercadotecnia es sumamente compleja y casi siempre requiere la intervención de especialistas. Se deben hacer cosas nuevas y diferentes, con una nueva manera de pensar, utilizando los avances tecnológicos.

CÓMO ELABORAR UN PLAN DE MERCADOTECNIA

La elaboración del plan de mercadotecnia es un proceso creativo que mezcla investigación, análisis, diagnóstico, formulación de estrategias, programas y creatividad.

Los planes de mercadotecnia pueden ser diferentes de una empresa a otra, aun siendo del mismo giro. Pueden diferir en estructura y contenido, son únicos y enfrentan condiciones y retos diversos.

La realidad del momento, la visión del futuro y la experiencia del pasado son fundamentales para establecer los supuestos, las estrategias y las acciones que deban realizarse.

El plan de mercadotecnia debe ser conocido por todos los niveles jerárquicos de la empresa, ya que establece las acciones a seguir en relación con el producto, mercado, publicidad, promoción y precio.

Las características principales de un plan de mercadotecnia son las siguientes:

Sencillo

+ Estar diseñado para que sea fácil de entender, implementar y operar.
+ Tener un lenguaje claro y sencillo.
+ Tener un orden lógico.

Concreto

+ Tratar temas y aspectos concretos.
+ Plantear objetivos específicos, claros, conservadores y congruentes.

Realista

- Establecer objetivos generales y particulares congruentes con los recursos y posibilidades financieras y estructurales de la empresa.
- Estar diseñado con base en las fortalezas, las debilidades, las oportunidades y los riesgos de la empresa.
- Definir objetivos lógicos de ventas, rentabilidad y participación en los mercados.
- Establecer fechas de realización razonables en relación con los recursos financieros, humanos y técnicos disponibles.
- Considerar los tiempos inhábiles.

Integral

- Tener objetivos, metas, políticas, funciones, estrategias, tácticas, programas, presupuestos y responsables.

Programable

- Tener un programa de trabajo con acciones y actividades específicas, tiempos razonables y lógicos, fechas de realización, personas involucradas y presupuestos definidos por actividad.
- Establecer con claridad el principio y final de cada actividad.
- Optimizar tiempos y recursos mediante técnicas y herramientas enfocadas al control de proyectos.

Evaluable

- Definir los criterios de medición para evaluar el avance de los programas, la productividad y el grado de cumplimiento de los objetivos.
- Medir niveles de eficiencia y eficacia al inicio, durante su desarrollo y al término.

Congruente

- ◆ Ser congruente con la visión y la misión de la empresa.
- ◆ Ser congruente entre objetivos, posibilidades, disponibilidad de recursos y las orientaciones generales establecidos por el plan de negocios de la empresa.
- ◆ Tener compatibilidad entre los programas y los objetivos del plan.
- ◆ Ser flexible y fácil de adecuar rápidamente a la realidad cambiante.
- ◆ Tener la disponibilidad de recursos técnicos, materiales y financieros, así como la calidad del personal necesario.

Seguimiento

- ◆ Establecer procedimientos para dar seguimiento periódico a los avances en los programas y el cumplimiento de objetivos y metas.
- ◆ Establecer periodicidad de los informes parciales y finales.
- ◆ Estar diseñado para poder evaluar el plan, para verificar su funcionalidad en relación con el cumplimiento y logro de los objetivos de ventas, la aceptación del producto, la imagen y la rentabilidad, así como poder conocer riesgos, desviaciones y ajustar objetivos, estrategias y acciones para adecuar el plan a las necesidades que se detecten.

La información adicional que se requiere tener para elaborar el plan de mercadotecnia es la siguiente:

- ◆ Una investigación de mercado para elaborar un diagnóstico y definir los objetivos, políticas y estrategias específicas en productos, precios, publicidad, promoción, comercialización y distribución.
- ◆ El mercado meta, sus necesidades y deseos.
- ◆ Los programas y las actividades a realizar para cumplir con los objetivos.
- ◆ La situación política y económica del país.
- ◆ Un análisis del entorno.
- ◆ Factores sociales y culturales que se deban considerar.
- ◆ Las leyes y regulaciones que puedan afectar el plan.
- ◆ Las condiciones económicas en el área geográfica.

- La estrategia de segmentación del mercado objetivo.
- Los tipos y hábitos del consumidor.
- Las características del satisfactor que desean los clientes potenciales y las ventajas de los productos o servicios de la empresa.
- Las tendencias de la demanda.
- Los canales de distribución que se pueden utilizar y los distribuidores.
- El posicionamiento de la competencia en el mercado.
- La tecnología que se utiliza en el giro.
- El presupuesto disponible desglosado por actividad, producto y mercado.
- Los proveedores en la zona.
- Los datos demográficos de interés para elaborar el plan de mercadotecnia.
- El plan de medios de comunicación.

Para el éxito del plan se debe nombrar un responsable con el perfil adecuado, para la coordinación, ejecución y supervisión en todas las etapas.

Los planes que no contemplan seguimiento, evaluación y control de actividades y programas suelen perder efectividad y pueden fracasar por la falta de acción oportuna y corrección de desviaciones.

INVESTIGACIÓN DE MERCADOS

Consiste en la aplicación de un conjunto de técnicas para obtener información sobre la evolución de la demanda-oferta y la conveniencia de comercializar un producto o servicio. Es la base para decidir la factibilidad de un nuevo negocio o el lanzamiento de un nuevo producto o servicio.

Para realizar un buen estudio de mercado se requiere de información suficiente y verídica, que permita hacer un buen diagnóstico, un pronóstico de la situación futura de la demanda y la oferta, así como un análisis y una propuesta de un sistema de comunicación y comercialización.

El tipo de investigación que debe realizarse puede variar dependiendo de la situación, giro, producto y empresa. Pueden llevarse a cabo investigaciones exploratorias si se desea saber qué ocurre en un mercado, una investigación descriptiva si se quiere describir un mercado, un competidor o un producto y una investigación casual para identificar la influencia de un factor determinado en un mercado.

Cuando se dispone de información estadística es más sencillo realizar un pronóstico más certero de la demanda. Este estudio es la base para decidir la factibilidad de un nuevo negocio o el lanzamiento de un nuevo producto o servicio. Lo recomendable, cuando los inversionistas de un nuevo negocio tienen suficientes recursos, es contratar una empresa experta en esta materia.

No es fácil realizar investigación de mercado si no se tiene la experiencia, la infraestructura y el personal idóneos, pues hay que considerar diferentes variables para que la información que se obtenga sea veraz, oportuna y apropiada. La profundidad del estudio depende del mercado que se esté investigando y de los recursos disponibles.

Análisis de mercado

El estudio de mercado requiere definir cinco aspectos trascendentes para la toma de decisiones:

1. El producto que se quiere introducir en el mercado.
2. El perfil de los clientes potenciales y la cantidad de los mismos.
3. El precio de venta y la calidad requerida en el mercado para ser competitivo.
4. La fortaleza y la penetración de la competencia.
5. El acceso a los canales de distribución que pongan el producto al alcance del consumidor.

Requisitos para realizar el análisis del mercado:

- Desarrollar cuestionarios y realizar entrevistas que proporcionen información cuantitativa y cualitativa que sirva para la toma de decisiones.
- Definir el tamaño de la muestra para que sea representativa.
- Definir el perfil de los encuestadores y contratarlos.
- Utilizar las redes sociales para conocer los puntos de vista de los ciudadanos.
- Analizar datos históricos, bibliográficos y documentales.

INFORMACIÓN INTERNA PARA LA INVESTIGACIÓN DE MERCADO

Cuando la empresa está en funciones la información que se puede obtener internamente para la investigación de mercado es la siguiente:

- Análisis y reportes de ventas.
- Pronósticos de ventas de años anteriores.
- Tendencias de ventas históricas.
- Ventas por agente.
- Ventas por áreas geográficas.
- Ventas por productos.
- Volumen de ventas por mayoristas, minoristas y último consumidor.
- Ventas tradicionales y en línea.

Existe también en el entorno externo información de interés para la investigación, bien sea de un producto que ya está en el mercado o de uno nuevo que está por salir. La investigación permite pronosticar el posible potencial de ventas respecto del consumo total del mercado de cada producto.

TIPOS DE MERCADO

El mercado puede ser local, regional, nacional o internacional. Además, hay diferentes tipos de mercado que pueden ser clasificados de la siguiente manera:

- *Mercado potencial.* Son todas las personas a las que se les puede vender un producto.
- *Mercado de consumo propio.* Son las personas que compran el producto o servicio que interesa a la empresa.
- *Mercado de consumo de la competencia.* Personas que adquieren productos que interesa a la empresa, pero que compran a la competencia.
- *Mercado de desarrollo.* Personas que no consumen el producto, pero que pueden ser parte del mercado a corto plazo.
- *Mercado inmediato.* Personas que se espera se vuelvan consumidores en un plazo muy corto.

- *Mercado mediato*. Mercado susceptible de ser potencial a mediano y largo plazo.

Hay que considerar que el mercado de cada país y cada región, e inclusive por la época del año, es distinto y cambiante.

∼Ningún mercado está formado por consumidores iguales en sus necesidades y deseos∼

IMPORTANCIA DE LA MUESTRA DEL MERCADO

Tener una muestra realmente representativa del mercado al que se desea acceder no es fácil. Se requieren conocimientos profesionales en esta materia, para definir con un método quiénes son y dónde están los futuros clientes que deben ser considerados.

Para que una muestra sea representativa debe ser calculada aleatoriamente, es decir, debe ser seleccionada al azar, pues si lo que se hace es entrevistar a los mejores futuros clientes o a los más fáciles de localizar no se tendrá una muestra real y habrá sorpresas desagradables cuando haya que vender el producto a personas que poseen un perfil distinto.

El número de gente que debe ser considerado en una muestra para lograr un nivel de confianza aceptable debe calcularse matemáticamente. Existen fórmulas aceptadas por los expertos para determinar la confiabilidad y el margen de error de una muestra.

Cuando se contratan profesionales para realizar la investigación es deseable involucrarse en todas las etapas y conocer a fondo el desarrollo del proceso.

Una de las ventajas que puede proporcionar una empresa profesional es la experiencia en este tipo de estudios y la objetividad que puede brindar. Es conveniente consultar a los expertos en esta materia para determinar correctamente el universo que hay que analizar.

La trascendencia y la necesidad de tener proyecciones de ventas realistas, es la razón por la cual se tiene que hacer una investigación profesional de mercado. En la práctica se ha demostrado que las personas entrevistadas no siempre hacen lo que dicen, por lo que hay que ser muy cautelosos con los resultados que se obtienen y ser conservadores en los objetivos iniciales.

ESTUDIO DE LAS INTENCIONES DE LOS CONSUMIDORES

Una de las fuentes más útiles de información la constituyen los propios consumidores. El estudio debe abarcar aspectos como:

- Establecer contacto con los consumidores y conocer las cantidades que esperan consumir del producto en un período determinado y bajo condiciones preestablecidas.
- Someter el producto a una prueba de mercado, para que proporcione información de la respuesta futura de los consumidores.

Algunas empresas efectúan estudios anónimos, ya que los clientes pueden responder de manera diferente dependiendo de lo que perciban sobre la persona que les está entrevistando. Los estudios anónimos también sirven para evitar que se entere la competencia. En ocasiones es conveniente que los entrevistados sepan que la encuestadora que está llevando a cabo la investigación de mercado es una empresa prestigiada.

CONOCIMIENTO DEL CONSUMIDOR POTENCIAL

Es necesario obtener información precisa y veraz de los consumidores para realizar un análisis objetivo de la demanda. Una buena investigación implica conocer:

- ¿Quién es el consumidor?
- ¿Qué desea y qué quiere?
- ¿Cuáles son sus gustos?
- ¿Cuáles son sus problemas?
- ¿Cuáles son sus necesidades y requerimientos?
- ¿Cuál es su capacidad de compra?
- ¿Cómo compra?
- ¿Con qué frecuencia compra?
- ¿Cómo decide su compra?
- ¿Cómo le gusta que le vendan?
- ¿Cuáles son sus inquietudes principales: precio, servicio, confiabilidad, calidad?

- ¿A quién compra actualmente o qué producto compra ahora?
- ¿Cambia de marcas con facilidad o le es leal a un proveedor?
- ¿Cuándo cambió de marca o de proveedor por última vez y por qué?
- ¿A qué se dedica?
- ¿Cuál es su ingreso personal y familiar?
- ¿Cuáles son sus gastos aproximados en un periodo de tiempo?
- ¿Dónde y cómo vive?
- ¿Cuáles son sus grupos de referencia?
- ¿En dónde acostumbra adquirir los productos que consume?
- ¿Cuál es su situación socioeconómica en general?
- ¿Qué nivel cultural tiene?
- ¿Posibles reacciones psicológicas?
- ¿Intereses e influencias sociales?

EL CUESTIONARIO

Los cuestionarios y las encuestas están entre las principales herramientas que se utilizan en la investigación de mercado tradicional o en línea. Hay que analizar la estructura y el contenido del cuestionario para obtener la máxima cantidad de información relevante, verdadera y sencilla, sin que ello le quite demasiado tiempo al entrevistado.

El cuestionario requiere un diseño profesional y la realización de pruebas preliminares antes de aplicarse de manera definitiva. Es el formulario en el que se registran las respuestas de los encuestados acordes con las necesidades de las variables de la investigación.

Si bien preguntar es relativamente fácil, hacer buenas preguntas es un arte que requiere imaginación y experiencia, por lo que el diseño del cuestionario presenta algunas dificultades. La redacción de las preguntas, el orden en que son planteadas y el patrón en el que las respuestas alternativas son ofrecidas puede influir en los resultados de un sondeo de opinión. Hay que tener cuidado con la formulación del cuestionario, ya que un diseño equivocado de preguntas puede proporcionar resultados que no tengan lógica o no sean verdaderos.

Se debe considerar que las encuestas brindan información al momento en que se levantan y que son instrumentos de análisis serios que permiten una mejor toma de decisiones. Es necesario realizar un análisis profundo y periódico de los resultados para, en su caso, sintetizar las respuestas en una cantidad menor pero confiable y así detectar preguntas que no proporcionan información relevante.

Hay que considerar la ubicación geográfica de los entrevistados, ya que sus necesidades y preferencias pueden variar dependiendo del lugar de residencia o nivel socioeconómico y cultural. Las entrevistas personales cara a cara o en vivienda funcionan mejor que las telefónicas o los cuestionarios por correo postal o electrónico.

La redacción de las preguntas del cuestionario debe responder claramente a los objetivos. El cuestionario tiene que ser interesante, tanto por los temas como por la redacción de las preguntas de forma que estimule el interés del encuestado.

Para diseñar un buen cuestionario hay que considerar lo siguiente:

- Formular la hipótesis.
- Determinar cuál va a ser la información necesaria para comprobar la hipótesis.
- Definir el objetivo general de investigación.
- Formular el objetivo mercadológico de la investigación.
- Saber claramente cuál es la información que se desea obtener.
- Determinar el tipo de cuestionario que se va a diseñar.
- Definir el tipo de preguntas que se van a utilizar.
- Establecer el contenido de las preguntas.
- Que el cuestionario sea breve y variado, en función del interés que el tema de la investigación tenga.
- Que el cuestionario sea sencillo, para que los encuestados entiendan las preguntas y no se generen confusiones.
- Que la redacción de las preguntas no genere ofensas, es mejor preguntar de un modo indirecto.
- Que cada pregunta sea precisa, preguntando un asunto a la vez.
- Es necesario que el cuestionario sea concreto para no cansar al encuestado con preguntas innecesarias.
- Que sea fácil para analizar los resultados de las encuestas y para cruzar variables.
- Que la estructuración permita una fácil tabulación de las respuestas.
- La necesidad de especificar las variables y las escalas de medida.

La aplicación correcta de los cuestionarios sirve para recabar la información necesaria para elaborar un plan congruente con las necesidades de los consumidores. Se puede utilizar la red de internet y el correo electrónico para aplicarlos.

Para tener confiabilidad y éxito se debe supervisar la aplicación y codificación adecuada de los cuestionarios. Es recomendable contratar empresas profesionales para realizar la investigación.

Cooperación, identificación y clasificación del entrevistado

Cuando el cuestionario se llena por escrito, la solicitud de cooperación es una redacción corta para obtener la colaboración del entrevistado donde se identifica al entrevistador y a la empresa, se explica el propósito del estudio y el tiempo requerido para realizar la entrevista.

La información que se requiere para identificar y clasificar a los entrevistados es su nombre, dirección, teléfono, edad, sexo, estado civil, ingreso mensual, ocupación y dependientes.

Principios para la redacción de las preguntas

Usar palabras sencillas, fáciles y claras. Hay que evitar palabras que tienen varios significados porque generan problemas de interpretación y posible confusión al responder, así como preguntas subjetivas o sesgadas que obliguen al entrevistado a realizar estimaciones o que impliquen dos posibles respuestas en una misma pregunta.

Es mejor comenzar con preguntas sencillas e interesantes y dejar para el final las preguntas difíciles. Hay que distribuir las preguntas dentro del cuestionario en un orden lógico y probar, revisar y ajustar el cuestionario. Es conveniente probar el cuestionario aplicándolo a un pequeño grupo representativo para descubrir áreas donde pueda mejorarse antes de liberarlo para su aplicación masiva.

La redacción de las preguntas no debe perder de vista la habilidad y la voluntad de las personas para contestar. Los entrevistados pueden contestar por cumplir y en muchos casos se obtiene información sin ningún valor.

Tipos de preguntas

Preguntas de respuesta abierta

Son aquellas en las que el entrevistado tiene libertad para contestar con sus propias palabras y expresar las respuestas que considere adecuadas. Estas preguntas también se conocen como de "libre respuesta", permiten que el entrevistado se extienda en su respuesta.

Sirven para interesar a los entrevistados y así ganar su colaboración, no son fáciles de manejar para los entrevistadores, quienes generalmente no tienen el tiempo para anotar con exactitud lo que contesta el entrevistado y se limitan a anotar generalidades, eliminando aspectos que no consideran importantes. Las preguntas de respuesta abierta tienen dificultad para ser codificadas y procesadas.

La pregunta semiabierta es una modalidad de pregunta cerrada en la que se añade una pregunta abierta que permite al encuestado dar otras opiniones no contempladas en las alternativas de respuesta sugeridas en la parte cerrada de la pregunta.

Preguntas de respuesta cerrada o múltiple

Es la pregunta que contiene una relación de respuestas posibles. Son más fáciles de contestar que las preguntas abiertas, dado que el encuestado solo tiene que elegir una o varias alternativas predeterminadas. Este tipo de preguntas suelen ser las más utilizadas en las encuestas, ya que su tratamiento estadístico es sencillo.

En cuanto al número de alternativas de respuestas, la pregunta cerrada puede ser dicotómica si solo tiene dos respuestas posibles. Las preguntas dicotómicas se consideran de selección múltiple, solo que el entrevistado tiene dos opciones para elegir: Sí-No; Verdadero-Falso, etc. Se le pide al entrevistado que seleccione una o más respuestas de una lista de opciones.

Estas preguntas son más fáciles de aplicar y administrar que las de respuesta abierta, debido a lo cual son preferidas por los entrevistadores y los entrevistados.

Instrucciones de llenado

Es un instructivo para señalar al entrevistador cuál es la forma en qué debe aplicar y llenar el cuestionario. Las indicaciones de llenado pueden aparecer junto a cada pregunta cuando se trata de cuestionarios por correo postal o electrónico y al reverso o en hojas anexas cuando se trata de cuestionarios impresos.

Las instrucciones generalmente tienen que ver con la forma de aplicar ciertas preguntas para que tengan veracidad y faciliten su codificación.

OFERTA Y DEMANDA

La oferta es la cantidad de productos que se ofrecen en un mercado y la demanda es la cantidad de productos que requieren los consumidores para satisfacer sus necesidades. En un mercado de libre competencia la oferta y la demanda regulan los precios.

La elasticidad de la demanda y la oferta responde al poder adquisitivo de cada zona en particular. En zonas de bajos recursos el alza o baja de precios de cualquier producto se nota inmediatamente en las ventas. Ejemplo: si en una cafetería del metro de la Ciudad de México, en donde circulan personas de bajos recursos, a un producto se le sube el 10% del precio actual puede provocar una caída de la demanda de más del 50%.

PRECIO DEL PRODUCTO

La fijación de precios es un reto en todos los negocios, desde los más pequeños hasta los más grandes. Fijar el precio de un producto nuevo en el mercado es una decisión que se debe analizar con mucho cuidado, ya que influye directamente en la percepción final que el cliente tendrá sobre el producto.

El precio debe fijarse en relación con el volumen que se quiera desplazar y el crecimiento planeado. Debe coincidir con los objetivos de mercado que se hayan señalado. Una mala fijación del precio puede ser la razón para que un producto no tenga la demanda esperada.

Es importante notar que el precio no es una función aislada, cuya fijación se define únicamente pensando en la rentabilidad. El margen de rentabilidad deseado es un factor importante, pero no el único.

Hay que calcular el costo neto y agregar una ganancia razonable. Se deben tomar en consideración todos los costos, inclusive los más pequeños. El valor de un producto es lo que vale para los consumidores, es el precio que establece el mercado.

Si ya hay un producto similar en el mercado es necesario considerar el precio de la competencia e igualarla o atacar con un precio más bajo que no implique perder dinero y lograr tener una mayor participación en el mercado.

También es necesario saber los precios de la competencia para confirmar que los precios establecidos por la empresa son realistas para el mercado en el que se está compitiendo. Establecer los precios solamente con el objetivo de vencer a la competencia puede ser muy riesgoso, ya que no se conocen sus costos y sus estrategias.

Si el precio de la competencia es demasiado bajo y la calidad es la misma y no se puede igualar, algo está mal en alguna parte del proceso de la empresa. Si se establece un precio demasiado bajo las utilidades se verán disminuidas y puede ponerse en riesgo el negocio.

Hay que considerar que el negocio puede soportar precios más bajos en volúmenes de venta altos. Se debe calcular qué volumen de ventas se requiere para que convenga bajar el precio.

Si no hay competencia es mejor empezar con un precio razonablemente alto, ya que siempre es más fácil bajar el precio que subirlo. Hay que tener mucho cuidado con el manejo de los precios y considerar quiénes son los clientes y cuánto pueden pagar.

Para tener éxito en un mercado altamente competitivo se debe añadir valor al producto o servicio que no afecte la utilidad, como puede ser un mejor servicio al cliente, mejores características en los productos o mejor calidad.

En la apertura de cualquier mercado nacional o internacional se deben establecer estrategias para la fijación de precios al mayoreo y al menudeo y distribuidores para penetrar y competir en los mercados.

El precio de venta del producto se exhibe en una etiqueta, que además contiene el nombre, el logotipo de la marca, la información sobre el contenido, las características y forma de uso, la fecha de caducidad y un código de barras para su control.

CÁLCULO DE LA GANANCIA DIRECTA POR PRODUCTO

Para tener éxito en cualquier negocio se debe saber calcular el porcentaje real de ganancia que pretende obtenerse de un determinado producto o servicio. Por lo común, en esto se incurre en un error aritmético elemental que con frecuencia es cometido por profesionales.

Ejemplo: si un producto vale 100 pesos, ¿cuál sería el 20% de ganancia? Generalmente, lo que hace cualquier persona es multiplicar 100 por 20% para obtener un resultado de 120 pesos.

La realidad es que 20 pesos no es el 20% de ganancia, ya que si multiplicamos 20% por 120 pesos y le restamos el resultado (24) nos da una cantidad de 96 pesos, cuando el resultado debe ser 100 pesos, que es la base del ejemplo.

La forma correcta de calcular es dividir 100 pesos entre 0.80 y da una cantidad de 125 pesos, que debe de ser el precio de venta. Para comprobar que 25 pesos es el 20% de ganancia debemos multiplicar 125 por 20% y restar al resultado 25 pesos, con lo que se obtendrá 100 pesos, que es la base.

El ejemplo anterior parece sencillo, pero para el éxito de un negocio es trascendental saber cómo calcular correctamente el porcentaje de ganancia directa que se pretende obtener y ver que la operación aritmética que se realice es la adecuada, ya que de lo contrario se corre el riesgo de no ganar lo esperado y los gastos podrían ser mayores que las ganancias.

DESCUENTOS

Los precios pueden ser variables, dependiendo del tipo de descuentos que se apliquen. Las variables más comunes que se consideran al establecer las políticas para otorgar descuentos son:

- Cercanía geográfica con el cliente.
- Introducción del producto en el mercado.
- Productos fuera de temporada.
- Promociones.
- Pronto pago.
- Incremento en el volumen de ventas por los descuentos otorgados.

Un error común que cometen los empresarios es dar descuentos esperando generar un alto volumen de ventas, pero esta estrategia solo tiene éxito con algún tipo de productos y de mercados.

Una de las estrategias más comunes es bajar los precios de productos o de servicios esperando que la demanda se incremente, pero no siempre sucede así, ya que intervienen variables como la estacionalidad, las ofertas continuas que cambian el precio, la demanda inelástica, entre otras.

La fijación de precios es uno de los retos más grandes que enfrentan los emprendedores, porque en ocasiones es el único referente de valor que tiene el consumidor para tomar la decisión de compra.

INTRODUCCIÓN DE UN NUEVO PRODUCTO AL MERCADO

Las actividades que habrán de ser consideradas para introducir un producto y garantizar una entrada exitosa son: la manera en que se dará a conocer la empresa o el producto a los clientes potenciales y el posicionamiento en el mercado.

Un plan de introducción debe estar bien estructurado para lograr un fuerte impacto en el mercado. Se trata de conocer la aceptación del producto por el público consumidor antes de iniciar su producción en serie y lanzamiento formal. Algunas de las estrategias que hay que decidir son:

- Cómo y cuándo se realizará la campaña publicitaria.
- Cómo se presentará el producto a los consumidores potenciales.
- Qué apoyos promocionales tendrá.
- Cómo va a distribuirse.

Para proceder a la presentación del producto hay que captar la atención y el interés del cliente. Uno de los métodos más exitosos para vender está basado en la exhibición de los productos. La introducción es más efectiva si el cliente ve el producto físicamente.

En ciertos productos, como ocurre con los refrescos o las golosinas, pueden obsequiarse muestras para que las deguste el público consumidor y así conocer su opinión. La mayoría de la gente desea lo que observa. El método consiste en permitir que la gente tenga acceso y vea el producto, que lo examine y lo pueda tocar o probar para que conozca mejor su uso y características.

Es conveniente tener un método para dar a conocer el producto. La presentación puede dividirse en:

- Demostración de los beneficios.
- Historia y experiencia de otros clientes en el uso del producto.
- Lista de características, ventajas y beneficios.
- Pruebas y respaldos.
- Ventajas sobre otros productos similares.

Cuando un producto nuevo entra en un mercado enfrenta riesgos, por lo que conviene tener planes de acción alternativos en el caso de que se presenten problemas. Algunas dificultades que pueden darse son:

- El producto no es aceptado por el consumidor.
- El producto no puede desplazar a los productos similares de la competencia.
- El producto no puede desplazar a los productos sustitutos.
- Las encuestas y pruebas no han sido representativas.
- Los cuestionarios estuvieron mal elaborados y proporcionan información falsa.
- Que la competencia se adelante o se robe la idea.
- Desarrollos tecnológicos de punta que utilice la competencia.
- Disposiciones gubernamentales en relación con las características del producto o el precio.

Hay que considerar que los consumidores tienen diariamente más ofertas y pueden exigir productos y servicios de mayor calidad, que estén diseñados para cubrir sus necesidades.

El ciclo de vida de un producto se compone de cinco fases: introducción, crecimiento, madurez, saturación y decadencia.

POSICIONAMIENTO DEL MERCADO

El posicionamiento es la forma en que una empresa logra que su producto o su servicio esté en la mente del consumidor como el mejor del mercado.

Es la forma en que el consumidor percibe la empresa, sus productos y sus servicios, además de que los distingue y al hacerlo opta por ellos y no por los productos y servicios que ofrece la competencia.

Se trata de que el consumidor prefiera el producto por su imagen y el servicio que se proporcione. Para lograr el posicionamiento se necesita:

- Atención personalizada.
- Precios competitivos.
- Promociones periódicas.
- Asesoría técnica a los clientes.
- Satisfacer las necesidades de los clientes.
- Ser serios y ofrecer la mejor opción.

Hay que lograr que el cliente conozca a fondo lo que compró y en caso de que surjan dudas aclararlas y explicarle lo que se le está ofreciendo.

Hay que darle seguimiento para conocer si le funcionó, si era lo que esperaba y si satisfizo su necesidad. La mejor prueba de que el producto o servicio tuvo éxito es que el cliente lo recomiende.

SITUACIÓN DE LA COMPETENCIA

En la elaboración del plan de negocios tratamos sobre la necesidad de llevar a cabo una investigación sobre los principales competidores. Para que un emprendedor tenga más oportunidad de tener éxito tiene que conocer profundamente a su competencia: características de los productos y servicios, la administración, la operación, la mercadotecnia y las finanzas, entre otros aspectos.

La información que debe tener de la competencia la mencionamos en el capítulo tres, donde hablamos de cómo elaborar un plan de negocios, en el tema de competencia. Con esta información se debe elaborar un plan para diferenciarse de la competencia.

Un factor fundamental para hacerlo es definir cuál es el valor agregado de la empresa y sus productos que superen la oferta de la competencia. Esta información puede obtenerse a través de la fuerza de ventas, que tiene relación con los intermediarios o comerciantes finales, quienes son los que conocen este tipo de datos.

Algunas estrategias que se pueden implementar para este fin son:

- Tener un plan que considere diferentes variables dependiendo de los movimientos de la competencia.
- Disponer de políticas para protegerla empresa y sus productos de los competidores.
- Formar un grupo de monitoreo permanente de los movimientos de la competencia.
- Contar con un plan para el manejo de posibles crisis en las redes sociales.
- Visitar las empresas de la competencia como clientes o visitantes para conocerlos.
- Comparar la inversión actual y prevista con la de los competidores.
- Comprar productos de la competencia para comparar características, presentación y calidad.
- Conocer las mejores prácticas en el giro para establecer los criterios de medición y los indicadores que se van a utilizar.
- Elaborar un comparativo de fortalezas y debilidades en relación con la competencia.
- Ventajas competitivas más importantes de la competencia.
- Contratar empresas especializadas en la realización de estudios de benchmarking.

Los competidores de hoy pueden ser totalmente diferentes de los de mañana. La competencia es una fuerza dinámica que siempre está cambiando.

Hay que tener presente que los competidores se mueven, cambian, responden y contactan. Conviene actualizar periódicamente la investigación de mercado para detectar riesgos y oportunidades.

DISTRIBUIDORES

Los distribuidores son un medio para canalizar la mercancía que facilite crear una gran red de ventas.

Hay diferentes tipos de distribuidores, dependiendo de las políticas y necesidades de cada empresa:

- Tienen inventarios en sus instalaciones.
- Se surten de la fábrica.
- Se dedican a la reventa.
- Tienen el producto en consignación.
- Tienen en exclusiva una zona geográfica o un producto.

Para conceder la distribución de sus productos, algunas empresas obligan al distribuidor a garantizar compras mínimas en un periodo determinado.

Para definir a quién se le otorga es necesario investigar lo siguiente:

- El conocimiento del giro de la empresa.
- La actividad que desarrolla actualmente.
- La magnitud y la calidad de su organización.
- La experiencia y la capacidad empresarial.
- La infraestructura que posee.
- La reputación que tiene en la zona en donde se desenvuelve.
- La capacidad financiera.
- La calidad y la capacidad de su personal.

Hay distribuidores grandes que dan credibilidad instantánea a los productos que manejan.

También hay que localizar el mejor lugar para establecer el punto de venta en donde está el mercado, considerando el perfil de los clientes potenciales.

Se debe analizar la forma de distribución utilizada por la competencia para conocer cómo están acostumbrados los clientes a recibir los productos.

Canales de distribución

El canal de distribución es el camino que tienen que recorrer los productos o los servicios para llegar al consumidor real. Es la ruta que sigue un producto para pasar del fabricante o del distribuidor a los consumidores finales.

El éxito de una empresa depende, en gran medida, de la logística de distribución, de los canales que sean seleccionados y que los puntos de venta sean los adecuados.

La empresa debe establecer un procedimiento eficiente que vaya desde el fabricante hasta el último consumidor, con el objeto de que todos los que quieran comprar el producto lo encuentren disponible y puedan adquirirlo con facilidad y en las mejores condiciones, sin importar el lugar geográfico en el que se encuentren.

La mayoría de las empresas grandes y medianas no venden sus productos directamente a los usuarios finales. Generalmente hay varios intermediarios entre el productor y el último consumidor.

Para escoger el canal adecuado de distribución es necesario conocer cómo trabajan en ese lugar. Hay varios canales que pueden seleccionarse para lograr que los productos lleguen al mercado deseado.

Los canales de distribución pueden dividirse de la siguiente forma:

- Fabricantes-consumidores.
- Fabricantes-detallistas-consumidores.
- Fabricantes-mayoristas-detallistas-consumidores.
- Internet-mensajería-consumidor.

PUBLICIDAD

La publicidad es una actividad por medio de la cual las empresas hacen llegar mensajes persuasivos a los posibles clientes. Es reconocida la influencia que esta ejerce en los hábitos de compra de las personas de todos los niveles socioeconómicos, sexos y edades.

Los clientes deciden qué comprar una vez que conocen los productos o servicios mediante la publicidad difundida en los diferentes medios de comunicación. Con ella se puede establecer relación con un gran número de posibles compradores, con el propósito de influir en ellos para que compren los productos o servicios del negocio. La cantidad de personas a las que puede llegar aumenta las posibilidades reales de generar mayores ventas.

La publicidad tiene que ser manejada por expertos. Los fracasos han ocurrido principalmente por la falta de conocimientos y técnicas en su utilización. En una empresa puede ser manejada por una agencia especializada o por un área específica dentro de la misma. En las empresas grandes se pueden usar las dos opciones.

La publicidad puede clasificarse de la siguiente forma:

1. *Publicidad institucional.* Transmite la imagen de la empresa, anuncia la antigüedad en el mercado de esta, los proyectos sobresalientes que haya

o esté realizando, el reconocimiento de los clientes de un producto o servicio y los beneficios para los clientes que distingan a la empresa sobre la competencia.

2. *Publicidad del fabricante o del distribuidor.* Puede ser institucional o del producto.

3. *Publicidad especial.* Se lleva a cabo con motivo de promociones específicas.

Las campañas publicitarias más exitosas son las que destacan un solo mensaje y no confunden a los clientes potenciales con varios de ellos.

Los beneficios directos de la publicidad pueden precisarse de la siguiente forma:

- Informar al público de las ventajas de la empresa, sus productos y servicios.
- Ayudar a impulsar la venta de un producto, servicio o promoción.
- Apoyar el lanzamiento de un nuevo producto al mercado.
- Apuntalar programas de fortalecimiento de imagen del negocio.
- Combatir y aminorar los efectos negativos que pueda causar la competencia.
- Formar ciertas ideas respecto de un producto o servicio.
- Apoyar un programa de relaciones públicas.

Programa de publicidad

Para elaborar un programa de publicidad hay que definir:

- Objetivos y metas.
- Alcance del programa.
- Características de la publicidad.
- Extensión y frecuencia.
- El presupuesto necesario.
- Los tiempos y medios que piensan utilizarse.
- Los contratos que se pretenden celebrar con agencias y medios masivos de comunicación.

El programa debe considerar que la inversión publicitaria sea proporcional a los resultados esperados.

Medios de comunicación

Los medios de comunicación son fundamentales para enviar mensajes masivos y dar a conocer los productos y servicios de las empresas.

Antes de elegir un medio es necesario definir los objetivos que se esperan alcanzar, considerando si se está realizando una campaña dirigida a los clientes existentes o a aquellos que se desea atraer.

La selección de los medios adecuados para una campaña de publicidad depende de diferentes elementos relacionados que se presentan en cada caso en particular, por lo que no se puede establecer una regla para escoger algún medio.

Plan de medios de comunicación

El plan de medios se define de acuerdo con las características y necesidades de los clientes, dependiendo de la categoría y grupo objetivo al que quiere dirigirse y los mensajes que se quieren comunicar.

Este plan se basa en la selección adecuada y eficiente de los medios masivos de comunicación y define la mezcla de medios que permitirán alcanzar los objetivos con la mayor eficiencia y eficacia. Debe especificar acciones que ayudarán a cumplir con los objetivos de la mercadotecnia y contener propuestas factibles. Es la principal herramienta de trabajo del área de mercadotecnia para empezar cualquier tipo de planeación.

Cuando se tienen recursos financieros es recomendable contratar una agencia de medios, ya que cuentan con el personal especializado en contratación de medios, perfiles de audiencia, ratings, creación de guiones y análisis de impacto de mensajes, entre otros.

⁓Cada grupo objetivo es diferente
y requiere estrategias de publicidad diferentes⁓

Objetivos del plan de medios

El plan de medios se elabora con el propósito de que los mensajes lleguen directo al cliente deseado, creando recordación, penetración, alcance, frecuencia y ventas. Los objetivos principales del plan de medios son:

- Tener una estrategia clara, objetiva, específica y precisa.
- Contar con un documento estratégico que sirva de guía de trabajo.
- Utilizar los medios adecuados para posicionarse en la mente de los clientes.
- Incrementar la recordación de los mensajes.
- Introducir nuevos conceptos en diferentes medios.
- Optimizar los recursos financieros invertidos.
- Evaluar avances y desviaciones en los objetivos de comunicación.
- Ser congruente con el plan general de mercadotecnia.

Cómo elaborar un plan de medios

Para elaborar un plan de medios hay que hacerse las siguientes preguntas:

- ¿Qué productos y servicios se quieren promover y en qué orden?
- ¿En qué medios masivos de comunicación se debe tener presencia para llegar al cliente objetivo?
- ¿Cuáles son los medios que deberán utilizarse para cada segmento?
- ¿Cuál es la combinación de medios necesaria para impactar en cada segmento?
- ¿Cuáles son los mensajes adecuados para cada medio?
- ¿En qué tiempos?
- ¿Con qué frecuencias?
- ¿En qué horarios?
- ¿Cuál es el mejor diseño de la publicidad?
- ¿Cuáles son los colores e imágenes que se deben utilizar?
- ¿Cuál será el estilo y el tono de la comunicación?
- ¿Cómo utilizar los recursos financieros para tener mayor alcance y penetración?
- ¿Cuál es el presupuesto necesario para la estrategia de comunicación?

Medios más comunes que utiliza la publicidad

- Medios electrónicos como radio, televisión y cine.
- Medios digitales.
- Artículos promociónales que tengan impreso o grabado el nombre de la empresa o mensajes publicitarios.
- Carteles y letreros en tiendas de autoservicio o comercios.
- Transportes urbanos de pasajeros, sistema de transporte colectivo metro, vallas móviles, espectaculares, pantallas electrónicas, muros, vallas fijas, publicidad en centrales de camiones, aeropuertos, estadios deportivos, mercados públicos, gasolineras, baños de restaurantes, farmacias, tiendas, centros comerciales, entre otros.
- Mobiliario urbano como paradas de camiones, puestos de voceadores, muebles de nomenclatura y vialidad, periódicos, revistas, buzones, casetas telefónicas, luminarias, etcétera.
- Películas realizadas con fines publicitarios.

El banner en la web

Un banner o banderola es un formato publicitario en internet. Esta forma de publicidad consiste en incluir un anuncio en una página web. Su objetivo es atraer tráfico hacia el sitio web del anunciante que paga por su inclusión.

El banner es tan bueno como los medios impresos o electrónicos para generar recordación, asociación de mensaje e interés en la marca, pero tiene deficiencias para lograr reconocimiento e intención de compra.

Para mejorar los resultados en recordación y reconocimiento es necesario considerar los siguientes principios básicos en su diseño:

- Tener audio y una buena animación.
- Tamaño.
- Número de elementos que lo componen.
- Manejo del logotipo de la marca.
- Que tenga sentido humanista.

Para que un banner sea recordado con mayor facilidad se recomienda que el número de elementos no sea mayor de 15, incluyendo gráficos y texto.

La frecuencia con la que se ofrece un anuncio puede ser determinante para construir impacto de marca.

El número de impresiones requerido es variable y depende del producto, el giro y la eficacia del mensaje.

Para determinar la utilidad de la publicidad en internet hay que establecer criterios de medición de la eficacia de los mensajes.

Las tarifas de los banners se establecen dependiendo del número de exposiciones o de impactos. Se paga un precio fijo por un periodo de tiempo y está en función del número de visitantes que tenga el sitio web donde se coloque el anuncio.

⌇En un entorno digital los usuarios pueden tener una experiencia personalizada⌇

PROMOCIÓN DE VENTAS

La promoción de ventas es el conjunto de actividades relacionadas para ayudar a estimular las ventas de un producto o servicio en un punto de venta. Se necesita tener un programa de promoción continuo y organizado para mantener e incrementar el nivel de ventas y tener a la empresa en constante movimiento.

Para decidir qué mercancías desean promoverse hay que buscar el momento oportuno y el lugar adecuado y seleccionar los productos que los clientes quieren obtener y necesitan, a un precio razonable y en la cantidad, calidad y moda adecuadas.

La promoción de ventas debe apoyarse con:

- Aparadores, exposiciones, exhibiciones, demostraciones y muestras de productos.
- Bonos y recompensas.
- Catálogos de productos y listas de precios.
- Concursos y premios.
- Etiquetas en el envase.
- Folletos con información detallada sobre el producto y cartulinas en el lugar de venta.
- Juegos y regalos.

- Medios audiovisuales en el lugar de la venta.
- Muestras obsequiadas.

Para realizar una promoción deben efectuarse investigaciones para conocer:

- Cuál es el tamaño del mercado en el que se pretende hacer la promoción.
- Los límites geográficos del mercado.
- Cómo atraer la atención de los clientes potenciales.
- Cuál es el presupuesto necesario.
- Cuál es el periodo ideal para mantener la promoción.

Una promoción debe considerar las fechas en que se pretende llevar a cabo, si hay festividades o no, cuáles son los factores climatológicos, entre otros.

Debe anunciarse con anticipación para que los clientes puedan planear sus compras. Sin embargo, hay que considerar que se da tiempo a la competencia para reaccionar.

Las promociones que se realicen deben ser claras y auténticas. No pueden ser engañosas, pues deben generar confianza en los consumidores.

Hay que considerar el presupuesto que se desea invertir en cada promoción que pretenda ser realizada.

PRESUPUESTO DE PUBLICIDAD Y PROMOCIÓN

Determinar el presupuesto que se tiene destinado para publicidad y promoción es de vital importancia. Puede designarse un porcentaje de las ventas o una cantidad fija anual. Resulta conveniente establecer un presupuesto determinado que permita cumplir con los objetivos y metas que el área de ventas pretende alcanzar.

Conviene contratar una agencia de medios o tener personal con experiencia para distribuir el presupuesto en los diferentes medios publicitarios para una campaña publicitaria. Se tiene que considerar una cantidad significativa para la mercadotecnia digital.

Al evaluar los resultados de las primeras campañas publicitarias la empresa tendrá estadísticas que sirven para definir el monto necesario para invertir.

∼La publicidad debe ser una inversión
no un gasto∼

IMAGEN CORPORATIVA

Es fundamental realizar un análisis profundo para definir la imagen corporativa que se quiere proyectar en el comienzo de las operaciones de la empresa. La etapa de la implantación total de la imagen corporativa puede durar varios meses. Durante este tiempo hay que monitorear constantemente la respuesta de los clientes y los resultados que se van obteniendo para que, en caso de ser necesario, se pueda corregir el rumbo de inmediato.

Las expresiones de una imagen corporativa se dan en:

- Medios de comunicación impresos, exteriores, electrónicos y digitales.
- Publicidad y promoción en general.
- Redes sociales.
- Página web.
- Presentaciones multimedia.
- Empaques y envases.
- Mercancías en general.
- Papelería.
- Ropa y uniformes.
- Parque vehicular.
- Equipos y muebles.
- Inmuebles.
- Otros.

∼Una adecuada imagen corporativa
ayuda a tener éxito en los negocios∼

10 REGLAS BÁSICAS PARA TENER ÉXITO EN MERCADOTECNIA

1. Entrar en procesos de mejora continua cambiando los apoyos para generar ventajas competitivas.
2. Utilizar la mercadotecnia digital.
3. Ser empático y flexible con lo que quieren los clientes.
4. Entender que todos los productos y las estrategias tienen un ciclo de vida.
5. Mejorar e innovar constantemente los productos y servicios.
6. Actuar con rapidez para colocar un nuevo producto.
7. Hacer alianzas y pactos con algún sector de la competencia.
8. Tener buenas relaciones con los medios de comunicación.
9. Poseer una imagen coherente con el mercado.
10. Dominar un buen plan de medios.

La mercadotecnia bien concebida
no requiere grandes presupuestos,
pero sí mucha creatividad

Capítulo 6
Mercadotecnia digital

Este capítulo contiene información clave del mundo digital y su importancia en los negocios. La definición de mercadotecnia digital constantemente se está modificando, ya que las herramientas y plataformas donde se hace este tipo de marketing son muy dinámicas y cambian permanentemente.

El marketing digital aplica estrategias de comercialización realizadas en los medios digitales, por lo que todas las técnicas offline son imitadas y traducidas a una nueva forma: online. El marketing digital se implementa en internet principalmente, a través del posicionamiento de la web en los buscadores, la administración de las redes sociales, el comercio electrónico y la publicidad en línea.

La tendencia digital en el mundo está revolucionando la industria de los medios y de la tecnología, impactando en las marcas y los negocios pequeños, medianos y grandes. Hoy, los emprendedores han encontrado en la mercadotecnia digital una manera de promover, llegando a diferentes públicos y convirtiéndolos en consumidores.

Las estrategias de mercadotecnia digital ya son indispensables para estar actualizado en las tendencias actuales, más al considerar que el comportamiento del consumidor cambia y, por lo mismo, las empresas también deben cambiar para estar vigentes.

Las nuevas técnicas de mercadotecnia digital permiten que cada usuario de internet reciba información sobre aquello en lo que está interesado y que previamente haya definido entre sus preferencias.

Con pocos recursos económicos se puede llegar a gran número de usuarios que forman parte del público objetivo. La mercadotecnia digital tiene su fundamento en las tecnologías que permiten estar más rápida y ampliamente comunicados de manera interactiva, como son los dispositivos móviles.

El uso de estas tecnologías con objetivos mercadológicos se denomina *canales de distribución digitales o interactivos*. Un canal de distribución digital tiene naturaleza interactiva y su propósito es crear valor al cliente en el momento de proporcionar información sobre productos y servicios de la empresa.

La capacidad interactiva establece una diferencia importante con los medios tradicionales de comunicación masiva como TV, radio, periódicos, revistas, exteriores, etc. Aplica tecnologías o plataformas, como sitios webs, comercio electrónico, apps clásicas y móviles. Combina los objetivos de mercadotécnica digital con medios sociales como foros webs, blogs, revistas, sitios de intercambio de contenidos, sitios de microblogging, entre otros.

Los canales digitales también incluyen redes sociales, mailing, estrategias mobile, Search Engine Optmization (SEO), TV streaming, pantallas publicitarias, dispositivos electrónicos, telefonía móvil, teléfonos inteligentes, televisión digital, consolas de videojuegos, smartphones, iphone, tablets y Android de Google, es decir, toda publicidad que se sustente en una base digital.

Se puede decir que la mercadotecnia digital es un conjunto de estrategias que se llevan a cabo a través de canales digitales con el fin de promocionar empresas, instituciones, individuos, marcas, productos y servicios.

Cuando la estrategia de mercadotecnia digital esté clara se pueden seleccionar los canales y herramientas más adecuados para llegar a los objetivos. Se necesitan profesionales en mercadotecnia digital para tener los resultados esperados y crear una estrategia adaptada a las necesidades de la empresa.

*~Internet va muy deprisa
y hay que adaptarse rápidamente~*

PLAN DE MERCADOTECNIA DIGITAL

Para elaborar un plan de mercadotecnia digital eficiente se deben contestar las siguientes preguntas:

- ¿Quién creará y coordinará el plan?
- ¿Se cuenta con los recursos financieros, técnicos, tecnológicos y personal necesarios?

- ¿Cuándo se tiene planeado empezar?
- ¿Qué mensajes se tendrán?
- ¿Qué información se usará para describir el producto?
- ¿Cuáles son los materiales necesarios para dar soporte al mensaje?
- ¿Cómo y con qué frecuencia se actualizarán los materiales y contenidos y quiénes serán los responsables?
- ¿Cómo refuerza la mercadotecnia digital la misión y los objetivos de la empresa?
- ¿Son congruentes los mensajes en línea con los de la mercadotecnia tradicional?
- ¿Qué tipo de información, cuántas fotografías, qué clase de sonido y video?
- ¿Cómo se va a manejar la imagen corporativa digital y en internet?
- ¿El costo-beneficio es razonable?
- ¿Tiene el personal de la empresa la experiencia y el tiempo necesarios?
- ¿Es conveniente contratar una empresa especializada para implantar proyectos de mercadotecnia digital y en internet?

Procedimiento para la creación de un plan de mercadotecnia digital

El procedimiento para crear un plan de mercadotecnia digital implica:

- Precisar la misión del plan de mercadotecnia digital.
- Fijar objetivos y metas razonables.
- Definir áreas involucradas y establecer sus responsabilidades.
- Determinar y asignar presupuestos.
- Crear los materiales que den soporte a la misión y que sean congruentes con el plan general de mercadotecnia de la empresa.
- Crear un sitio web para presentar los materiales y contenidos de forma accesible.
- Promover el sitio web para probar y revisar su efectividad.
- Contar con redes sociales bien estructuradas y robustas.
- Tener una tienda virtual para vender, entregar y cobrar los servicios y productos de la empresa.
- Establecer un sistema de seguimiento.

Indicadores para medir la efectividad de una campaña de mercadotecnia digital

Los indicadores para saber si una campaña de mercadotécnica digital funciona son:

* Impacto sobre imagen, posicionamiento, lealtad, así como ventas por marcas y productos.
* Porcentaje de impactos publicitarios positivos y negativos, así como de retroalimentación positiva contra negativa.
* Porcentaje de visitantes en relación con el total del público objetivo, así como de compradores en relación con el total de visitantes.
* Porcentaje de ventas reales en relación con las pronosticadas.
* Ahorros en diseño de folletos, impresión, envíos por correo y otros.
* Impacto sobre competitividad.

Un plan eficaz de mercadotecnia digital, al igual que el de mercadotecnia tradicional es aquel que puede ser medido, probado y mejorado con base en objetivos y programas de trabajo concretos y realistas.

Publicidad móvil y enlaces satelitales

La telefonía integrada, los millones de teléfonos celulares y líneas telefónicas existentes permiten hacer una nueva mercadotecnia para mantener a los clientes informados a través de una interacción personalizada con miles de usuarios. Muchas campañas ya utilizan a los móviles como forma efectiva de llegar al cliente.

Los anuncios multimedia son mucho más atractivos que los banners, pueden incluir videos y animaciones y los contenidos web se ajustan mejor a la publicidad móvil. Los publicistas tienen preferencia por este tipo de publicidad, ya que a través de la selección de clientes se pueden crear mercados exclusivos. La publicidad móvil bien utilizada se debe traducir en ventas. Crece con rapidez y se hacen campañas publicitarias más efectivas con un mejor Retorno de la Inversión (ROI).

Múltiples cambios se han dado en las comunicaciones inalámbricas, acceso a internet vía celular, por radiolocalizador, telefonía fija inalámbrica, acceso a la web por enlaces satelitales y la cuarta generación (4G) de las comunicaciones móviles.

Uno de los nichos de mercado que ha demostrado mayor dinamismo es el satelital, ya que se puede tener acceso desde cualquier punto geográfico donde se encuentre la empresa. Los enlaces satelitales son aptos para transmitir comunicaciones de voz, datos y videos de grandes proporciones.

REDES SOCIALES

Las redes sociales se han transformado en una herramienta de comunicación fundamental para un gran número de empresas. Las redes sociales son un espacio de diálogo bidireccional en donde si un cliente requiere información de la empresa o está haciendo algún comentario o queja requiere una contestación rápida y suficiente para lograr su satisfacción.

Existen estadísticas que señalan que los clientes que reciben una respuesta rápida y efectiva son hasta tres o cuatro veces más propensos a recordar y recomendar una empresa, marca o producto.

Las redes sociales son espacios que requieren un reglamento de convivencia en el que se establecen las características de los mensajes que no se contestarán y se eliminarán por incumplir con estas políticas, como pueden ser comentarios con insultos o mensajes spam, entre otros.

Con las redes sociales se puede llegar a interactuar con los clientes potenciales uno a uno y cautivarlos con la publicidad, ya que se busca relacionarse con personas que tienen gustos similares a los que la empresa ofrece. Con las redes sociales y un poco de creatividad se puede llegar a miles de personas.

Hoy vivimos en un mundo conectado y dinámico, cambiando constantemente por plataformas como Twitter y Facebook. Sitios como Tumblr y Pinterest no solo sirven como redes sociales, también se utilizan para direccionar visitas a sitios establecidos y para generar nuevas audiencias. Esto se conoce como *tráfico de referencia*, porque el link que entra en el sitio viene de una página tercera.

Facebook

Facebook es la red social más importante del mundo y una de las herramientas de comunicación más populares. En Facebook las personas pueden crearse un perfil y completar los datos que deseen para realizar diferentes actividades.

Las actividades más populares son buscar y encontrar contactos reales, expresar opiniones y estados de ánimo, subir y comentar noticias o fotos, crear redes y grupos con diferentes objetivos, tener acceso a diferentes juegos, entre otras.

Una de las características más importantes de Facebook es su constante actualización, se pueden observar instantáneamente las diferentes acciones, decisiones y actividades que realizan los contactos de la lista de amigos o en su caso del público en general.

Facebook facilita que las personas entren en contacto entre sí al recomendar contactos y sugerir amistades con personas que tienen conocidos o amigos compartidos. En Facebook cada usuario tiene su página de inicio donde se muestran las publicaciones de los amigos y de las páginas y grupos de los que sea seguidor o miembro.

Se tiene una página de perfil o muro en la que se ven todas las publicaciones propias y lo que los amigos quieran compartir. Se pueden crear y administrar páginas y grupos de los que los usuarios podrán hacerse seguidores y publicar contenido, subir fotos y hacer comentarios.

Actualmente, el número de usuarios que tiene es de dos mil millones en el mundo. Por medio de Facebook los emprendedores pueden promocionar sus servicios creando una Fanpage. Es una página web que ha sido diseñada para personas que desean emprender algún negocio o crear una imagen a través de la red.

La Fanpage puede ser visitada a diario por millones de personas, lo que permite que la empresa, persona, producto o servicio sean vistos por miles de clientes potenciales, usuarios o seguidores.

Por ejemplo, si una persona comienza un negocio de venta de comida rápida, lo primero que debe hacer es crear una Fanpage, en donde pueda ofrecer los servicios, subir fotos de los productos, compartir recetas, promocionar servicios a domicilio, tener juegos, blogs y enlaces a otros medios sociales como Twitter, YouTube, etc., dependiendo de los objetivos y el giro del negocio.

Lo que se busca es captar la atención de los usuarios de la red social e ir ganando seguidores. Dentro de la plataforma de Facebook, a los clientes potenciales/usuarios/seguidores se les conoce como *fans*.

Ventajas de una Fanpage

- ✓ Estar en contacto permanente con los clientes potenciales de la página.
- ✓ Subir todos los días nuevas fotografías.
- ✓ Ofrecer contenido actualizado e interesante de los productos, servicios u otros.
- ✓ Crear comunidades interactivas entre los usuarios donde puedan participar, aportar, compartir y tener conversaciones con el público objetivo acerca de lo que se ofrece en la página.
- ✓ Captar futuros clientes, establecer relaciones a largo plazo, elaborar una base de datos de clientes potenciales y enviar mensajes a todos los seguidores a la vez.
- ✓ Tener mejor posicionamiento en los resultados de la búsqueda, ya que los videos, notas, artículos son indexados por los buscadores.
- ✓ Crear páginas de bienvenida invitando a que la sigan, promocionando un evento, productos o servicios.
- ✓ Crear anuncios publicitarios con historias patrocinadas, lo que permite un alto nivel de segmentación.

Los objetivos de una Fanpage pueden variar de acuerdo con las necesidades de cada persona o negocio, ya que tiene usos múltiples. Una Fanpage permite tener estadísticas de la interacción con clientes potenciales o seguidores y del impacto publicitario generado, lo que posibilita medir y mejorar la estrategia de mercadotecnia.

Facebook Ads

Los Ads en Facebook constituyen una de las vías publicitarias que Facebook proporciona, donde se puede comunicar a través de pequeños mensajes. La herramienta de publicidad de Facebook Ads se ha convertido en una de las maneras publicitarias online más utilizadas en los últimos años, puesto que permite invertir en publicidad segmentando el público y seleccionar el que más interesa. Esto hace que se rentabilice al máximo la inversión y se consiga convertir al público objetivo en futuros clientes.

Facebook Ads funciona de forma similar a Google AdWords. El primer paso es realizar la campaña, después elaborar los grupos de anuncios y por último crear los anuncios. Estos pueden ser de texto, gráficos o de videos y podrán mostrarse en la sección de noticias y en la columna de la derecha en las computadoras, y en los teléfonos móviles en la sección de noticias.

Ventajas de Facebook Ads

Las ventajas de hacer una campaña en Facebook Ads son varias, sobre todo para una empresa pequeña, ya que con poco presupuesto se consiguen resultados eficaces. Estas son:

- ✓ Facebook cuenta con más de dos mil millones de usuarios y hay clientes potenciales que pueden ser importantes para la Fanpage.
- ✓ Permite segmentar los anuncios al perfil del cliente potencial.
- ✓ Tiene información sobre los perfiles de los usuarios, lo que le permite segmentar edad, sexo, ciudad y otros indicadores más complejos.
- ✓ Los anuncios se expanden entre los amigos de los seguidores, lo que permite tener recomendaciones de personas que no pertenecen a la empresa.
- ✓ Es económico porque se paga por los clics o vistas obtenidos.
- ✓ Si se tiene una segmentación adecuada y se redacta un anuncio atractivo se conseguirá mostrar los anuncios a gente realmente interesada.
- ✓ Se puede interactuar con los usuarios mediante opciones para conocer sus deseos y necesidades.
- ✓ Se pueden medir los resultados de manera automática por los informes que entrega Facebook con indicadores específicos sobre el rendimiento de los anuncios, lo que permite conocer qué tipo de mensajes funcionan e impactan a los usuarios y mejorar los resultados de cada una de las campañas.
- ✓ Permite aumentar la generación de tráfico con poca inversión y a un precio razonable.
- ✓ Se puede observar permanentemente la conversión de la campaña.

El CPC es el Costo que se Paga por Clic, es decir, por cada vez que una persona hace clic en el anuncio de Facebook. El CPM es el costo por cada mil visualizaciones de este anuncio. Así, conoceremos el impacto de la acción. Para saber cuándo hacer una campaña de CPM y cuándo una de CPC se debe fijar un objetivo.

Si el objetivo es conseguir más fans y darle más visualización a la marca, el CPM es la mejor opción, sobre todo para grandes campañas en las que hay suficiente presupuesto. Se pueden combinar campañas de CPM y hacer varios ejemplos diferentes para quedarse con aquellas que tienen una mejor conversión.

Si se busca tener conversión, llevar o aumentar tráfico a una página externa a Facebook o conseguir una venta y se tiene un presupuesto pequeño es mejor hacer una campaña de CPC. Una campaña de CPC permite evaluar el rendimiento y la conversión de la campaña y se paga solamente por cada vez que un usuario hace clic en el anuncio.

Estrategias para crear una campaña en Facebook Ads

Para establecer una estrategia, se debe definir previamente cuál es el objetivo de lo que se quiere anunciar:

- ◆ Atraer personas al sitio web para aumentar el tráfico.
- ◆ Ampliar el número de asistentes a un evento para conseguir que más personas se inscriban.
- ◆ Acrecentar las conversiones en un sitio web para incrementar el número de acciones que un usuario hace para elegir un determinado producto o servicio.
- ◆ Aumentar las instalaciones de la aplicación para llevar más usuarios a la App y que descarguen e interactúen.
- ◆ Elevar las reproducciones de un video en la Fanpage.
- ◆ Incrementar la interacción con la aplicación para hacer que los usuarios interactúen más intensivamente.
- ◆ Llegar a personas que estén cerca del negocio para llevar un mayor número al punto de venta mediante la geolocalización.
- ◆ Lograr que los usuarios requieran una oferta dentro de una Fanpage.
- ◆ Promocionar páginas para conseguir mayor número de seguidores.
- ◆ Promover publicaciones para dar mayor visibilidad y tener más interacciones.

Segmentación de la audiencia

Se puede segmentar según gustos o intereses y dirigir solo a los fans y amigos o ampliar el campo al público en general.

Crear el anuncio

Una vez que se haya decidido el texto que se quiere poner, las fechas límite de la campaña y la imagen para promocionar la oferta, es el momento de crear el anuncio.

El título no debe tener más de 25 caracteres y debe ser una descripción acorde con el objetivo. Con 90 caracteres se puede escribir un mensaje que atraiga a los usuarios.

Con el título y el texto, lo siguiente es escoger una imagen que exprese lo que se quiere vender y las medidas deben ser de 120×120 pixeles. El texto de la creatividad no puede superar el 20% de la imagen. Para saber si la creatividad es mayor del 20% de texto, Facebook facilita un Text Overlay, una herramienta que sirve para calcular el porcentaje que el texto ocupa en la creatividad. Solamente se tiene que subir la creatividad y marcar las casillas donde está el texto.

Se pueden crear la cantidad de anuncios que se quiera. Se recomienda hacer diferentes textos, títulos e imágenes para ver qué tipo de anuncio funciona mejor y cuál está consiguiendo más conversión.

Para evaluar lo creado, se puede tener una vista previa, es decir una muestra o visualización para ver cómo queda el anuncio, por si se quiere modificar algo: ver el formato, cómo aparecerá y si se ha redactado correctamente con la ayuda de filtros más específicos que Facebook Ads ofrece.

Campaña

Para empezar, hay que establecer las políticas y las estrategias de la campaña, definir el presupuesto que se necesita, el flujo de dinero necesario y el programa, determinando la fecha de inicio y final. No requiere invertir una cantidad mínima establecida y se paga por clic o por las impresiones, según se decida.

Facebook tiene un gestor llamado Ads Manager, con el cual se puede hacer un seguimiento de cómo está funcionando la campaña y saber si necesita cambiar de creatividades, segmentación o algunos otros aspectos. Si se desea hacer cambios porque necesita una optimización, una modificación de mensaje o de creatividad, se puede pausar y reactivar tantas veces como se quiera.

En las estadísticas que proporciona Facebook Ads se puede ver el grado de aceptación de los anuncios. En conclusión, de nada sirve tener una campaña para conseguir más "me gustas" si no se sabe cómo conservar activa la comunidad y se comunique con la marca.

Para que una campaña tenga efecto positivo se debe conocer el público al que se va a dirigir, sus gustos, necesidades, cómo se comporta y qué busca en Facebook.

Herramientas para hacer análisis de las páginas de Facebook

Las herramientas para hacer análisis de las páginas de Facebook y optimizarlas para llegar a los seguidores de la forma más adecuada son:

- *Agora Pulse*. Herramienta de Facebook y Twitter que permite tener una visión general de la actividad en la página. Permite programar mensajes y campañas directamente desde la plataforma. Contiene diversos tipos de campañas que se pueden implementar: sorteos, concurso de fotografía, etc.
- *Facebook Page Barometer*. Realiza un análisis de la página de Facebook y la compara con otras páginas de diferentes empresas, que también utilizan esta herramienta y que tienen un número similar de fans. El barómetro calcula el porcentaje medio de varios criterios basados en las últimas 50 publicaciones. El informe muestra la puntuación de la página en comparación con la puntuación media de las otras páginas con similares características.
- *Likealyzer*. Mide y analiza el potencial y la eficacia de las páginas de Facebook. Al ingresar la URL de la página en el buscador evalúa la página de Facebook y asigna una puntuación, proporcionando recomendaciones sobre dónde se puede mejorar.
- *Fanpage Karma*. Es una herramienta gratuita que permite obtener un análisis muy detallado de la página de Facebook y compararla con la de los competidores.
- *Post Planner*. Sirve para planificar y programar los posts de Facebook sin tener que salir de la red social. Permite buscar el contenido más

viral en Facebook y compartirlo en la línea de tiempo o configurar programaciones personalizadas.

♦ *Pagemodo*. Es una aplicación de Facebook gratuita que permite personalizar la página de Facebook y hacerla más atractiva para los seguidores. También se pueden crear portadas, hacer publicaciones y concursos. Estas herramientas tienen nuevas versiones constantemente, por lo que hay que actualizarse.

YouTube

Es un sitio web en el cual los usuarios pueden subir y compartir videos. Puede hospedar clips de películas, programas de televisión, videos musicales y contenidos amateur como videoblogs. En YouTube todos pueden tener su propio canal de TV gratis. Solo se necesita crear una cuenta. Los usuarios pueden interactuar, pueden hacer votos de "me gusta" o "no me gusta", compartir videos, comentarlos y suscribirse a un canal de otro usuario y una vez suscritos verán las novedades de los canales a los que se han suscrito cada vez que entren en YouTube. Es un servicio en la nube similar a Gmail, que permite crear con una cuenta un canal. Una vez creado el canal se pueden subir videos en cualquier formato actual. Los videos pueden ser públicos o privados, se pueden agrupar por secciones, por listas de reproducción y se pueden relacionar varios videos.

Twitter

Es una red de información en tiempo real a base de mensajes cortos de texto a los que se denominan *Tweets*, de no más de 140 caracteres, que permite estar actualizado y en contacto con las personas y todo tipo de empresas y organizaciones que más interesan. Hay cuentas que se dedican a temas muy variados, como moda, noticias, deportes, tecnología, sociales, emprendedores, entre muchos otros. Es una aplicación web gratuita de microblogging que reúne las ventajas de los blogs, las redes sociales y la mensajería instantánea. Se pueden subir fotos o gráficos en cada uno de los Tweets.

LinkedIn

Es la red social para profesionales utilizada para negocios B2B. El 45% de los usuarios de esta red son tomadores de decisiones. La mayoría son directores y ejecutivos de diferentes empresas, lo que permite hacer relaciones importantes para realizar diferentes negocios. Sirve para contratar personal ejecutivo en diferentes áreas, ya que los usuarios pueden tener su hoja de vida y cualquiera la puede ver.

Instagram

Es una de las redes sociales más utilizadas en la actualidad. Su principal función es permitir al usuario compartir fotografías y videos de corta duración con sus seguidores. Permite grabar video por algunos segundos, con muy buena definición e incluso imágenes en movimiento. Se pueden agregar a las fotos que se toman divertidos efectos, mientras que la apariencia de la foto trae la novedad, tiene un formato cuadrado o redondeado en sus vértices que no es común en el resto de las aplicaciones de cámaras móviles.

Pinterest

Con setenta millones de usuarios, Pinterest es una red que sirve para muchas empresas. Es la red ideal para el comercio electrónico, diseñadores gráficos, fotógrafos, decoradores, arquitectos, interioristas, otros. Cualquiera que utilice contenidos visuales encontrará en ella uno de sus mejores aliados en temas de promoción social, atracción visual de potenciales compradores y tráfico web. Pinterest funciona por temas y se debe definir qué tipo de temáticas se quiere compartir en los tableros. Se pueden crear unos que hablen de la marca y otros que estén relacionados y que sean de interés para el público. Los nombres de los tableros deben ser llamativos y descriptivos, que indiquen la temática de cada uno. También se requiere seleccionar estratégicamente las palabras clave que van a utilizar en las descripciones de cada tablero. Se deben utilizar imágenes a color, en formato vertical y con descripciones claras y cortas de no más de 250 caracteres que ayuden a captar la atención. Hay que crear hashtags y llamadas de atención para que se compartan.

Google AdWords

Google AdWords es la plataforma publicitaria de Google. Permite crear anuncios sencillos y eficaces para mostrarlos a usuarios que buscan en internet información relacionada con diferentes productos de su interés. Google AdWords se divide en la red de búsqueda y la red de display. La red de búsqueda está integrada por sitios de búsqueda de Google y otros que no son de Google pero que están asociados con él. La red de display es un conjunto de más de un millón de sitios web asociados con Google, videos y aplicaciones, por ejemplo, YouTube. La red de búsqueda se debe configurar la campaña con el presupuesto destinado a la segmentación geográfica y el idioma. Se deben crear los anuncios en la plataforma de AdWords para lo que se recomienda plasmar todas las ventajas del negocio y lo que lo diferencia de los competidores. Se introducen las *keywords* o palabras y frases claves que los posibles clientes buscarán para encontrar productos o servicios de su interés. Cuando alguien realice una búsqueda utilizando alguna de las palabras claves que se han introducido aparecerá el anuncio del negocio y así se podrán comunicar para pedir información y, en su caso, realizar su compra. La red de *display* se comporta de una manera muy similar a la de búsqueda, aunque se diferencia en dos puntos en particular: se pueden orientar los anuncios mediante las palabras claves o utilizar otros métodos, como páginas de la red de display sobre temas específicos o ubicaciones que son páginas específicas que se elijan manualmente. AdWords ofrece una gran variedad de formatos de anuncio. El formato más habitual son los anuncios de texto, seguidos de los anuncios gráficos y animados. Otros formatos son los anuncios de video, los anuncios de empresas locales y los anuncios para móviles.

Ventajas que tiene AdWords para las empresas

- ◆ Buena orientación de los anuncios utilizando las palabras claves correctas, temas o ubicaciones. Serán mostrados a gente que está buscando los servicios o productos que ofrece el negocio y se podrá tener contacto con ellos.
- ◆ Solo se paga por los clics recibidos, que es como pagar por cada cliente potencial interesado en los servicios.
- ◆ AdWords ofrece estadísticas sobre los anuncios y palabras claves, lo que permite ir optimizando cada vez más la campaña y tener un costo-beneficio cada vez mayor.
- ◆ Se puede medir el Retorno de la Inversión (ROI) mediante el seguimiento de conversiones.

Hay que definir palabras claves que sean significativas para el negocio, introducirlas en el buscador de Google y observar que sucede. Muchas campañas de Google Adwords decepcionan porque consiguen muchos clics, pero no logran cerrar ventas. Google cobra menos por clic si el volumen de clics es alto, es decir, si el anuncio es útil para las personas que lo buscaron. Google provee herramientas gratuitas como Keyword Tool que puede ayudar.

También existen otros sitios independientes como Wordtracker, que facilitan encontrar las palabras claves más efectivas. Es importante usar estas herramientas para saber cuáles son las palabras que los clientes potenciales usan para buscar el giro del negocio y que se incluya en el título del anuncio. Es conveniente que al principio se invierta un presupuesto bajo para experimentar y ver resultados.

Algunos de los errores más comunes que cometen los empresarios o emprendedores es incluir todas las palabras claves que tienen relación con el negocio, para que los posibles interesados lo encuentren y le den clic. Es mejor realizar una campaña con pocas palabras claves bien seleccionadas, que lleguen a un tipo de clientes y enviarlos a una página web que funcione para satisfacer sus necesidades.

No sirve que el anuncio esté bien hecho y con las palabras claves adecuadas y que muchas personas le den clic si llegan a una página difícil de cargar o de navegar. La página de aterrizaje a la que se dirija el anuncio debe tener un acceso ágil para hacer la compra, los datos de contacto y algunos beneficios del producto o servicio para que el anuncio consiga clics y ventas.

Con pocos recursos se puede llegar rápido a muchas personas a través de herramientas como la optimización en buscadores y el email marketing.

Con AdWords se pueden crear anuncios de texto, gráficos o de video y anunciarse en cualquiera de estos sitios y buscadores, de forma rápida y sencilla.

⧫El objetivo de la mercadotecnia digital
es crear anuncios que produzcan ventas no solo clics⧫

Seguimiento de conversiones de Google AdWords

El seguimiento de conversiones es una herramienta de Google AdWords, con la cual se puede ver qué sucede después de que un usuario hizo clic en uno de los anuncios del negocio, si ha comprado un producto, suscrito a un newsletter o descargado una aplicación.

Los beneficios de implementarlo es que al configurar el seguimiento de conversiones en las campañas se puede analizar lo siguiente:

- Qué porcentaje de los clics pasan a ser conversiones.
- Cuáles son las mejores palabras claves y cuáles no están rindiendo como deberían.
- Qué anuncios y páginas de destino son las mejores para el negocio.

Redes sociales de geolocalización

Las redes sociales de geolocalización son aplicaciones asociadas a las principales redes sociales, por lo que reúnen un público muy amplio y heterogéneo. El objetivo es conseguir más ventas, ya sea por atraer nuevos clientes o por fidelizar los conocidos.

Las redes sociales de geolocalización, servicio disponible en los smartphones, se están convirtiendo en herramientas útiles de mercadotecnia para el pequeño comercio. La principal implicación para una empresa micro o pequeña es que puede conocer qué clientes están cerca de su negocio y ofrecerles productos, servicios y otras transacciones.

Requiere un cambio de mentalidad y un acercamiento a la clientela con información y experiencias de interés, calidad y precio accesible en los productos. Hay que crear nuevas formas de trabajar para aprovechar estas oportunidades. Para las empresas es una nueva forma de conseguir clientes.

Para aparecer en estos servicios de geolocalización hay distintas redes y plataformas diseñadas para que los negocios anuncien sus promociones (Foursquare, Gowalla, Facebook Places, Google Places). También se pueden ofrecer cupones de descuento o un trato diferenciado a los clientes que lleguen al negocio por esta vía. El mensaje es recibido por los usuarios que se encuentren en la zona o estén realizando una búsqueda en esa área.

COMUNIDAD DE SEGUIDORES EN LÍNEA

Para los emprendedores es muy conveniente crear y desarrollar una comunidad en línea. Se puede crear un lugar exclusivo, para que los clientes se conecten con los temas que les interesan.

El administrador de la comunidad debe estar capacitado para responder a los clientes y, en su caso, saber a dónde canalizar la sugerencia, la queja o el comentario y dar la respuesta correcta. Estas personas que tienen relaciones con los clientes a través de los canales seleccionados deben seguir la estrategia alineada con los objetivos que la empresa desea alcanzar. La comunidad de seguidores en línea presenta las siguientes ventajas:

- Se pueden tener perfiles más exactos de los clientes, con preguntas personalizadas.
- Hay foros, fotos y las funciones "me gusta", "compartir" u otras.
- Se pueden tener diferentes categorías de clientes.
- Tiene funcionalidad de difusión por correo electrónico.

Existen otras herramientas para la publicación como:

- Blog del editor con clasificación de contenido, fotos principales y herramientas integradas de optimización de motores de búsqueda (SEO).
- Se puede invitar a otros expertos o miembros para coeditar.
- La función de blog opcional para miembros.

Para las integraciones sociales:

- Se pueden iniciar sesiones con clientes a través de Facebook, Twitter, LinkedIn, Google y otros.
- Es posible agregar videos de Youtube + Vimeo en el sitio.
- Fuente de actividad en tiempo real.
- Capacidad de intercambio fluido y publicaciones cruzadas en Facebook, Twitter y otros.

También se puede disponer de:

- Teléfono inteligente y tablet listos.
- Diseño y URL personalizados.
- Controles de privacidad y moderación.

DISEÑO, CONTENIDO Y ESTRATEGIAS EN UN SITIO

Dependiendo de la magnitud, del giro y del enfoque de cada sitio será el diseño, el contenido y las estrategias a seguir. El contenido es el factor más importante para tener éxito.

Una página web es parte de un sitio web y es un único archivo con un nombre de archivo asignado, mientras que un sitio web es un conjunto de archivos llamados *página web*.

Si lo comparáramos con un libro, un sitio web sería el libro entero y una página web de ese sitio sería un capítulo de ese libro. El título del libro sería el nombre del dominio del sitio web. El índice de los capítulos del libro sería semejante al mapa del sitio web.

Para definir el contenido de una página es conveniente crear un diagrama de flujo al empezar a diseñar el sitio y decidir qué elementos se deben incluir. Cuando se ofrecen contenidos de interés habrá otros sitios web que la enlacen espontáneamente y mejorará el posicionamiento en otros buscadores.

Es conveniente conservar la misma imagen, los mensajes y el tono de los medios que se utilizan en la mercadotecnia tradicional del negocio.

Diseño

- ◆ Nombre, logotipo y lema del negocio en la página de inicio.
- ◆ Titulares claros y simples.
- ◆ Subtítulos con una breve descripción de lo que la empresa hace y vende.
- ◆ Proyectar el sitio para que:
  - ○ El usuario no se pierda en la red.
  - ○ Sea posible cargarlo y abrirlo rápidamente en cualquier computadora.
  - ○ Los usuarios puedan llegar desde otro sitio y ponerse en contacto y construir relaciones uno a uno.
  - ○ Se pueda ver en móviles.
  - ○ Sea posible utilizar eficientemente los espacios.
  - ○ Tenga un mapa del sitio para que los usuarios puedan encontrar rápidamente la información que requieran.
  - ○ Posea un índice con el contenido de cada página.

- ○ Presente un mapa con las ubicaciones geográficas del negocio.
- ○ Muestre una imagen atractiva que inspire confianza, credibilidad y construya identidad de marca.
- ○ Sea fácil de navegar para la mayoría de los interesados, así como también tener caminos cortos de navegación para los usuarios expertos.
- ○ Cuente con un sistema de marcadores de navegación uniforme y claro.
- ◆ Una plantilla de botones de navegación en el final de la página.
- ◆ Tener iconos sencillos, de tamaño normal, y especiales para los temas más importantes.
- ◆ Gráficos pequeños que bajen rápido en la página inicial.
- ◆ Información para contactar el negocio al final de cada página: dirección postal, correo electrónico, direcciones de las redes y teléfonos.
- ◆ Tener en los menús un vínculo para regresar al inicio de la página.
- ◆ Vínculos con otros sitios que ofrezcan información interesante para los usuarios.
- ◆ Un espacio para recomendaciones.
- ◆ Tener iconos de empresas como Google, Microsoft, Yahoo, etc., para que la gente que visite el sitio pueda ir directamente a estos portales.
- ◆ Tener una buena interfaz de usuario.
- ◆ Textos personalizados para los diferentes perfiles de usuarios.
- ◆ Avisos de derechos de autor.
- ◆ Un número telefónico sin cargo para los usuarios.
- ◆ Tratar de que la mirada del usuario se dirija de izquierda a derecha y de arriba abajo.
- ◆ Facilitar las tareas más solicitadas por los clientes del negocio.
- ◆ Marcar cada página con el nombre del sitio.

Contenido

- ◆ Datos de contacto del negocio (dirección, teléfonos, página web, correo electrónico).
- ◆ Mensaje del director general.
- ◆ Antecedentes, misión y visión.
- ◆ Experiencia, prestigio y premios obtenidos por el negocio.
- ◆ Invitación a los usuarios para que visiten el sitio y exploren el contenido.

- Encabezados acerca de la información que contiene el sitio.
- Beneficios y ventajas que se obtienen al afiliarse o unirse al sitio.
- Ventajas en relación con los competidores.
- Avisos para empleos disponibles o eventos especiales del negocio.
- Boletines informativos.
- Ofrecer productos y servicios gratuitos de interés, promocionales, cupones, otros.
- Hacer concursos, ofrecer descuentos, software, fotografías e información de interés.
- Incluir diversiones, como concursos, preguntas sobre conocimientos, caricaturas y bromas.
- Incluir lo que los clientes opinan de la empresa.
- Tener un blog con contenido nuevo permanentemente.
- Actualizar periódicamente el contenido de la página.
- Brindar información novedosa y divertida.
- Ofrecer mensajes que den confianza en el sitio.
- Utilizar materiales de venta interactivos para satisfacer las necesidades de los clientes.
- Enviar boletines para fomentar las relaciones con los usuarios cautivos y potenciales.
- Crear una lista de correos personales y enviar actualizaciones a los suscriptores.
- Usar razonablemente imágenes, videos cortos y estadísticas.
- Utilizar las palabras claves del negocio en las primeras oraciones.
- Pedir a los visitantes que agreguen el sitio a su lista de favoritos.
- Incluir llamados a la acción sobre la primera pantalla con el objetivo de lograr conversiones.
- Explicar el procedimiento para afiliarse en línea, por teléfono o correo.
- Informar de la fecha de la última actualización de la página.

Estrategias

- Proporcionar información rápida, útil, práctica, completa, atractiva y fácil de leer.
- Anunciar el sitio en la red y en los medios de comunicación tradicionales.

- Contratar una empresa profesional para promover el sitio.
- Convertir la comunicación en un proceso de dos vías.
- Hacer listas de clientes potenciales.
- Crear un nombre de dominio que sea fácil de recordar.
- Evitar exageraciones.
- Eludir el exceso de anuncios.
- Generar constantemente diálogos interactivos con los usuarios.
- Hacer alianzas con otros sitios para intercambiar usuarios.
- Identificar el mercado actual y el potencial.
- Imprimir el URL en los materiales de comunicación del negocio.
- Comunicar a las personas cuando se proporcione la información que solicitaron.
- Notificar a los medios de comunicación sobre el sitio, contenido, premios, etc.
- Avisar a los usuarios cuando se actualice el contenido.
- Probar el sitio para detectar problemas y corregirlos.
- Promover el sitio como punto de partida para los usuarios.
- Fomentar que otros sitios reproduzcan el contenido de la página.
- Proporcionar mantenimiento constante al sitio.
- Realizar investigaciones de mercado para conocer las necesidades de los usuarios.
- Utilizar Google Adwords.

Visitas de clientes

Los métodos a través de los cuales un potencial cliente puede llegar a una página web pueden variar:

- Búsqueda orgánica.
- Búsqueda de pago.
- Publicidad en redes sociales.
- Enlace de referencia en redes sociales.
- Enlace de referencia de otras webs.
- Visita directa a través de barra de navegación.

Prueba del sitio

Hay que utilizar el sitio para probar su funcionalidad antes de ser puesto en línea. La prueba indicará si el usuario comprende los iconos y el esquema para acceder a la información. Es conveniente que personas del público en general prueben el sitio para comprobar que es eficiente, sencillo y amigable.

Es necesario probar el sitio con diferentes navegadores para verificar que se despliega adecuadamente, ya que cada uno puede presentar situaciones distintas. Probarlos es necesario para asegurar que el navegador no tiene problemas, como que se salga el texto de la pantalla, se muevan las columnas, se empujen las imágenes una contra otra, etc. Se deben evitar errores de ortografía y gramática.

E-COMMERCE (COMERCIO ELECTRÓNICO)

En el e-commerce se pueden comercializar los productos del negocio. Es el más económico de todos los medios y la empresa puede ganar nuevos mercados y servir mejor a sus clientes sin invertir grandes cantidades de dinero. Es una eficiente vía de comunicación y de mercadotecnia, usada correctamente puede aportar un útil valor añadido a los clientes manteniéndoles informados de novedades, productos y ofertas.

El e-commerce significa hacer comercio utilizando la red. Es el acto de comprar y vender en y por medio de la red. Es una poderosa herramienta que ayuda a las marcas a incrementar sus ventas y captar nuevos consumidores.

El uso cada vez más generalizado de los dispositivos móviles y el incremento de la utilización de internet abre muchas oportunidades para que negocios de todos los tamaños tengan la oportunidad de extender su empresa hasta la red de redes y vender sus productos a través del e-commerce.

Las estrategias de venta online cada vez son más amigables y personalizadas, se ha mejorado la manera de crear experiencias entre la marca y el cliente sin tener contacto directo con él, todo a través de tener un sitio eficiente y efectivo. Se espera que el comercio online en 2018 represente una quinta parte de las ventas realizadas, siendo un 19% de los ingresos de las cadenas comerciales, según estudios de la empresa consultora Euromonitor International.

Un sistema de comercio electrónico basado en internet requiere de un correo electrónico para comunicarse con los clientes o futuros clientes y una página web donde estos puedan consultar listas de catálogos y precios de productos actualizados.

Se debe considerar que cambiar a un nuevo esquema de comercialización no es sencillo, sobre todo cuando este proceso requiere la adopción de dispositivos y herramientas desconocidos que implican modificaciones estructurales en la forma de operar.

Una de las propuestas más económicas es la de contratar un hosting que consiste en ubicar la página con todo y su solución de comercio en un servidor de un proveedor de internet. La forma de trabajo consiste en el desarrollo de una tienda virtual a través de la cual el usuario puede realizar sus compras en línea.

El seguimiento de las transacciones lo realiza el proveedor del servicio, no el personal de la empresa. El proveedor es el que se encarga de notificar a la empresa cuáles son los pedidos, y cuándo y dónde se deberán entregar.

Lo anterior requiere establecer una estrategia de distribución capaz de soportar la demanda o contratar los servicios de una empresa de mensajería. La empresa tiene que definir qué datos deberá llevar el sitio y cómo se presentarán para que las páginas sean objetivas y atractivas para el usuario.

Se debe crear un catálogo digital de productos completo y actualizado en donde se incluyan las características, el precio y los contactos a través de los cuales el cliente puede solicitar más información. Los catálogos en línea describen equipos, partes y servicios mediante textos, videos, sonidos y dibujos con la facilidad de actualizarlos todos los días. Los giros en los que más recurren a este tipo de comercialización son: ramo turístico, tecnología, películas y música.

Cualquier emprendedor que desee incursionar en esta forma de comercializar requiere una inversión en el desarrollo de la tienda virtual. Actualmente hay plataformas que facilitan el e-commerce. La más utilizada en el mundo es *PayPal*, en la cual se pueden recibir los pagos de los clientes a través de una cuenta de correo electrónico designada, en caso de no tener una tienda en línea o un sitio web.

La propuesta real de comercio electrónico implica que exista una tienda en la que los consumidores puedan:

- Subir al carro de compras los productos deseados.
- Solicitar el total de su adquisición.
- Realizar el pago o depósito correspondiente a la cuenta del vendedor con tan solo teclear su número de tarjeta.

El emprendedor, por su parte, lo único que recibe es el pedido, confirma el abono del pago a su cuenta bancaria y envía la mercancía por mensajería a la dirección indicada por el cliente.

Para empezar con este nivel de comercio electrónico, además del diseño del sitio, es necesario adoptar una infraestructura tecnológica que permita cubrir las necesidades de almacenamiento y comunicación requeridos para soportar una tienda virtual.

∾En el comercio electrónico es básico proporcionar información en todo momento∾

Para vender un producto en línea se requiere:

- Generar confianza.
- Tener inventarios.
- Establecer normas y políticas comerciales de distribuidores y proveedores.
- Desarrollar nuevas técnicas y estrategias de mercadotecnia.
- Contar con un servicio eficiente de distribución.
- Resolver los problemas de cobro en línea.
- Logística profesional para la entrega eficiente de los productos.
- La inversión necesaria, que está en función de la madurez tecnológica y la magnitud de cada empresa.

Antes de empezar a dar servicio se deben hacer pruebas internas en las que se analice la capacidad para dar soporte y seguimiento a la empresa. La empresa debe tener certificaciones electrónicas, seguridad, logística y distribución.

Existe una oferta cada vez más creciente de soluciones para diseñar y dar seguimiento a las tiendas virtuales. Lo más importante es identificar cuál se adapta mejor a cada empresa en tamaño, recursos e inversión.

Se puede decir que con el e-commerce se empiezan hacer transacciones en donde los usuarios individuales y las empresas pueden comprar y distribuir por la red. Es necesario saber cómo se van a distribuir los productos, cómo se va a trabajar con los proveedores y clientes, cómo se van a autorizar pagos y cómo se van a dar garantías.

La evolución del e-commerce es lograr la funcionalidad de los procesos electrónicos, en los cuales se pueda prescindir cada vez más de la intervención humana para realizar negocios y cerrar transacciones.

Otro aspecto a considerar es la validación de los recursos tecnológicos, operativos y humanos, porque solo de ese modo se puede comprobar si se cuenta o no con lo necesario para generar y cubrir la demanda de información, solicitud de productos y brindar los servicios de calidad requeridos. Identificar cuál es la opción que más se adecua a las necesidades y los presupuestos de cada empresa estará en función del plan de negocios en el que se evalúen todas y cada una de las ofertas.

La empresa debe tener claro su objetivo al entrar a comercializar por internet, para determinar qué tipo de solución se requiere. Lo importante es salir a la red organizadamente. Se puede empezar ofreciendo pocos productos o servicios e ir creciendo, encontrando nuevos proveedores y clientes.

Hay muchas soluciones tecnológicas distintas y cuando hay que definir la estrategia es necesario saber qué tipo de crecimiento se quiere tener. Por ejemplo, hay diferencia entre una empresa que va a dar servicio a mil clientes no finales, por ser una empresa dedicada a la distribución y, por lo mismo, necesita un soporte tecnológico menos complicado que una empresa que tenga que dar servicio a clientes finales y requiera atender diez mil o más peticiones en línea.

E-BUSINESS

El término *e-business* hace su aparición en el marco de una economía digital y conectada, provocando repercusiones en las empresas que ya están en la red, evolucionando desde la e-información, a la e-economy, a través del e-commerce y el e-business.

La idea central del e-business es hacer que los beneficios de la tecnología e internet sirvan para facilitar las actividades de la empresa. E-business utiliza tecnologías para mejorar la administración de los negocios, es un cambio en el concepto tradicional de comprar, es el conjunto de actividades económicas que se realizan por internet, de compra-venta de productos o de prestación de servicios.

E-business es un concepto complejo para ser descrito desde un solo punto de vista, que consiste en utilizar las tecnologías de la comunicación para realizar un negocio en línea. Es una respuesta de las empresas a la globalización de mercados, a la necesidad de una atención personalizada a los clientes y a la convergencia de tecnologías. Es llevar un negocio completo a la red, es la forma en que debe estar estructurada una empresa en tecnología, aplicaciones, operaciones, etc., para tener capacidad de realizar eficientemente el comercio en línea.

Ventajas del e-business

- ◆ Ahorro de tiempo y dinero.
- ◆ No hay límite geográfico.
- ◆ No hay necesidad de movilidad o de una localización física para realizar el negocio.
- ◆ Realización inmediata del negocio.
- ◆ Relación directa entre cliente y vendedor.
- ◆ Servicio todos los días 24 horas.

Para la pequeña y mediana empresa existen en el mercado dos formas para entrar en el e-business. La primera se dirige a la creación del sitio que tenga conexión con los portales y en la segunda se maneja el mismo concepto, pero en colaboración con empresas del ramo y con los objetivos de ofrecer información, solicitar cotizaciones y hacer pedidos a través de una cuenta de correo electrónico.

Lo importante es que los emprendedores consideren formar parte del nuevo modelo de negocios como una alternativa real. Hay asociaciones o cámaras de empresarios que tienen portales de negocios en donde la pequeña y la mediana empresa puede agregar su catálogo de productos dentro de la base de datos de la asociación. Es conveniente tener una infraestructura tecnológica adecuada con base en los requerimientos de cada empresa.

En resumen, esta nueva forma de hacer negocios se caracteriza por:

- ◆ Una nueva definición de valor.
- ◆ Una organización basada en el cliente.
- ◆ La tecnología como elemento integrador en la empresa.

En el e-business ha cambiado la definición de valor que se ofrece, basada en la interacción permanente entre la empresa y los clientes. La definición de valor implica tener una organización en la cual el cliente es lo más importante.

En el e-business la cadena de valor comienza con las necesidades del cliente, que llegan a la empresa a través de un conjunto de canales integrados. Es necesario capacitar permanentemente al personal, ya que se requiere mayor conocimiento y actualización. Es una oportunidad que exige mayor infraestructura tecnológica e inversión.

BUSINESS-TO-BUSINESS (B2B)

B2B abarca el negocio electrónico basado en internet, que representa una posibilidad de comunicación/transacción entre empresas de forma continuada en el tiempo, desarrollando una relación comercial sólida.

Con las siglas B2B puede identificarse a las empresas que prestan sus servicios en línea a otras empresas. También se llama así a los mercados virtuales dedicados a facilitar transacciones comerciales entre empresas mediante la comunicación de las mismas. Esta comunicación puede incluir los procesos de compra, venta, facturación, levantamiento de pedidos, consulta de cuentas, intercambio de información, capacidad de interactuar accediendo a catálogos de productos, información comercial, ofertas, etc.

El éxito de las grandes empresas involucradas en el B2B depende de sus estrategias y habilidad para tener iniciativas novedosas de comercio electrónico junto a los sistemas corporativos. El reto de aquellas empresas que ponen en marcha soluciones de B2B es efectuar esfuerzos tendientes a modificar la conducta de los clientes en la manera de hacer negocios.

Con un sistema de business-to-business basado en la web los clientes ya no tienen que realizar un pedido de la forma convencional, pueden acceder a un sitio web a cualquier hora. Una vez que haya sido realizado el pedido en línea y aprobado el crédito, el cliente obtiene una confirmación en tiempo real. Un complejo sistema de logística le permite al cliente mediante una sencilla interfaz de seguimiento comprobar la situación de la entrega del pedido.

Estos sistemas integran sistemas informáticos, firewalls, servidores de aplicaciones, redes de datos corporativos, sistema de autentificación de accesos mediante certificados digitales, herramientas de monitorización y redes virtuales privadas.

La revolución que internet está produciendo en los negocios se basa en que el costo total de las transacciones se puede reducir cuando la transacción se realiza electrónicamente. Se genera un incremento de la satisfacción del cliente, ya que una solución de e-commerce (B2B) basada en la web hace todo más fácil, más rápido y más exacto, por lo que el cliente se siente más cómodo para hacer negocios.

La infraestructura necesaria para crear un modelo de negocio de este tipo depende del giro y la magnitud de las empresas. El éxito del negocio B2B en internet radica en la agrupación de intereses de distintas empresas dentro de un mismo sector, con el fin de establecer plataformas tecnológicas comunes que faciliten sus intercambios comerciales.

El negocio electrónico entre empresas representa uno de los mayores potenciales de crecimiento en internet en el mundo, es evidente que para todas las empresas internet ha dejado de ser opcional. Hoy es una herramienta de negocio con carácter estratégico en el desarrollo de su competitividad.

Dependiendo del giro y el tipo de producto o servicio, algunas empresas podrán tener mejores beneficios que otras en su planteamiento de negocio. Solo aquellas empresas que sean capaces de dar un servicio global automático tendrán éxito en este mercado.

La importancia de internet es su capacidad de unificar en un entorno común y a un costo relativamente bajo a miles de empresas compradoras y vendedoras sin necesidad de realizar grandes inversiones tecnológicas o comerciales.

Para estar actualizado en esta forma de hacer negocios hay que conocer qué está pasando en el mundo, cómo evolucionan los mercados, qué hace la competencia, qué estrategias e iniciativas están tomando, qué alianzas se han realizado, qué tecnologías se están usando y qué éxitos y fracasos ha habido.

En el comercio electrónico es básico realizar
las entregas en el tiempo acordado

CAPÍTULO 7

VENTAS

DEFINICIÓN DE VENTAS

La venta es algo primordial en cualquier empresa. Haciendo un símil con el ser humano, las ventas son el corazón del negocio. La definición de *venta* nos dice que es la acción de poner al alcance de alguien un bien o un servicio para su uso o consumo mediante el correspondiente pago del valor fijado. Sabemos que:

- Las ventas son la función más importante de cualquier empresa.
- Las ventas son las que generan el movimiento de las demás áreas.
- Nada sucede en una empresa hasta que se realiza la primera venta.
- En una empresa los resultados están en relación directa con las ventas realizadas.

Las necesidades del área de ventas deben tener prioridad en el uso de los recursos disponibles de la empresa.

ADMINISTRACIÓN DE VENTAS

La forma de administrar el área de ventas es trascendental para el cumplimiento de los objetivos que pretendan lograrse. Sus funciones principales son:

- Planear y administrar las ventas.
- Establecer y dar seguimiento a la estrategia comercial.
- Coordinar la elaboración de un media kit profesional.
- Elaborar cotizaciones y presentaciones de los vendedores para sus clientes.

- Tener listas de precios actualizadas.
- Coordinar y dar seguimiento los pedidos y las órdenes de compra de los clientes.
- Supervisar las entregas a los clientes.
- Elaborar estadísticas de ventas por cliente, por vendedor y por equipo.
- Seleccionar profesionales de ventas para su contratación.
- Implantar y coordinar programas de capacitación del equipo de ventas.
- Dirigir, motivar y evaluar al equipo de ventas.
- Fijar el plan de compensación de la fuerza de ventas.
- Supervisar y dar seguimiento a la fuerza de ventas.
- Establecer los costos de ventas.
- Definir y controlar el presupuesto designado al área.
- Crear estrategias para financiar las ventas.
- Generar reportes e indicadores que faciliten medir los resultados del equipo de ventas.
- Establecer buenas relaciones con los distribuidores y minoristas.
- Coordinar la atención posventa.
- Realizar estudios de mercado.
- Coordinar la recepción de las devoluciones de los clientes.

Es preferible que la administración de las ventas se lleve a cabo por personal administrativo y no por la fuerza de ventas.

PRONÓSTICO DE VENTAS

Un buen pronóstico de ventas es, sin duda, la herramienta más importante de la planeación de las ventas de una empresa. Se hace una estimación en pesos o unidades físicas para determinado periodo, basada en una investigación de mercado y un plan de mercadotecnia. Puede ser mensual, semestral o anual.

Pronosticar es, en esencia, el arte de prever lo que harán los posibles compradores según un conjunto de determinadas condiciones. Es la base de un buen presupuesto; de hecho, este comienza con el pronóstico de ventas.

El presupuesto es esencial para la planeación de las demás áreas de la empresa, por lo que es importante tenerlo listo dentro de los tiempos marcados en los programas. Estos últimos tienen la ventaja de coincidir con la planeación financiera anual y se usan para la estimación de la actividad comercial para el siguiente año. También deben hacerse pronósticos a mediano y largo plazos (3 a 5 años).

El pronóstico puede hacerse para un producto determinado, una línea, una división o para toda la empresa. Es importante resaltar que el pronóstico no es una estimación de las ventas bajo condiciones ideales, ya que esto sería el potencial máximo de ventas.

Existen diversos factores que se deben considerar en el cálculo del pronóstico:

- Condiciones competitivas de la empresa.
- Circunstancias y tendencias dentro del giro.
- Capacidad de compra de los clientes potenciales.
- Información estadística de ventas de años anteriores de la empresa y el giro en su conjunto.
- Tendencia del mercado de los últimos años.
- Condiciones generales de la competencia.
- Posibles competidores nuevos más audaces o con más potencial que los ya existentes.
- Condiciones socioeconómicas y políticas locales, regionales, nacionales e internacionales.
- Cambios de clima inesperados frecuentemente.
- Historial de desastres naturales en la zona.

En muchos casos los emprendedores o empresarios lo calculan basándose en intuiciones, corazonadas o premoniciones, teniendo generalmente grandes desviaciones respecto de las estimaciones y los objetivos planteados al inicio.

Existen técnicas analíticas de tendencias y correlaciones probabilísticas muy complejas que utilizan instrumentos matemáticos y estadísticos con márgenes de error mínimos. Cuando hay información histórica del comportamiento de las ventas se usan técnicas como el estudio de series de tiempo o el análisis estadístico de la demanda.

Puede solicitarse a los vendedores que proporcionen sus proyecciones de ventas sobre la base de su experiencia del año anterior. Estas estimaciones pueden clasificarse por clientes, productos, divisiones, zonas de venta, vendedores, otros.

Si la empresa tiene información sobre otros pronósticos de ventas de años anteriores del mismo vendedor puede verificarse el margen de error que tuvo en sus cálculos y, en algunos casos, puede aplicarse este factor de corrección a su nuevo pronóstico.

❧ Pronosticar correctamente ayuda
a establecer objetivos y metas realistas
para todas las áreas de la empresa ❧

CICLO DE VENTAS

El ciclo de ventas es el periodo que transcurre desde el primer acercamiento con el cliente hasta el pago del servicio o del producto vendido. Se dice que no se puede considerar una venta realizada sino hasta que es cobrada.

Todas las ventas tienen gastos y costos naturales, como el de los inventarios, la publicidad, los vendedores, la administración, entre otros, por consiguiente, cuanto más tarda el ciclo de ventas en cerrarse, los costos son mayores.

El procedimiento del ciclo de venta es el siguiente:

- Detectar y atraer al cliente.
- Interesar al cliente en la presentación de los productos o servicios.
- Hacer que considere la compra.
- Estimular el deseo del producto por sus beneficios.
- Intercambiar información con el cliente.
- Conocer las objeciones o dudas y aclarar cada una de ellas.
- Persuadir al cliente para que compre.
- Cerrar la venta obteniendo una orden de compra, un pedido o firmar un contrato.
- Recibir el pago en transferencia, cheque o efectivo.
- Dar seguimiento posventa.

Este procedimiento se realiza en casi todas las ventas que se hacen. Las ventas al menudeo o en el mostrador de la tienda requieren una buena presentación para que el cliente conozca los beneficios del producto o servicio. Es importante responder ampliamente a las posibles dudas y objeciones del cliente para poder cerrar la venta.

GERENTE DE VENTAS

Es uno de los puestos más importantes en la estructura de una empresa. El gerente de ventas es una pieza clave en el éxito del negocio por lo que se requiere al mejor.

Los gerentes o directores de ventas deben ser los líderes del grupo de vendedores. Son los responsables de los procesos de planeación, dirección y control de la fuerza de ventas. Sus funciones principales son atender a los clientes, establecer territorios, cuotas y metas de ventas, definir la logística de distribución, los programas de capacitación y desarrollar estrategias para lograr los objetivos de ventas a corto, mediano y largo plazos.

El gerente de ventas debe coordinar y supervisar el trabajo de la fuerza de ventas en la realización de actividades como:

- Identificación, selección y clasificación adecuada de los clientes.
- La cantidad de visitas diarias que deben realizar a los clientes o futuros clientes.
- La frecuencia de visitas que le deben dar a cada cliente.
- La elaboración de la ruta de visitas a los clientes actuales y potenciales.
- El cumplimiento de las políticas de visita a los clientes.
- La presentación de informes de avance con cada cliente y cumplimiento de metas.
- Verificar el cumplimiento del número de visitas diarias y de ventas mensuales realizadas.
- Cuál es la respuesta de estos.
- Cuántas están por cerrarse.
- Verificar que los informes y reportes estén bien elaborados, actualizados y archivados.
- Número de citas nuevas que tiene programadas.
- Cuántos clientes se negaron a comprar el producto y qué razones tuvieron para hacerlo.

La supervisión es un monitoreo de las actividades que realiza la fuerza de ventas en el mercado. El método de supervisión más eficaz es la observación personal en el campo. Hay que definir estrategias de cuándo y cuánto se debe supervisar para dar un servicio de calidad al cliente.

FUERZA DE VENTAS

La fuerza de ventas es la que pone en contacto el producto o servicio con el cliente. Hay personas a las que se les facilitan las ventas y que por naturaleza son buenos vendedores.

Conocer el perfil del vendedor que se necesita y conseguir al personal que lo cumpla facilita la capacitación y la formación de un equipo exitoso. El objetivo es lograr que todos los integrantes de la fuerza de ventas puedan ser exitosos.

Para que esto suceda los vendedores deben estar capacitados, darles las herramientas necesarias, conocer sus responsabilidades y tener la disciplina de darles seguimiento a sus clientes actuales y potenciales. Es necesario preparar a los vendedores en las técnicas generales para vender y en los métodos específicos que requiere cada producto en particular.

Los vendedores recién ingresados deben tener un programa de capacitación permanente, poniendo énfasis en los productos que requieren especialización y en el manejo de internet y las redes sociales. Después de la capacitación inicial es conveniente proporcionar a los vendedores una capacitación continua a través de seminarios, reuniones, charlas y convenciones.

Los vendedores para ser exitosos deben tener los siguientes conocimientos y cualidades:

Conocimiento de la empresa

- Antecedentes de la empresa.
- La estructura y la organización.
- Políticas de venta.
- Características y ventajas de los productos y servicios que ofrece la empresa comparados con los de la competencia.
- Los procedimientos de venta y de servicio.
- La calidad de las materias primas.
- Los procesos de producción.

- Los proveedores principales.
- Las campañas de publicidad efectuadas y las actuales.
- Las promociones existentes.
- Las fortalezas y debilidades de la empresa en relación con las de la competencia.

Conocimiento del mercado

- La situación del mercado en general.
- Cómo se comporta el mercado en el que está la empresa.
- El lugar que ocupan en el mercado la empresa y sus productos.
- Conocer los resultados de las investigaciones de mercado.
- Conocimiento profundo de los clientes, de sus necesidades y hábitos.
- Volúmenes de ventas de la empresa y la competencia.
- Conocimiento de la competencia: productos que comercializan, sus precios, el material promocional que utilizan, ofertas, servicios que ofrecen y los clientes que atienden.

Conocimiento de las técnicas de venta

- Identificar, seleccionar y clasificar a los clientes potenciales.
- Preparar y realizar cada entrevista con una estrategia predeterminada.
- Dar seguimiento a las ventas realizadas.
- Brindar servicios de pre y posventa.
- Tener estrategias para cerrar ventas.

Conocimiento de la mercadotecnia digital

- Realizar presentaciones de ventas digitales.
- Conocer el adecuado manejo de las redes sociales para propiciar ventas.
- Saber el manejo de internet para comercializar y realizar estudios de clientes y de mercado.

Cualidades personales

- Ser extrovertido.
- Tener facilidad de palabra para conversar y convencer.

- ◆ Excelente presentación.
- ◆ Facilidad para las relaciones públicas.
- ◆ Llegar puntual a las citas.
- ◆ Facilidad para cerrar ventas.

*∼Los vendedores requieren capacitarse
permanentemente∼*

Cómo cerrar las ventas

El cierre es la culminación de una venta. Hay vendedores que llevan a cabo todo el ciclo de ventas a la perfección y no pueden hacer un cierre.

En este paso final los vendedores inexpertos tienen miedo de ser rechazados y no logran ultimar el trato, con lo que pierden muchas ventas a punto de ser realizadas. El propósito del cierre es obtener una reacción favorable del cliente y aprovechar el mejor momento para cerrar la venta.

Durante la presentación del producto el vendedor debe estar listo para concretar la venta en cualquier momento. Saber cuándo y cómo cerrar una venta es la ventaja que tienen los vendedores exitosos.

Un buen vendedor genera una buena comunicación y empatía con sus clientes a través de la persuasión. La persuasión es el arte de comunicar de manera estratégica para lograr influir en los demás y así conseguir lo que se quiere. Es saber alinear los intereses y objetivos del vendedor con los del cliente para generar emociones y lograr concretar la venta. Se requiere generar empatía con los clientes por lo que se necesita pensar de qué forma lo que decimos puede ser interesante para el otro y de esta manera tener el mismo propósito.

Se necesita crear una conexión con el cliente independientemente de si al vendedor le agrada esa persona o si se concuerda con su forma de pensar. Lo importante es conectar para vender.

Se debe crear un lenguaje de confianza y alegría para que los clientes potenciales reaccionen positivamente. Es importante mantener un lenguaje corporal que exprese tranquilidad y apertura.

Si se logra generar empatía y llamar la atención del cliente es el momento de que se interese en lo que se le va a ofrecer. Cuando ya se sabe lo que al cliente le interesa es el momento de alinear ambos intereses y conseguir cerrar la venta.

Algunas técnicas de cierre son más eficaces que otras dependiendo del tipo de venta. Un buen vendedor debe conocer a fondo estas técnicas y aplicar todas las posibles para concretar la venta. Inclusive hay libros que abordan este tema, que sería conveniente consultar si se quiere profundizar en él.

Durante la presentación el cliente pone objeciones y realiza diferentes preguntas; el vendedor debe contestar cada una de estas y aclarar ampliamente las dudas que puedan surgir para poder ganarse la confianza del futuro cliente y cerrar la venta. La efectividad de la presentación depende del conocimiento que tenga el vendedor del producto o servicio y de la empresa. Muchos vendedores cometen el error de insistir demasiado y hablar mucho.

Es mejor oír primero lo que quieren los clientes y obtener información de sus necesidades para relacionarlas con los beneficios y el valor agregado del producto para cubrir la necesidad del cliente. Un error común en los vendedores inexpertos es discutir con el cliente para defender el producto en lugar de contestar con tacto y paciencia, buscando con ello darle la razón al cliente y sutilmente hacerle llegar el mensaje, para cerrar, finalmente, la venta.

Es conveniente que el gerente de ventas realice simulacros efectivos de cierre de ventas con todos los vendedores de la empresa.

⁓La fuerza de ventas debe creer y estar convencida
de que está vendiendo lo mejor en relación
con el precio que el cliente está pagando⁓

Reuniones de la gerencia con la fuerza de ventas

Siempre resultará provechoso celebrar reuniones semanales con la fuerza de ventas. En estas reuniones los integrantes expondrán sus problemas y sugerencias y el gerente del área tendrá la oportunidad tanto de escuchar como de resolver de inmediato algunos de los planteamientos.

Estas reuniones sirven para establecer las metas de venta y saber su grado de cumplimiento. Los ejecutivos de ventas se retroalimentan a través de experiencias vividas con diferentes clientes y se establecen estrategias para cerrar ventas. Se pueden aprovechar estas reuniones para darle seguimiento a la situación en la que se encuentran los clientes más importantes de cada ejecutivo.

Ingresos de la fuerza de ventas

Pueden tenerse vendedores de planta con sueldo base más comisión sobre ventas o solamente vendedores con una comisión cuando se necesita crear una red de ventas con rapidez y bajo presupuesto. Los vendedores de planta son la base de la fuerza de ventas y debe tenerse contacto permanente con ellos, de preferencia al iniciar y al terminar las labores diarias.

Tener un plan de comisiones tiene la ventaja de que el dinero recibido por el vendedor es directamente proporcional al esfuerzo y al monto de las ventas realizadas. Dependiendo del giro de la empresa y del tipo de producto, se establece un porcentaje del precio de venta para la comisión. Por ejemplo, las agencias de publicidad cobran a sus clientes por hacer una campaña publicitaria en diferentes medios entre el 15% y el 20% de comisión.

Por otro lado, hay vendedores que cobran una comisión y representan a varias empresas y varios productos. Esto puede ser un inconveniente, ya que algunas de las empresas representadas pueden ser competidores directos o indirectos y, por lo mismo, el vendedor puede no ser leal con alguna de las empresas a las que representa.

Motivación de la fuerza de ventas

La gerencia de ventas debe contar con un sistema de incentivos, bonos, gratificaciones y otras compensaciones cuando se cumplan con las metas marcadas para cada vendedor y para el grupo de ventas como los siguientes:

- Fijar cuotas de venta realistas que puedan ser logradas por la mayoría del personal y establecer bonos para entregar cuando se cumplan.
- Proporcionar reconocimientos, premios y otros incentivos no monetarios.
- Realizar concursos para incentivar a que el equipo de ventas compita entre sí para lograr la mayor cantidad de pedidos a cambio de un incentivo monetario.

- Bonos especiales por objetivos logrados.
- Premios especiales como viajes e incentivos económicos.
- Otros que se pueden implementar de acuerdo con las características de su fuerza de ventas.

Al estructurar la compensación de ventas es importante vincular, en forma adecuada, los incentivos con los objetivos. Hay que estructurar los incentivos con mucho cuidado y ponerlos a prueba en forma experimental antes de su total implantación. Sin lugar a dudas, la mejor compensación que puede dársele a un vendedor, e inclusive a cualquier trabajador, es dinero.

División del mercado entre los vendedores

Las empresas pueden dividir la fuerza de ventas de la siguiente manera:

- Se asignan zonas geográficas o territorios determinados a los integrantes del equipo de ventas.
- Les proporcionan una cartera específica de clientes para evitar conflictos entre vendedores.
- Dividen las cuentas claves por antigüedad, conocimientos o por facilidad de relacionarse con clientes.
- Por giro de negocio y especialidad.
- Dejan abierto el mercado con ciertas reglas.

La falta de una división territorial puede ocasionar duplicidad de esfuerzos cuando distintos vendedores visiten a un mismo cliente y con ello generen un conflicto de intereses: por ejemplo, al realizarse la venta ambos vendedores pueden reclamar como suyo al cliente y la comisión.

De acuerdo con su habilidad, los conocimientos que posea de la empresa y el producto deben asignársele las cuentas claves o las zonas geográficas de mayor potencial para la empresa.

Es conveniente tener un sistema que divida el mercado potencial entre los integrantes de la fuerza de ventas, pensando en que cada vendedor debe tener el suficiente mercado potencial con el que pueda cerrar sus ventas.

4

En los comercios establecidos las ventas se realizan en un lugar centralizado que requiere de una división interna de las funciones de los empleados para atender eficientemente a los clientes.

*～El mejor cliente es quien quedó satisfecho
porque divulga su satisfacción～*

ERRORES COMUNES DE LOS VENDEDORES

- Muchos vendedores se dan por vencidos después de la primera visita en la que no venden y nunca lo vuelven a intentar.
- Dejan de atender al cliente una vez que se firma el contrato y no hacen la labor posventa.
- No se dan cuenta de que cuanto más percibe el cliente que le quieren vender, más reticencia le genera el vendedor, y cuanto más habla el vendedor sobre las bondades del producto el cliente menos escucha.
- Cuanto más insistente es el vendedor, más a la defensiva se pone el cliente.
- Si el cliente percibe que se le está mintiendo o tratando de todas las maneras posibles de manipularlo para que compre, el resultado será que no le volverá a comprar a ese vendedor.

ESTRATEGIAS PARA INCREMENTAR LAS VENTAS DE LA EMPRESA

- Crear estrategias creativas e innovadoras de mercadotecnia tradicional, digital y en internet para posicionar la marca y empresa en la mente de los consumidores.
- Tener un equipo dinámico, sólido, capacitado, especializado y entregado a vender.
- Ampliar la base de datos de los clientes potenciales.
- Incrementar el crecimiento con los clientes actuales.
- Utilizar profesionalmente las redes sociales.
- Entrar a nuevos mercados potenciales.
- Tener un sistema de bonos especiales para los vendedores que cumplan sus metas.
- Contratar nuevos vendedores.

- Tener estrategias y personal capacitado para utilizar eficientemente las redes sociales.

EVALUACIÓN DE LA FUERZA DE VENTAS

Una evaluación integral de los vendedores requiere involucrar indicadores cuantitativos y cualitativos.

Evaluación cuantitativa

- ◆ Número de visitas a clientes por día, semana o mes.
- ◆ Número de presentaciones y propuestas formales realizadas en un mes a clientes potenciales.
- ◆ Volumen de ventas, por productos, clientes y territorio, comparada con otros vendedores en un periodo similar.
- ◆ Utilidades generadas por línea de productos, clientes y territorio.
- ◆ Porcentaje de visitas que terminan en cierres de venta.
- ◆ Porcentaje de clientes retenidos, nuevos y perdidos.

Evaluación cualitativa

- ◆ Grado de conocimiento de la empresa, los productos, los clientes y la competencia.
- ◆ Calidad en la preparación de las visitas a los clientes.
- ◆ Eficiencia y eficacia en la administración del tiempo.
- ◆ Tipo de relaciones con los clientes.
- ◆ Calidad en los reportes o informes de las visitas realizadas.
- ◆ Apariencia personal.

Con el diagnóstico resultado de la evaluación de la fuerza de ventas el gerente de ventas puede conocer las competencias de cada vendedor y determinar sus necesidades de capacitación.

∽El comprador define la estrategia del vendedor para cerrar ventas∽

MERCADO DE COMPRADORES

Ha cambiado la forma en que compran los clientes debido a la facilidad de consultar una variedad muy grande de marcas, productos y precios por internet. Hoy tenemos que saber lo que los clientes quieren comprar y evitar dirigir a los clientes a la manera en la que queremos vender. El comprador proporciona valor a sus necesidades dentro de su proceso de compra.

El ciclo de una compra es el proceso que realiza un cliente potencial para investigar la oferta que hay en el mercado y que le permite realizar su compra con conocimiento de lo que puede adquirir. Generalmente el comprador tiene necesidades de información en su proceso de compra.

Su investigación se centra en proveedores que proporcionen información relacionada con la necesidad que tienen que cubrir. Realiza la investigación necesaria para verificar todas las opciones que tiene a su disposición, con diferentes alternativas, enfoques y métodos para decidir la compra.

El acceso a la información es fácil y permite obtener los datos que se requieren con una simple búsqueda en internet. Investigará la documentación de apoyo, datos relevantes, puntos de referencia o recomendaciones, para poder tomar una decisión final.

Considerando lo anterior el vendedor deberá definir el contenido que resuelva la necesidad de información y satisfactor que está buscando el cliente potencial. Se debe tomar el tiempo de estudiar a su cliente, su negocio, mercado, retos y necesidades, lo que aumenta las posibilidades de lograr una venta.

Se deben conocer qué canales o medios son los que utilizan los clientes, para investigar el contenido y el proceso de compra y personalizar la relación con los clientes. Actualmente, una de las razones más importantes por las que el cliente selecciona a alguien para comprar es porque se identifica y tiene una relación con el vendedor y la empresa, relación basada en el respeto, la confianza, la honestidad, la calidad y los resultados.

Una buena estrategia de ventas es empezar una relación y no el cerrar una venta. La venta debe comenzar con sutileza desde el primer contacto y nunca terminar. Se debe entender que las ventas tienen un principio, pero no un fin, ya que la labor posventa es la clave de la siguiente venta.

Esto implica aportar valor desde el contacto inicial que se tiene con la persona, sea por teléfono, videollamada o presencialmente. Se trata de ayudar al cliente, no de venderle, ya que la venta es una consecuencia.

Para ganarse el respeto y la confianza de los clientes hay que ayudarlos a cubrir sus necesidades de la mejor forma posible, considerando su perfil y evitando venderles abiertamente.

Hay que ser honestos, si lo que el vendedor tiene para ofrecer no es la mejor opción para cubrir las necesidades del cliente hay que decirle que no se le puede ayudar. Si se tiene la información de quién puede cubrir sus necesidades hay que apoyarlo.

◆ Cuando se es honesto la relación con el cliente
se vuelve duradera ◆

NUEVOS CLIENTES

Los clientes nuevos son la sangre de cualquier empresa, por lo que es importante tener una fuerza de ventas que constantemente tenga nuevos prospectos clientes. Para atraer clientes nuevos pueden repetirse algunas de las estrategias que fueron usadas para atraer a los actuales.

Una estrategia que ha funcionado es recompensar a los clientes actuales que traigan a otro. Para esto es necesario actualizar las listas de los clientes potenciales a través de las bases de datos de cámaras empresariales, asociaciones, etcétera.

Los nuevos clientes pueden tener objeciones para efectuar una compra, por lo que se requiere tener sensibilidad y conocimiento para rebatirlas. Lo primero por hacer es detectar cuáles son dichas objeciones. La mayoría de los clientes pueden utilizar alguno de los siguientes argumentos:

- No es lo que deseo.
- No puedo pagarlo.
- No es el mejor precio.
- No le tengo confianza.
- No es como se ve en la publicidad.
- No es una marca reconocida.
- Es mejor el producto de la competencia.
- Me hablaron mal del producto.

Escuchar es la clave para manejar cualquier objeción o negativa. Algunas surgen de forma rápida y clara, pero hay otras que el cliente no quiere mencionar y debe tenerse la habilidad para lograr que las exprese y se tenga la oportunidad de aclararlas.

Debe identificarse la objeción principal y tener una respuesta completa y satisfactoria para aumentar las posibilidades de cerrar la venta.

Los clientes no quieren que les vendan,
quieren que les ayuden a comprar

SERVICIO AL CLIENTE

En la actualidad, el servicio al cliente se ha convertido en el elemento esencial para el éxito o fracaso de muchas empresas. Antes, las empresas orientaban básicamente sus objetivos a elevar la calidad física del producto que ofrecían a sus clientes y a obtener un beneficio derivado de la operación del negocio, como alternativas para asegurar su permanencia.

Cada vez resulta más difícil competir en el mercado. No es fácil tener un negocio que venda u ofrezca los mismos artículos que la competencia. Las empresas están obligadas a ofrecer constantemente nuevos productos y servicios.

El servicio al cliente es el más importante, ya que marca la diferencia entre la aceptación y el rechazo. Es lo que le da valor al producto. Para implantar la calidad en el servicio al cliente no hay más límite que la imaginación y la constante retroalimentación sobre lo que los clientes desean obtener de la empresa.

Se dice que el costo de ganar la preferencia de nuevos clientes es cinco veces mayor que el de mantener los que ya se tienen. Los directivos de las empresas solo llegan a saber algo del 5% de los clientes insatisfechos. En el caso del comercio, 95% de los clientes insatisfechos se retiran del establecimiento y alrededor del 90% de los clientes no vuelve. El 70% no regresan por un mal servicio y una actitud de indiferencia.

Un cliente insatisfecho comunica su malestar a ocho o más personas, que a su vez se lo comunican a otras más, creando una mala imagen de la empresa. Un incidente negativo necesita muchos positivos para corregir la imagen del negocio.

El cliente que es bien atendido y recompensado siempre vuelve y se multiplica al recomendar los productos o servicios de la empresa. En esto radica gran parte del éxito. Para poder tener clientes satisfechos que vuelvan a comprar en el negocio es necesario hacer lo siguiente:

- Evaluar periódicamente los productos o servicios para comprobar que el precio, la calidad, el empaque y la presentación en general son los adecuados.
- El mejoramiento continuo de la calidad de los productos es la mejor estrategia para mantener y aumentar la clientela.
- Conocer lo que desean los clientes del producto para mejorarlo antes que la competencia lo haga.
- Seleccionar las oportunidades de publicidad y promoción que lleguen al mayor porcentaje de su público.
- Repetir los mensajes que hicieron que el cliente comprará la primera vez.
- Considerar que los clientes no siempre son fieles. El cliente actual es el cliente potencial de su competencia. Si no se le da lo que espera, otro lo hará.

Garantías

Una parte importante del servicio al cliente es siempre cumplir con las garantías ofrecidas, que tienen que ser semejantes o mejores que las de la competencia. Estas tienen un costo y generalmente se incluyen en el precio de venta.

Las garantías se ofrecen por un tiempo determinado y van desde la devolución del dinero a cambio del producto o reparación sin costo por un tiempo determinado. Las garantías ayudan en la venta del producto, ya que dan confianza al consumidor.

∼Hacer sentir cercanos a los clientes repercute en mejores ventas.∼

El siguiente formato ayuda a llevar un control de las visitas a los clientes.

CONTROL DE VISITAS A CLIENTES
FUERZA DE VENTAS

NOMBRE DEL VENDEDOR _____

Fecha: _____ Hora: _____

Fecha última visita: _____

Empresa: _____

Dirección: _____

_____

Teléfonos: _____ Cel.: _____

Giro: _____

Correo electrónico: _____

Página web: _____

Cliente nuevo o de cartera: _____

Recomendado por: _____

Nombre del comprador: _____

Puesto: _____

Servicios ofrecidos: _____

Publicidad entregada: _____

Próxima cita o llamada: _____

Servicios vendidos: _____

Orden de compra: _____

Documentación necesaria para alta: _____

_____

Comentarios de avance: _____

_____

CAPÍTULO 8

PRODUCCIÓN

Este capítulo es para introducir al emprendedor en el conocimiento de las empresas que tienen un área de producción, como son las industrias. Esta área es la responsable de la planificación, la organización, la dirección, el control y la mejora de los sistemas que producen bienes y servicios con la finalidad de comercializarse.

Tener un área de producción exitosa depende de la experiencia y el conocimiento del personal que participe en ella. Está demostrado que las empresas que tienen personal con experiencia en el área de producción son más competitivas.

En la actualidad se requiere que las áreas de producción aprovechen los recursos, las capacidades, las facilidades y la tecnología de que se disponga para tener productos de calidad.

∾La productividad aumenta con la experiencia∾

COMIENZO DE OPERACIONES DE UNA FÁBRICA

Una fábrica es un lugar físico o virtual donde se produce algún objeto, material o servicio. Cuando una fábrica va a iniciar sus labores las preguntas más usuales son: ¿Dónde producir? ¿Cómo producir? ¿Cuánto producir? ¿Cuándo producir? ¿Cómo operar?

El área de producción necesita de diferentes factores para ser funcional y competitiva:

- Localización adecuada de la planta para producción, abastecimiento y entregas.
- Diseño apropiado de los edificios y espacios para la operación.

- Selección de maquinaria y equipo idóneos para los productos que se desea producir.
- Planeación y controles automatizados de producción.
- Mantenimiento preventivo.
- Seguridad industrial.
- Personal con experiencia, bien remunerado y capacitado.
- Tecnología de punta.

Reglamentación y permisos

Hay que considerar los reglamentos, disposiciones y permisos gubernamentales que se deben tramitar para la construcción de una fábrica industrial.

Localización de la fábrica

La ubicación adecuada se determina mediante una investigación que localice el mejor sitio para su instalación, considerando los aspectos económicos y funcionales. Una ubicación estratégica es una decisión vital en el éxito o fracaso de la fábrica.

Construcción de la fábrica

Se requiere determinar el programa de inversiones y el tiempo necesario para la construcción, la instalación de los equipos y la puesta en marcha de la fábrica. Por lo general, cuando se construye los tiempos programados se retrasan y se eleva el costo general de la obra. Hay que contemplar en el presupuesto un excedente para esta posible contingencia.

Tamaño de la fábrica

El tamaño de la fábrica depende de varios factores como: capital para invertir, tamaño del mercado, giro, tipo de producto, procesos que vayan a utilizarse, ventas pronosticadas, almacenamiento, movilidad, desperdicios, entre otros.

Los espacios más amplios tendrán mayores costos de construcción, pero estarán compensados porque pueden ser significativos en eficiencia y eficacia en la operación a mediano y largo plazo.

La mayoría de las empresas, con excepción de algunas muy tecnifica-das, prefieren edificios de usos múltiples a uno especializado que sirva para una sola finalidad.

Es importante que sea planeada adecuadamente para satisfacer las necesidades actuales y futuras. Es aconsejable utilizar especialistas de cada ramo.

> *∾ Una construcción poco funcional*
> *es un problema diario para el trabajo.∾*

Distribución de la fábrica

La distribución de la planta debe plantearse para que sea eficiente, segura y satisfactoria para los trabajadores. La distribución de la planta se reali-za con planos que sirven para determinar el tamaño, la forma y la ubica-ción de las áreas industriales, operativas y administrativas.

Los planos deben ser revisados por expertos en tiempos, movimien-tos, instalación de maquinaria y procesos de producción, ya que terminada la construcción del edificio y empezada la producción es difícil corregir las anomalías que se detecten.

La distribución de la planta puede variar dependiendo de diferen-tes factores:

- Tamaño del terreno y nave de la fábrica.
- Limitaciones impuestas por la construcción.
- La cantidad de maquinaria y herramientas.
- Necesidades del proceso de producción.
- Tipos y características de los productos.
- La cantidad y variedad que se requiere almacenar de materiales temporales y permanentes.
- La cantidad de desperdicios que se producen diariamente.
- Las necesidades de movimiento de los transportes internos y ex-ternos para ser eficientes.
- Operaciones necesarias y secuencia de las mismas.
- Flexibilidad y versatilidad para expansión.
- La frecuencia necesaria del mantenimiento preventivo y correctivo.
- Mano de obra directa e indirecta necesaria.
- Realizar inventarios, inspecciones y auditorías con facilidad.

Una buena distribución de la maquinaria y el equipo dentro y fuera de los edificios determina el grado de eficiencia de los procesos y operación de la fábrica.

Hay que considerar la longitud de los desplazamientos de materiales, personal operativo, inversiones en obra civil y tipo de equipo de transporte que utiliza la empresa.

Construcción de edificios y naves

En la construcción de los edificios y las naves hay que tomar en cuenta diferentes variables, entre las que destacan:

- Espacios totales.
- Estimaciones de superficie por área.
- Requerimientos de oficinas.
- Requerimientos para el montaje de la maquinaria.
- Seguridad e higiene.
- Iluminación.
- Servicios.
- Vapor y gas.
- Luz y ventilación artificial y natural.
- Aire acondicionado y calefacción.
- Facilidad para aislar los trabajos peligrosos y contaminantes.
- Comodidad para las labores de los empleados.
- Instalaciones sanitarias.
- Inspecciones fáciles y eficaces.

Maquinaria, equipo e instalaciones

Debido a la diversidad de productos que pueden manufacturarse en las diferentes industrias, existe maquinaria de diferente naturaleza y capacidad para la transformación de los materiales. Para decidir la compra de la maquinaria deben contestarse las siguientes preguntas:

- ¿Qué recurso financiero se tiene y cuál se requiere?
- ¿Qué tipo y características de la maquinaria se requiere?

- ¿Es la selección adecuada para las necesidades de la empresa?
- ¿Cuáles son las complicaciones en su instalación?
- ¿Qué conocimientos técnicos se requieren?
- ¿Cuáles son los posibles proveedores?
- ¿Cuáles son las alternativas de adquisición más económicas y de calidad?
- ¿Cuál es la vida útil de la maquinaria?
- ¿La maquinaria elegida hará el trabajo adecuado y de la mejor manera?
- ¿Tendrá la capacidad requerida a corto, mediano y largo plazos?
- ¿El grado de exactitud será el deseado?
- ¿Cuál será el porcentaje de utilización?
- ¿Es adecuado el precio de adquisición?
- ¿Hay mano de obra calificada para su eficiente operación?
- ¿Qué dificultad tiene su mantenimiento y conservación?
- ¿Las máquinas son de producción nacional?
- ¿Qué requiere la seguridad de la maquinaria?
- ¿Hay refacciones disponibles y cuál es su costo?
- ¿Satisface su capacidad los requerimientos de los programas de producción?
- ¿Cuál es su rendimiento?

En las empresas grandes forman comités de adquisición de maquinaria encargados de contestar las preguntas anteriores. Generalmente intervienen el área de ingeniería de métodos y herramental, el área de control de producción y el director de la fábrica.

La selección de la maquinaria debe ocupar la atención de cada una de las áreas en alguna etapa del proceso de adquisición, a fin de que se consideren todos los factores relacionados con la compra y el uso.

Por lo general, en las pequeñas y medianas empresas no hay un área especial o un método planeado para manejar la selección y adquisición de la maquinaria. Lo que suele hacerse es estudiar las necesidades y los problemas en cuanto se van presentando. La recomendación, usualmente, procede de la persona encargada del área de producción o de los talleres de la empresa.

ENERGÍA

La disponibilidad de la energía eléctrica y combustibles resulta ser un factor determinante en la localización de la fábrica, ya que puede aumentar o disminuir el costo de producción.

AGUA

Contar con la seguridad en el suministro de agua en la cantidad y calidad requerida es esencial para la ubicación de una fábrica. Hay industrias que necesitan cantidades de agua muy grandes y su instalación depende de la disponibilidad de esta. Hay procesos de producción que requieren agua de calidad y que necesitan sistemas apropiados de tratamiento.

MANO DE OBRA

Uno de los factores más importantes en la producción es la disponibilidad de mano de obra. Es importante considerar la necesidad de mano de obra especializada, pues carecer de ella puede ser un obstáculo para instalar una fábrica. Es necesario conocer los antecedentes y características del personal de la zona:

- Antecedentes de problemas laborales (huelgas, paros, abandonos de trabajo, rotación de personal).
- Facilidades para capacitar al personal.
- Ingresos promedio en la zona.
- Número aproximado de empleados y obreros calificados en la zona.
- Salarios y sistemas de bonificación en la zona.
- Sexo y edades promedio.
- Sindicatos u organizaciones de trabajadores.
- Empleados y obreros contratados por otras empresas.

Hay variaciones en los salarios dependiendo de la ciudad y la región. Generalmente, en las zonas rurales el costo de la mano de obra es menor.

PROXIMIDAD DE FUENTES DE ABASTECIMIENTO Y MERCADO

Es preferible que los proveedores de los materiales y materias primas de mayor uso en la planta estén lo más cerca posible. El factor de proximidad al mercado es más importante cuando la transportación añade un costo importante a la producción.

PLANEACIÓN DE LA PRODUCCIÓN

La fabricación moderna está constituida por tres fases relacionadas e interdependientes: la planeación, el abastecimiento de los materiales y el control de la producción. Una producción bien planeada requiere considerar los siguientes factores:

- Conocer la demanda del mercado.
- La capacidad máxima instalada.
- Estudios de tiempos y movimientos.
- Un pronóstico de ventas.
- Perfil y cantidad de personal operativo y producción.
- Cantidad de materias primas y materiales que se requieren.
- Financiamiento que se necesita.
- Cantidad que debe producirse por periodos.
- Diseño de los productos.
- Proceso de producción.
- Costos de producción y selección de métodos.
- Controles de la producción.
- Normas de calidad del producto.
- Mantenimiento del equipo.
- Las guías o plantillas necesarias.
- Maquinaria y equipo que hay que comprar.
- Herramientas necesarias para la fabricación.
- Programa de seguridad.
- Programa de trabajo y procedimientos.
- Sistema de transporte.
- Control de almacenes de productos terminados.

Proceso de producción

El proceso de producción es el conjunto de actividades necesarias para elaborar un producto. Los factores mínimos que deben tomarse en cuenta son los siguientes:

- Definir las actividades requeridas para producir un producto determinado.
- Organizar las actividades secuencialmente.
- Determinar tiempos requeridos para llevar a cabo cada actividad.
- Calidad requerida de los productos que desean obtenerse.
- Diagramas de flujo de los procesos claves.
- Monto de la inversión.
- Características y cantidades de la materia prima y otros materiales.
- Necesidades y características de la mano de obra.
- Subproductos o desechos derivados del proceso de producción.
- Reglamentación ambiental.
- Acceso a la tecnología requerida.
- El diagrama de flujo del proceso de producción.
- Los tiempos de operación.
- La inspección del trabajo.
- El movimiento, el suministro y la distribución de materiales y mercancías.
- Las operaciones de la mano de obra.
- El tiempo de empleo de la maquinaria y equipos.
- La interrelación con otras áreas de la empresa.

*∼El diseño de un producto debe cumplir
con los requisitos de facilidad de uso,
que no falle y que tenga calidad∼*

Tipos de control en la producción

Existen dos tipos de control de la producción, que dependen de la clase de fabricación a realizarse: el control seriado y el de pedidos.

El control seriado o continuo es la coordinación de la corriente de trabajo a un ritmo preestablecido, basado en un plan de producción de largo alcance.

El control de pedidos o intermitente es la coordinación del trabajo basado en las necesidades de uno o varios pedidos definidos, y a corto plazo, que requieren un plan exclusivo de producción.

La mayoría de las empresas practican una mezcla de producción continua e intermitente y usan ambas clases de control.

Control de calidad en la producción

El control de calidad es un proceso en el cual se vigila que los productos de la empresa sean elaborados con base en las especificaciones de su diseño. El control de calidad se dirige a impedir defectos y variaciones en los procesos de fabricación.

Este proceso implica el análisis y mejoramiento continuo de los procesos de producción, identificando las causas de las variaciones y los defectos en los productos. El control de calidad tiene la obligación de prevenir los defectos, en tanto que la inspección tiene la tarea de encontrarlos.

En la producción defectuosa no solo se produce una pérdida de material en el producto, sino que hay pérdida de mano de obra y de gastos generales de fabricación. En algunos casos, estos artículos pueden venderse en un mercado diferente, especificando, al ser vendidos, que son de segunda calidad.

Pueden establecerse dos formas de control de calidad. En una, son controlados los procesos reales que fabrican piezas, de manera que los ajustes y las correcciones, en caso de ser necesario, puedan hacerse de inmediato a fin de que las piezas defectuosas nunca sean producidas en grandes cantidades. En la otra, es controlado el nivel de producción desde el punto de vista de la inspección, para asegurar que el promedio de artículos defectuosos no sea mayor que el porcentaje previsto.

Inspección de un producto

La inspección de un producto consiste en determinar hasta qué punto este responde a las especificaciones establecidas. Es instaurar los métodos que sirven para medir las características de calidad y compararlas con las normas correspondientes.

La inspección es parte del proceso de producción, es la encargada de separar la mala producción de la buena. En un sentido más amplio, la inspección se ocupa de verificar el comportamiento y, en su caso, de aprobar los factores de la producción que influyen en la calidad del producto.

Clima

Está comprobado que el clima ejerce gran influencia en la eficiencia y el comportamiento de las personas y de ciertos procesos industriales (presión atmosférica, humedad, lluvia, sol y viento).

El tipo de construcción debe estar condicionado por estos factores. Por ejemplo, los vientos dominantes pueden causar problemas de ventilación y además afectar la orientación de una nueva planta, sobre todo cuando este puede producir olores nocivos, humo y calor. Se debe considerar en la localización geográfica el clima del lugar:

- Días promedio por año con sol, lluvia, niebla, humedad y precipitación.
- Temperatura promedio anual, máxima y mínima.
- Meses extremos de calor, lluvia o frío.
- Si hay frecuentemente temblores, tormentas tropicales, huracanes, otros.

Tecnología

Definir la tecnología que habrá de ser empleada al elaborar un producto es determinante para asegurar que su nivel tecnológico será adecuado y competitivo. Es necesario conocer las diferentes opciones que hay en el mercado para la selección. Al elegir la tecnología adecuada hay que considerar lo siguiente:

- Condiciones especiales necesarias para su utilización.
- Personal capacitado disponible con los conocimientos técnicos necesarios.
- Disponibilidad y facilidad de adquisición e instalación.
- Inversión necesaria.
- Condiciones de compra y garantías.
- Posibilidad de registro y protección legal.
- Pronóstico de obsolescencia.

Mantenimiento

Un buen mantenimiento preventivo es la clave para tener una eficiente y elevada producción. Está basado en las inspecciones periódicas de los equipos y de las herramientas de la fábrica que permiten descubrir las condiciones inadecuadas que pueden conducir a fallas o altos inesperados de la producción.

También sirve para detectar etapas iniciales de fallas o deterioros y para programar su arreglo, evitando con ello el mantenimiento correctivo que generalmente es más costoso e implica, en muchos casos, detener los equipos necesarios en el proceso de producción.

Hay servicios de mantenimiento que puede proporcionar el personal de la empresa y otros que pueden ser contratados externamente. Todos los equipos y las herramientas deberán estar en perfecto estado para su uso y el personal debe estar capacitado. Deben tenerse los siguientes controles en el área de mantenimiento:

- Órdenes de trabajo.
- Entradas y salidas de materiales y herramientas del almacén y del taller.
- Control de la mano de obra utilizada.
- Registros de reparaciones y costos con fechas y personal empleado.
- Registros de reparaciones y costos de personal externo contratado.
- Comprobantes de compras realizadas.

CAPÍTULO 9
OPERACIÓN

El emprendedor se debe involucrar en la administración de la operación, ya que es un área fundamental para el éxito del negocio. La administración de la operación es la coordinación de las áreas responsables del almacenamiento, mantenimiento, transporte, embarque y tráfico.

ALMACÉN

Para la operación eficiente de la empresa es trascendente tener un almacén bien organizado y con personal responsable y experimentado. Según el tamaño y el giro del negocio será el diseño para que sea funcional y eficiente. Las características de un almacén eficiente son las siguientes:

- Disponer de espacio suficiente.
- Tener equipos y muebles adecuados para el almacenamiento.
- De fácil acceso, buena localización, clasificación idónea de las mercancías, identificación e inspección sencillas y efectivas de las mercancías y materiales almacenados.
- Recepción, almacenamiento y entrega de mercancías y materiales fáciles, rápidos y seguros.
- Sistema de protección de mercancías y materiales contra posibles daños y deterioros.
- Sistema eficiente de rotación de las mercancías y materiales que tienen caducidad.
- Adaptado a las necesidades logísticas de movimientos internos de mercancías.
- Adecuado para la carga y descarga de los transportes de la empresa y los proveedores.
- Automatizado, dependiendo de las necesidades de cada empresa.

217

Hay que considerar el tiempo de vida útil de las mercancías y los materiales para que no se deterioren en el caso de que sean almacenados durante mucho tiempo.

Los materiales almacenados pueden ser identificados con base en símbolos, números, letras o una combinación de éstos. Puede llevarse un sistema de índices que registre la colocación física de los diferentes materiales o mercancías.

La mayoría de los almacenes, independientemente de su tamaño, llevan registros basándose en inventarios perpetuos que muestran los movimientos de entradas, salidas y existencias de cada mercancía o material. Los movimientos son en cantidades unitarias, tales como números de piezas, kilos, litros, metros y costos unitarios.

Actualmente hay empresas que prestan el servicio de almacenes totalmente automatizados que se pueden contratar para facilitar la logística y controles de algunas empresas que así les convenga.

Procedimiento en el almacén

El responsable del almacén debe atender el siguiente procedimiento para recibir mercancías y materiales:

- Recepción de la mercancía.
- Confrontar las notas de remisión del proveedor con la copia del pedido y la orden de compra para ver si la mercancía se ajusta a lo solicitado.
- Revisar físicamente que las mercancías y los materiales que se estén recibiendo correspondan a lo especificado en el pedido.
- Revisar el estado de las mercancías.
- Sellar la documentación de recibido de conformidad.
- Registrar la entrada de mercancías.
- Acomodar las mercancías y los materiales en el lugar asignado.
- Informar a las áreas de compras y contabilidad sobre la recepción de la mercancía y las contingencias.
- En el caso de defectos o desperfectos devolver las mercancías y hacer las anotaciones pertinentes en la documentación original del proveedor, así como solicitar que sea firmada por la persona que haga la entrega.

◆ Hay que notificar a las áreas de contabilidad y compras para que hagan los ajustes pertinentes.

Es necesario mandar a hacer un sello electrónico o manual que tenga espacios para anotar la fecha de recepción, número de entrada al almacén, algunas observaciones y la firma del almacenista para sellar la documentación necesaria.

Empaque

El empaque es cualquier material que resguarda un producto y que facilita su entrega al consumidor final. Las principales características que debe tener un empaque son:

- Fácil transportación.
- Económico.
- Lo más ligero posible.
- Dar seguridad al producto.
- Maniobrable y que no se destruya fácilmente.
- Que sea de material reciclable.
- Que sirva para apoyar la presencia en el mercado.

Embarque y tráfico de mercancías

El embarque es la preparación de las mercancías para su envío, mientras que el tráfico es la recepción y entrega de estas. Una fase importante del embarque es la vigilancia de la carga y estiba de las mercancías.

Generalmente deben empacarse de acuerdo con el orden de sucesión geográfica en que van a ser entregados, es decir, las mercancías que se vayan a entregar al final deben ser las primeras en estibarse y meterse a la unidad de transporte.

Es conveniente tener personal especializado y equipos adecuados para realizar las maniobras de carga y descarga. La identificación de la carga y los letreros "manéjese con cuidado" o "mercancía frágil" deben colocarse en lugares visibles.

DESPERDICIOS Y MERMA

El desperdicio o recorte consiste en los restos de material que quedan después de haber terminado los procesos. Es una forma de materia prima que puede venderse o reciclarse para luego ser utilizada nuevamente como materia prima.

La merma en cambio es desperdicio que generalmente se tira a la basura. Se considera que la merma, a diferencia del desperdicio, carece de valor, que se trata de una pérdida y que aumenta el costo unitario de producción.

Para comprobar que los porcentajes de desperdicios y mermas del total de la producción son razonables es necesario tener estrictos métodos de control y conocer los indicadores aceptados como buenos para el giro de la empresa. Hay reglamentos que prohíben o limitan la cantidad y el tipo de desechos que se pueden tirar.

TRANSPORTE

Tener un buen sistema para administrar el transporte de una empresa es importante para tener una operación eficiente. Controlar y verificar la realización del mantenimiento preventivo de cada vehículo es básico para evitar que las unidades entren al taller con frecuencia.

Las unidades en el taller ocasionan retrasos en la entrega de los productos y servicios de la empresa. En ocasiones es necesario rentar un vehículo y es lo más costoso para la empresa.

Es necesario tener controles de los servicios de mantenimiento que sean realizados a cada unidad, del rendimiento de los combustibles, de las reparaciones menores y mayores, trabajos de hojalatería, pintura y vestiduras, es decir, de todo aquello que sirva para tener una flotilla en buenas condiciones.

La apariencia exterior de las unidades debe ser limpia y estar en perfectas condiciones la imagen corporativa. Las unidades representan la imagen de la empresa en las calles y carreteras donde circulan.

Cuando no se tiene una flotilla propia y se necesita contratar transporte para mover los productos de la empresa hay que verificar la disponibilidad y costo del tipo de transporte que requiere el producto para estar en las mejores condiciones cuando se entregue. Las tarifas, clase de vehículos, tiempos de arrendamiento y seguros deben estipularse en los contratos que se firmen con las empresas con las que se renten los vehículos.

Hay empresas medianas y grandes que tienen sus propias unidades, ya que les resulta más económico y dan un mejor servicio que si lo contratan. La selección del transporte depende de la distancia que se tenga que recorrer y de la cantidad, volumen y peso del producto que se tenga que entregar. La transportación puede ser por vía marítima, ferroviaria, terrestre o aérea.

Es importante conocer el sistema de transportación de la localidad y las tarifas de los fletes. En las localidades de menor industrialización las posibilidades de variedad de transporte muchas veces son limitadas.

La contratación de buenos talleres externos es muy complicada, porque los trabajos realizados en la mayor parte de ellos no cumplen con la calidad deseada.

Operadores de vehículos

Los responsables del área de transporte y los operadores de vehículos deben estar capacitados y conocer los procedimientos y las políticas relacionados con el transporte de la empresa. Ejemplos de algunos procedimientos que deben conocer:

- Aviso de accidentes y robos a la aseguradora y oficinas.
- Entrega de mercancías a los clientes.
- Manejo de carga y descarga de mercancías.
- Revisión diaria de aceite, llantas, batería, agua, hojalatería, pintura, vestiduras, seguridad.
- Utilización de los seguros de los vehículos.
- Uso de talleres de reparación y mantenimiento preventivo y correctivo.
- Conocimiento y aplicación del reglamento de tránsito.
- Manejo y uso de la documentación necesaria del vehículo: tarjeta de circulación, póliza del seguro, permiso de carga, factura o nota de remisión y salida de almacén fechadas, selladas y firmadas.
- Resguardo y entrega de llaves.

Es conveniente asignar a cada operador un solo vehículo y responsabilizarlo por él. Es mejor que cada vehículo sea manejado por una sola persona y que solo el día de descanso o por ausencia del operador responsable sea manejado por otra persona. Cuando esto suceda deberá entregarse la unidad con un inventario detallado al nuevo operador.

Gastos de vehículos

Es indispensable controlar los gastos que generan los vehículos y verificar que las averías que se reporten sean reales y, de ser posible, conocer las causas que las ocasionaron. Es fundamental controlar las llantas de los vehículos, las refacciones, los vales de gasolina y las herramientas para evitar malos manejos.

En las empresas que tienen flotillas grandes, para evitar malos manejos en cuanto a la compra de combustibles, aceites, aditivos, reparaciones de llantas, etc., puede contratarse una empresa que tenga estos servicios en todo el país y que mediante convenio reciba vales para estos gastos.

A continuación se anexan formatos para facilitar el manejo de vehículos en la empresa.

CONTROL DE TRÁMITES DE VEHÍCULOS

SEGURO	VERIFICACIÓN	TENENCIA	SERVICIO	COMPOSTURAS
Fecha de inicio de seguro	Fecha de última verificación	Fecha de pago de última tenencia	Fecha de último servicio	Fecha de última compostura
Fecha de vencimiento de seguro	Fecha de próxima verificación	Fecha de pago de próxima tenencia	Fecha de próximo servicio	

CONTROL DE GASOLINA

FECHA	KM AL SALIR	KM AL LLEGAR	KM RECORRIDOS	GASOLINA CARGADA $	RENDIMIENTO

CAPÍTULO 10

CONTABILIDAD Y FINANZAS

IMPORTANCIA DE LA CONTABILIDAD

El sistema de contabilidad es la base para conocer detalladamente la información financiera de la empresa. Una contabilidad profesional puede proporcionar información veraz, oportuna y suficiente para tomar decisiones basadas en la situación real de la empresa.

Desde el principio de las operaciones los emprendedores deben dar especial atención al sistema de contabilidad, ya que en ocasiones se necesita un periodo de ajuste, antes que funcione con eficacia y proporcione información veraz y exacta.

Es indispensable que el emprendedor aprenda a interpretar los informes financieros y pueda dialogar y definir conjuntamente con el personal de contabilidad de la empresa y con los expertos externos, las estrategias más convenientes con base en los resultados que se vayan obteniendo.

También es necesario definir el diseño y el contenido de los formatos de los reportes para el análisis de la información contable y financiera, con el fin de que sean comprensibles para los accionistas y ejecutivos de primer nivel que no están especializados en estos temas.

En empresas pequeñas y algunas medianas los contadores prefieren utilizar paquetes genéricos de cómputo ya diseñados, puesto que es más fácil su operación y generalmente son más sencillos y baratos.

Hay sistemas empresariales más robustos diseñados de manera específica para manejar la contabilidad de cualquier empresa y proporcionan los informes contables y financieros requeridos por los dueños, directivos y las autoridades.

Si la empresa tiene requerimientos específicos es conveniente desarrollar un sistema a la medida que cubra las necesidades de información.

Para las empresas pequeñas, cuando tienen los recursos económicos, es recomendable contratar contadores profesionales y con experiencia, así como tener asesoría especializada, por ejemplo, de un fiscalista.

Las empresas grandes y algunas medianas tienen sus propios grupos de profesionales y despachos externos formados por expertos fiscalistas que los asesoran en situaciones especiales o controversias con la autoridad.

En resumen, la contabilidad permite conocer los resultados de las operaciones, la rentabilidad en función del capital invertido, los indicadores y elementos de juicio que permiten evaluar la situación financiera de la empresa y decidir las mejores alternativas de acción.

LIBROS CONTABLES

Los principales libros contables son el diario y el mayor. Todos los movimientos que inicialmente son realizados en una empresa tienen que registrarse en un libro conocido por el nombre de *diario*, para luego ser pasados al *mayor*. Estos registros constituyen la base para elaborar el balance general y el estado de pérdidas y ganancias.

El diario es un registro cronológico de todos los movimientos que lleva a cabo la empresa mediante partidas que se denominan *asientos*. Los asientos se pasan por cada cuenta al libro mayor.

El mayor es el libro en que se llevan las cuentas y cada página está encabezada con el nombre de la cuenta. En este libro se puede ver el valor de los activos, pasivos y del capital, así como la historia de las transacciones empresariales. Los asientos que se practican se toman del libro diario.

SISTEMA DE REGISTRO

Hay dos conceptos básicos en contabilidad: la ecuación contable y la partida doble. La primera es la fórmula que indica que los activos son iguales a la suma de los pasivos más el capital contable. La relación de estos siempre ha de ser equilibrada, es decir, que ambos lados de la ecuación tienen que ser iguales. La segunda es un sistema en el cual son registradas las transacciones que tienen relación con los activos, pasivos y el capital contable.

El catálogo de cuentas y subcuentas son las partidas que se utilizan para registrar las operaciones de la empresa. Algunos ejemplos de cuentas son: bancos, caja, cuentas por cobrar y pagar, edificios, terrenos, depreciación de equipo, sueldos y salarios, proveedores, acreedores, las subcuentas dan información más detallada cuando se necesita. Las subcuentas se van abriendo según las necesidades de cada empresa.

El contador debe definir y actualizar el catálogo de cuentas y subcuentas que se adapte a las necesidades de la empresa. Un sistema adecuado de registro debe contemplar lo siguiente:

- Producir información objetiva y útil para la toma de decisiones.
- Ser fácil y sencillo de interpretarse.
- Tener facilidad para producir información suficiente, rápida y veraz.
- Contar con un sistema de registro adecuado al tamaño de la empresa.
- Utilizar la menor cantidad posible de personal.

Todos los reportes contables y financieros deben ser objetivos, tener información actualizada, veraz y estar firmados por los responsables de su elaboración.

Los estados financieros más importantes y de gran utilidad para los accionistas y directivos de una empresa son la balanza de comprobación, balance general y estado de resultados.

BALANZA DE COMPROBACIÓN

Es necesario que los contadores resalten la información más significativa y la presenten de una forma clara, objetiva, veraz y de la manera más sencilla posible.

La balanza de comprobación es un documento contable que se elabora que tiene el catálogo de cuentas y subcuentas y permite ver el detalle de las operaciones de una empresa. Un buen catálogo de cuentas es la base de una buena contabilidad.

BALANCE GENERAL

El balance general es un documento que contiene cifras a determinada fecha, con información sobre la situación financiera de la empresa. Es una radiografía que permite conocer mensualmente la posición financiera de la empresa. Las cuentas más comunes en un balance general son:

Activo circulante

- Efectivo en cajas y bancos, además de los valores negociables.
- Certificados, fondos y cuentas de ahorros.
- Cuentas y documentos por cobrar.
- Inventarios de mercancías (materia prima, producto en proceso y producto terminado).
- Inversiones temporales.
- Gastos previamente pagados.

Activos fijos

- Maquinaria y equipo.
- Edificios.
- Terrenos.
- Equipo de transporte.
- Equipo de oficina.
- Depreciación del equipo de transporte y oficina.

Activos intangibles

- Marcas y patentes.
- Costos de organización.
- Crédito mercantil y comercial.

Pasivos circulantes

- Cuentas por pagar.
- Documentos e intereses por pagar.
- Impuestos pendientes por pagar.
- Pasivos acumulados.
- Gastos acumulados por pagar.
- Hipotecas.

Capital contable

- ✦ Capital contable.
- ✦ Capital social.
- ✦ Superávit.

Utilidades

Para cualquier empresa es vital mantener un equilibrio entre el activo y el pasivo, solo así podrá mover el dinero y generar utilidades. Es preciso vigilar constantemente que se mantenga en equilibrio la estructura de capital de la empresa.

ESTADO DE RESULTADOS

El estado de resultados es un documento contable que muestra el resultado de las operaciones de una empresa durante un periodo determinado. Presenta la situación financiera a una fecha determinada, tomando como parámetro los ingresos y gastos efectuados y proporciona la utilidad neta de la empresa.

El estado de resultados es un resumen analítico de lo conseguido en términos de rentabilidad dentro de un periodo determinado. Es un informe financiero que muestra la utilidad o pérdida producto de la actividad de la empresa. Consiste en un resumen de los resultados de las operaciones por un tiempo específico. Al estado de resultados también se lo conoce como *estado de pérdidas y ganancias*.

La proyección de un estado de resultados puede realizarse de una manera simple con los siguientes datos:

- Determinar las ventas netas de la empresa, que se calculan restando a las ventas brutas o totales los descuentos, las rebajas y las devoluciones.
- La diferencia de las ventas netas menos el costo de lo vendido es igual a la utilidad bruta.
- El costo de lo vendido está relacionado con el producto para el que fueron incurridos.

- El costo de ventas se calcula tomando el inventario inicial, más las compras brutas, más fletes sobre compras, menos devoluciones y descuentos sobre compras, para obtener las compras netas y estas menos el inventario final.

El gasto de operación se calcula sumando los gastos de honorarios, depreciación, servicios públicos, nóminas, materiales, mantenimiento, organización, transporte y seguros.

Para obtener la utilidad neta se restan los diversos renglones de gastos como: gastos de mercadotecnia, administrativos, de operación, financieros, generales, depreciaciones y, en su caso, de investigación y desarrollo.

La suma de todos los gastos son los gastos totales, que le son restados a la utilidad bruta para obtener la utilidad de operación. Si hubiera otros ingresos se sumarían para tener la utilidad neta. Esta última se calcula antes de pagar los impuestos, ya que éstos se estiman en relación con la utilidad neta del negocio.

La utilidad neta, después del pago de impuestos, es la última cifra del estado de resultados. Un formato de un estado de resultados es el siguiente:

El balance general y el estado de pérdidas y ganancias deben ser elaborados los primeros días del mes siguiente, ya que son reportes de vital importancia para la toma de decisiones.

ESTADO DE ORIGEN Y APLICACIÓN DE RECURSOS

Es un registro que indica de dónde provienen los recursos financieros y en qué se aplicaron durante un periodo específico.

Los contadores públicos son los especialistas para manejar e interpretar este tipo de informes. Resulta importante tener la información financiera oportunamente para tomar decisiones correctas y en un buen momento.

CAPITAL DE TRABAJO

Al dinero en efectivo, en bancos o cajas, a las cuentas por cobrar y a los inventarios se los conoce con el nombre de *activo circulante*; en tanto a las cuentas por pagar a los proveedores, a los bancos y a otros acreedores, se las conoce como *pasivo circulante*. La diferencia entre ambos circulantes es el capital de trabajo.

Cada empresa tiene sus propias necesidades relacionadas con el capital de trabajo. Si una empresa mantiene el mismo volumen de negocios cada año, generalmente, necesita el mismo capital de trabajo.

Cuidar el dinero invertido en inventarios y su rotación, así como tener cuentas sanas por cobrar permite mover el dinero y generar utilidades.

Mientras menos tiempo de crédito se otorgue a los clientes, menor será el capital de trabajo requerido para las operaciones de la empresa. El tiempo de crédito otorgado debe depender del capital de trabajo que se tenga.

El ciclo es comprar o producir, vender y cobrar, es el tiempo que se requiere para que el dinero usado en comprar o producir se convierta nuevamente en dinero con un margen de ganancia.

Lo anterior se determina considerando las siguientes variables:

- El tiempo que las materias primas o las mercancías adquiridas para vender permanecen en el almacén.
- Los días que transcurren durante el proceso de convertir las materias primas en mercancías para vender.
- Los días que transcurren para vender las mercancías y entregarlas.
- El tiempo que tarda la empresa en cobrar las ventas realizadas.

Los créditos de los proveedores también representan una fuente de fondos que proporciona liquidez.

Cuando los proveedores proporcionan plazos más largos de crédito y los clientes pagan en menor tiempo se tiene más disponibilidad de efectivo o capital de trabajo, pero cuando el cliente tarda en pagar más que el crédito dado por el proveedor hay que tener recursos para financiar la operación.

INGRESOS Y EGRESOS

Los ingresos de una empresa son generados por las ventas. Los egresos son todas las erogaciones que se realizan.

Se debe tener un control de las ventas efectuadas y del dinero que ingresa diariamente a la empresa. Tener un control diario de las transferencias bancarias, los cheques y los pagos en efectivo, así como de los depósitos de todos los ingresos recibidos por la empresa, permite tener, además de un control de gastos e ingresos diarios, los saldos de las cuentas de bancos actualizados y no realizar movimientos que no tengan fondos.

Todos los cheques o transferencias deben tener una póliza que indique el concepto para lo que se hace el movimiento. Deben tener un comprobante que se relacione con el mismo concepto que indica la póliza. Se debe actualizar a diario este control.

CAJA CHICA Y DE SEGURIDAD

En todos los negocios hay gastos menores que tienen que realizarse en efectivo, para ello se establece un fondo que comúnmente se denomina *caja chica*. La cantidad asignada a la caja chica dependerá exclusivamente del tipo y tamaño de negocio de que se trate.

Debe establecerse un responsable y un procedimiento para el manejo de los fondos de la caja chica. Todos los gastos que se efectúen con estos fondos deben estar respaldados con un comprobante firmado por una persona autorizada de la empresa. Cuando se realice un pago con estos recursos que no tenga factura o recibo, debe elaborarse un vale autorizado que justifique el gasto.

Los fondos de la caja chica deben ser repuestos cuando estén por terminarse y debe elaborarse, asimismo, un cheque por la cantidad de los comprobantes de gastos con los que se cuente para que sean cubiertos los fondos asignados inicialmente.

Es conveniente tener una caja de seguridad en la empresa para guardar dinero en efectivo y documentos importantes. Siempre debe estar la persona que conozca la combinación de la caja fuerte o tenga la llave por cualquier contingencia que se pueda presentar.

ACTIVOS FIJOS

Los activos fijos representan aquellos bienes que tienen una vida relativamente larga. Los activos fijos son inversiones a largo plazo que se deprecian o disminuyen de valor con el transcurso del tiempo. El tiempo de depreciación lo establece la ley dependiendo del tipo de activo que se adquiere.

Cuando un activo es registrado en la contabilidad de la empresa se establece un procedimiento para depreciarlo anualmente y cargarlo a los gastos del periodo.

La depreciación es un gasto que sirve tan solo para efectos contables, pero no tiene que hacerse ningún tipo de desembolso.

Establecer un fondo para la reposición del equipo, sobre la base de las depreciaciones, es saludable, ya que mantiene actualizada y competitiva a la empresa.

Para los emprendedores, las micro y pequeñas empresas generalmente es recomendable mantener una inversión baja en activos fijos y utilizar los recursos para crecer.

CUENTAS POR COBRAR

Las cuentas por cobrar son cantidades de dinero que los clientes deben al negocio generalmente por concepto del otorgamiento de crédito. Es necesario considerar que la parte más difícil de un negocio que otorga créditos es la cobranza.

Se debe establecer un procedimiento para tener un registro, confiable y efectivo de las cuentas por cobrar y un sistema de cobranza eficiente para no afectar el flujo de dinero programado.

Una venta no está concluida hasta que no está cobrada. Por ello, la función del área responsable de la cobranza se vuelve fundamental. Tener un sistema eficiente de cobranza permite tener menos cuentas morosas o incobrables.

Las cuentas se dividen en vigentes, vencidas e incobrables:

- Las cuentas vigentes son las que están dentro del plazo de pago convenido.
- Las cuentas vencidas son las empresas o personas que no son puntuales para pagar y tienen la costumbre de liquidar sus compromisos después de haber concluido el plazo.
- Las cuentas incobrables son las personas que no pagan, ya sea porque dejaron de tener ingresos o utilizan un pretexto relacionado con lo que esperaban del producto o servicio y decidieron dejar de pagar.

Hay que controlar que el porcentaje de la cartera vencida no se vuelva incobrable para no complicar el uso del capital de trabajo.

Existen varias formas de realizar la cobranza en una empresa. Pueden mandarse estados de cuenta o cartas a los domicilios de los clientes, hacer llamadas telefónicas para informar de las fechas de vencimiento, mandar correos electrónicos, realizar visitas personales y proceder legalmente. Existen empresas especializadas en cobranza que reciben un porcentaje de la cartera recuperada.

*❧El cliente siempre tiene la razón
mientras no deje de pagar❧*

CRÉDITO

En las empresas que otorgan créditos es indispensable establecer políticas claras y bien administradas y un sistema eficiente de facturación y cobranza. El otorgamiento de crédito tiene las siguientes ventajas y desventajas.

Ventajas:

- El mercado potencial de compradores es más amplio.
- El precio es menos importante para la toma de decisión del cliente.
- El volumen de ventas del negocio aumenta.
- Las ventas a crédito son más fáciles de realizar.

Desventajas:

- Aumentan las devoluciones.
- Crea problemas con clientes morosos.
- Se generan cuentas incobrables.
- El crédito encarece los productos.
- Inmoviliza parte del capital de la empresa.
- Se requieren investigaciones socioeconómicas.

Requisitos para que la empresa otorgue crédito:

- Seleccionar e investigar cada uno de los clientes a los que se pretende otorgar un crédito.
- Informar detalladamente las condiciones del crédito a los posibles clientes.
- Motivar a los clientes para que realicen el pago oportuno de los vencimientos.
- Conocer la situación de cada cuenta y controlar la cobranza de manera sistemática.

- Cuando el cliente no cumpla con los compromisos pactados hay que cobrar judicialmente.

La información que se solicita a los clientes para otorgarles un crédito:

- Comprobante domiciliario y antigüedad de vivir en esa dirección.
- Ocupación e ingresos aproximados.
- Otros préstamos y créditos que tenga.
- Referencias bancarias.
- Referencias de sus últimos trabajos.
- Carta de no antecedentes en el buró de crédito.

Se deben tener políticas de crédito que establezcan la cantidad máxima de crédito que puede ser otorgado a un cliente, el procedimiento para solicitar el pago, los plazos máximos de este y cuándo llevar a cabo acciones jurídicas.

CUENTAS POR PAGAR

Controlar y programar las cuentas por pagar es una de las actividades más importantes del área de contabilidad y finanzas.

Una forma de controlar las cuentas por pagar es programar en un software los pagos de todas las deudas de la empresa. Si no se tiene, se pueden utilizar contra recibo y programar los pagos a los proveedores por fechas de vencimiento.

El programa de pagos es de gran utilidad, ya que es la base para que el responsable pueda autorizar los pagos y sean elaborados los cheques correspondientes a los proveedores. Deben exigirse comprobantes que cumplan con los requisitos fiscales.

Esta es la información manejada en la agenda-calendario de las cuentas por pagar: razón social del proveedor, número de factura que se debe liquidar y monto.

Los documentos por pagar son promesas documentadas que causan un interés y tienen un tiempo determinado para su pago. Los gastos acumulados por pagar son erogaciones en las que se ha incurrido, pero no se han pagado.

IMPUESTOS

En México las leyes fiscales cambian constantemente y se vuelven complejas, por esto se requiere un contador que las conozca y pueda cumplir con los requisitos que marca la autoridad.

Los accionistas y directivos también deben comprenderlas, lo que hace más sencillo el cumplimiento de las obligaciones.

Por la variedad de impuestos, su complejidad y la dinámica de estas disposiciones, es recomendable disponer de un asesor que sea especialista en la materia para pagar lo establecido por la ley.

La obligación de pagar impuestos en un negocio es de los accionistas, por lo que el sistema contable debe ser eficiente, pagar las cantidades requeridas y cumplir con todos los requisitos de ley.

Un buen sistema contable permite que las declaraciones de impuestos se hagan en los tiempos establecidos por la autoridad. Es recomendable tener un respaldo de los comprobantes de pago de los impuestos fuera de las instalaciones de la empresa.

FLUJO DE DINERO

Muchos emprendedores no le dan la importancia debida a la elaboración y los análisis de flujos de dinero, no toman en cuenta que es una de las principales causas por las que fracasan los que inician un negocio.

Es necesario pronosticar y documentar el flujo de dinero para poder planear y tomar decisiones sobre la base de lo que es económicamente posible. Para elaborar un flujo de dinero es necesario identificar los recursos que está generando la empresa y en qué se están invirtiendo y gastando.

El flujo de dinero sirve para programar los egresos y los ingresos y, en su caso, para conocer las necesidades de dinero en un tiempo específico.

Cuando se inicia un negocio los accionistas asignan una parte del dinero que invierten en el capital de trabajo e inicio de operaciones; con esta cantidad y realizando pronósticos de las posibles ventas, cobranzas y egresos en un periodo determinado, es como se calcula el primer flujo de dinero.

Controlar el flujo de dinero es muy importante, ya que permite conocer la disponibilidad de efectivo y programar las compras, rentas, anticipos, pagos, sueldos, salarios, etc., de una manera eficiente y cumplir en los tiempos pactados los compromisos generados.

En un negocio que está creciendo se presenta una situación diferente, ya que necesita mayores cantidades de dinero para financiar su desarrollo, debido a esto, tiene que conocer y cuidar al detalle su flujo de dinero.

Es importante cuidar la liquidez y no confundirla con utilidades y sacar el dinero de la cuenta del negocio. Elaborar un flujo de dinero no es sencillo, ya que existen muchas variables que, por diferentes razones, pueden sufrir cambios. Es mejor ser conservador en los diferentes pronósticos que se realicen.

Hay que considerar las posibles desviaciones en el ingreso y egreso del dinero, así como tener previstas distintas alternativas de acción según los escenarios que se presenten.

Los conceptos que integran el pronóstico del flujo de dinero o de los presupuestos pueden cambiar dependiendo de cada empresa.

Para la elaboración del flujo de dinero hay que considerar los saldos en banco y caja, así como los ingresos y egresos. Los conceptos de ingresos y egresos más usados son los siguientes:

INGRESOS

* Ingresos por ventas.
* Aportaciones de los socios.
* Créditos de instituciones financieras, proveedores, otros.
* Cuentas por cobrar.
* Derechos.
* Documentos por cobrar.
* Intereses por dinero depositado a plazos en instituciones de crédito.
* Venta de inventarios.
* Ventas de activos.
* Otros ingresos.

EGRESOS

* Acreedores.
* Adquisición de activos.
* Agua.
* Apertura de créditos.
* Artículos de oficina.
* Artículos de papelería.
* Comisiones sobre ventas.
* Compra de maquinaria.
* Compra de mobiliario.
* Compra de productos, materias primas y materiales.
* Compra y pagos de inmuebles.
* Consultorías.
* Cuentas por pagar.
* Cuotas sindicales.
* Energía eléctrica.
* Equipo de transporte.
* Equipos de cómputo y periféricos.
* Fianzas.
* Fletes y maniobras.
* Fumigación.
* Gasolina.
* Gastos de administración.
* Gastos de operación.
* Gastos de representación y viáticos.
* Gastos de ventas.
* Gastos de instalación.
* Gastos financieros.
* Gastos generales.
* Honorarios profesionales (asesores externos, contador externo, abogados, etc.).

EGRESOS *(Continuación)*

• Impresos.	• Material de empaque y embalaje.	• Reparto de utilidades.
• Impuestos de nóminas y generales.	• Mercadotecnia tradicional e internet.	• Reposición de maquinaria y equipos.
• Internet.	• Pago de créditos bancarios, intereses u otros.	• Seguridad social y vivienda.
• Instalaciones.	• Pago de deudas.	• Seguros de activos, daños, médicos, vida, etc.
• Inventarios.	• Pago de proveedores de productos y servicios.	• Servicios contables y legales.
• Inversiones en inmuebles y equipos.	• Pago de rentas.	• Servidor.
• Liquidaciones y finiquitos.	• Pagos anticipados.	• Sueldos, salarios y gratificaciones.
• Lubricantes.	• Patentes y marcas.	• Teléfonos fijos y celulares.
• Mantenimiento de inmuebles e instalaciones.	• Pauta en Google Adwords.	• Trámites legales, permisos y licencias.
• Mantenimiento de maquinaria, herramienta, mantenimiento de muebles y equipos.	• Prediales.	• Uniformes.
	• Publicidad y promociones.	• Utilidades o dividendos por pagar.
• Mantenimiento del transporte.	• Redes sociales.	• Vigilancia.
	• Refacciones en general.	

Dependiendo de la magnitud y el giro de la empresa son las cuentas de ingresos y egresos que se utilizan para elaborar el flujo de efectivo y los presupuestos del negocio.

Es importante resaltar que una buena parte de la información para elaborar el flujo de efectivo se genera a partir del estado de resultados y del balance general mensual.

El flujo puede proyectarse por día, por semana o por mes (ver formato pág. 248).

PRESUPUESTOS

Para los emprendedores el presupuesto es el recurso necesario para llevar a cabo un proyecto de inicio de operaciones o de crecimiento. Sirve para conocer la cantidad de dinero que ha de ser invertido en los programas de la empresa. Las ventajas de tener presupuesto son:

- Determina anticipadamente los recursos financieros que se necesitan.
- Determina límites de gastos para cada actividad.
- Establece políticas para la utilización de los recursos.
- Optimiza el manejo del flujo de dinero.

Cada área del negocio debe de contar con su propio presupuesto (de ventas, producción, compras, etc.). El presupuesto de egresos incluye las operaciones que signifiquen salida de recursos. Tiene como objetivo agrupar todos los ingresos que se generan en un periodo determinado.

Es necesario desarrollar un catálogo de cuentas, sobre la base de las necesidades particulares de cada empresa o emprendimiento, a fin de elaborar los presupuestos de inversión, ingresos, costos y gastos fijos, gastos generales, operación ventas, administrativos y financieros.

Los presupuestos deben ser flexibles, ya que siempre hay diferencias entre lo real y lo estimado. Estos pueden ser mensuales, trimestrales, semestrales o anuales. Para elaborar la proyección financiera de un nuevo negocio se utilizan la mayoría de las cuentas mencionadas. En la elaboración de los presupuestos complicados es conveniente solicitar el apoyo de un profesional en la materia.

SISTEMA DE CONTABILIDAD DE COSTOS

La mayoría de los emprendimientos, las empresas pequeñas y algunas medianas tienen problemas serios para calcular sus costos y definir sus precios de venta calculando el margen de utilidad que quieren percibir.

En la industria es todavía más complejo el cálculo de los costos y los precios de venta unitarios, por lo que se requiere de especialistas para establecer los márgenes de ganancia que se quieren tener considerado todas las variables internas de la empresa y las del mercado en que se está o quiere ingresar.

Tener un sistema adecuado de contabilidad de costos es fundamental para el éxito de cualquier empresa pequeña, mediana o grande.

Minimizar los costos es fundamental en los negocios. Para reducirlos se requiere de una medición exacta de los mismos, así como de un conocimiento de las causas por las que estos fueron generados, con el propósito de identificar los verdaderos generadores de costos y poderlos manejar de la mejor manera para la empresa.

Muchas empresas han cerrado por no tener un sistema de costos eficiente y por no poder calcular correctamente tanto el precio de venta de los diferentes productos como los márgenes de utilidad de los mismos, que muchas veces llegan a tener desviaciones importantes.

Hay que diferenciar los costos que corresponden al comercio y los que pertenecen a la industria. Los costos de un comercio, cuya función principal es comprar y vender, se reducen y simplifican con respecto a los de una industria.

En estas se transforma la materia prima en productos para comercializar; lo cual implica que debe haber un sistema de control más efectivo de los costos de producción. La determinación correcta del costo unitario es la base para establecer el precio de venta de los productos.

Hay dos técnicas diferentes de valuación de los costos de producción:

- Técnica de costos históricos o reales, que se obtienen después de que el producto ha sido terminado.
- Técnicas de costos predeterminados, que se calculan antes de elaborar el producto y se dividen en costos estimados y costos estándares.

Los costos estimados son calculados sobre la experiencia de la industria antes de que sea fabricado un producto o durante su transformación y tienen como propósito conocer el costo directo de producción de un artículo.

Si se compara el costo histórico con el estándar, las desviaciones indican las deficiencias o eficiencias de un modo analítico, claro y preciso. Los costos históricos sirven para calcular los costos futuros.

El grupo o persona que sea responsable para implantar el sistema de costos debe conocer y tener experiencia en la industria y en el giro del negocio.

Generalmente, las empresas medianas y grandes tienen dentro del área de contabilidad una oficina específica que permite registrar y controlar todos los costos de la empresa. En la empresa pequeña el contador puede orientar y apoyar en este sentido.

PROYECCIONES FINANCIERAS

Una de las actividades más complejas para los emprendedores es elaborar proyecciones financieras con poco margen de error. Estas son importantes en la elaboración de un plan de negocios, además de ser vitales en el proceso de planeación, ya que permiten que la curva de aprendizaje sea más corta y tomar mejores decisiones.

Hay que tener proyecciones financieras apegadas a la realidad. Esto, sin duda, puede ser la diferencia entre el éxito y el fracaso de la empresa. Cada negocio tiene sus propias particularidades y, por consiguiente, su propia estructura financiera. Para que sea útil y realista la planeación financiera debe considerar:

- Acontecimientos políticos, sociales, culturales y deportivos, presentes y futuros.
- Objetivos claros y explícitos en términos financieros.
- Información verdadera, realista y razonable para la planificación.
- Fortalezas, debilidades, riesgos y oportunidades de la empresa.
- Las mejores alternativas considerando el costo-beneficio.
- Posibilidades y recursos de la empresa.
- Posibles desviaciones y alternativas de acción.
- Tendencias que puedan afectar los ingresos, costos y gastos.

Para elaborar las proyecciones es necesario determinar lo siguiente:

- Proyecciones relativas a los presupuestos necesarios por áreas, procesos y programas.
- Análisis comparativo de razones financieras con empresas de la competencia.
- Proyección de flujo de dinero.
- Proyección de pérdidas y ganancias.
- Tasas de interés bancarias.
- Tendencias inflacionarias del país y región.
- Nivel socioeconómico de la población de la región.

Generalmente, los resultados financieros durante los primeros dos años de un negocio se proyectan mensualmente, el tercer y cuarto año, trimestralmente y del quinto en delante de manera anual. Es necesario realizar diferentes proyecciones que permitan conocer escenarios, optimistas, conservadores y pesimistas para una mejor toma de decisiones.

Este tipo de análisis requiere de experiencia y sensibilidad en los negocios para que sea lo más realista posible.

Contingencias más comunes en una proyección financiera:

- Adquisición o pérdida de un cliente importante.
- Cambios de reglamentación por parte del gobierno.
- Cambios bruscos en las leyes tributarias.
- Detección de productos que causan problemas de salud.
- Entrada al mercado de una empresa nueva competitiva.
- Fenómenos naturales como sismo, incendio, ciclón, etcétera.
- Huelgas o renuncias de hombres clave.
- Productos nuevos con mejores características y más competitivos.
- Repentina crisis económica, como tasas de interés, inflación o devaluaciones altas y fuera de control de las autoridades.
- Suministro de materias primas del extranjero que no llegan a tiempo o fuera de especificación.

Una buena proyección financiera requiere ser flexible y realista. El catálogo de cuentas ya se mencionó anteriormente en el tema de presupuestos.

INDICADORES FINANCIEROS

Los indicadores financieros sirven para analizar la situación financiera de una empresa. Estos son muchos y muy variados, por lo que es indispensable estudiar algunos simultáneamente a fin de tomar decisiones válidas y con fundamento. Ejemplos: índice de liquidez, punto de equilibrio, prueba de ácido, razones de endeudamiento, tasa interna de retorno, entre otros.

Como ya se mencionó, hay empresas dedicadas a publicar cifras típicas o razones financieras aceptadas de una estructura sana de capital, de acuerdo con el ramo al que pertenezca el negocio. Estas estadísticas pueden servir para conocer, comparar y determinar la situación de una empresa de un giro determinado.

Una de las técnicas utilizadas para la planeación financiera es el análisis de razones, que consiste en usar indicadores que se obtienen de empresas del mismo ramo, que poseen un tamaño similar y que tienen parecidas características financieras. Esto permite verificar que los indicadores son, en el ramo, las del promedio. A continuación un ejemplo de razones financieras:

EJEMPLO DE RAZONES FINANCIERAS

LIQUIDEZ
1. Capital de trabajo = *Activo circulante – Pasivo circulante*
2. Liquidez inmediata = $\dfrac{Activo\ circulante - inventarios}{Pasivo\ circulante}$
3. Solvencia = $\dfrac{Activo\ circulante}{Pasivo\ circulante}$
4. Solvencia inmediata o prueba de ácido = $\dfrac{Activo\ disponible}{Pasivo\ circulante}$
5. Movilidad del activo circulante = $\dfrac{Activo\ circulante}{Capital\ contable}$

FINANZAS
6. Endeudamiento = $\dfrac{Pasivo\ total}{Activo\ total}$
7. Grado de obligación = $\dfrac{Pasivo\ total}{Activo\ total}$
8. Inversión en activo fijo = $\dfrac{Capital\ contable}{Activo\ fijo}$
9. Apalancamiento = $\dfrac{Pasivo\ total}{Capital\ contable}$
10. Dependencia bancaria = $\dfrac{Créditos\ bancarios}{Activo\ total}$
11. Grado de autofinanciamiento = $\dfrac{Reservas\ de\ capital}{Capital\ social}$
12. Rendimiento sobre la inversión = $\dfrac{Utilidad\ neta}{Capital\ contable}$

Hay muchos indicadores financieros, así como de las demás áreas de la empresa. Cuando existe diferencia con los indicadores promedio del mercado y las de la empresa en cuestión hay que analizar a qué se deben que estos sean negativos o positivos y detectar el motivo para comprender por qué se apartan del promedio.

En algunos casos hay que hacer correcciones en las proyecciones, en otros tal vez se requiera tener una mejor administración, sistemas más adecuados y mejores estrategias y tecnologías.

AUDITORÍA FINANCIERA

La auditoría tiene por objeto precisar que los asientos hechos en la contabilidad y que muestran los estados financieros sean verídicos. El auditor básicamente revisa:

- Si son ciertos los valores que figuran en el activo y en el pasivo.
- Si son reales las cifras de ingresos y egresos.
- Si son acertadas las cifras del patrimonio.
- Si no hay simulaciones u omisiones.

El alcance de la auditoría debe definirse buscando que esta sea representativa, suficiente y sirva para emitir un dictamen sobre la situación de la contabilidad.

La tarea del auditor debe ser estratégica y enfocarse a puntos concretos y a muestras representativas de la operación, ya que de otra manera tendría que verificar las operaciones contables en su totalidad.

La experiencia del auditor debe servir para que durante la revisión pueda seleccionar y profundizar en aquellos puntos en los que considere que puede haber irregularidades.

DICTAMEN

Para efectos de obtener un dictamen sobre la contabilidad de la empresa es necesario contratar un despacho de contadores públicos o un profesional, de preferencia, con experiencia en el giro de la empresa.

De acuerdo con las leyes de cada país, la autoridad puede obligar a las empresas a dictaminarse cuando el total de sus ingresos anuales rebasa cierta cantidad. También puede realizarse un dictamen a solicitud de los accionistas.

PUNTO DE EQUILIBRIO

Este indicador es fundamental para la toma correcta de decisiones en cualquier empresa, ya que permite conocer en qué nivel de ingresos y egresos no se gana ni se pierde dinero. Para determinar el punto de equilibrio es necesario pronosticar los ingresos y calcular los egresos fijos y variables.

El punto de equilibrio es el nivel de ingresos necesarios correspondientes a un periodo determinado, en el que deben ser cubiertos los gastos y costos de operación del mismo periodo.

Algunos rubros considerados como gastos fijos son las rentas, los sueldos de los empleados, las depreciaciones, entre otros; mientras que los gastos variables son los materiales, la mano de obra, etcétera.

Cuanto más altos son los gastos fijos, más ventas se necesitan hacer para alcanzar el punto de equilibrio. Cuando éste es alcanzado, entonces comienza la etapa en la cual la empresa empieza a ser rentable, esto es, los ingresos rebasan el costo fijo y el costo variable.

Hay fórmulas ya establecidas para calcular el punto de equilibrio de cualquier proyecto o negocio que se pueden consultar en internet o con el contador.

RENTABILIDAD

Cumplir un objetivo de rentabilidad es una de las formas de tener éxito en los negocios. No perder de vista el objetivo constituye una de las responsabilidades más importantes de cualquier empresario.

Establecer un objetivo de rentabilidad y perseverar en su logro todos los días del año es uno de los caminos al éxito en los negocios. Esto se logra solamente conociendo e involucrándose en las actividades diarias de la empresa.

Es indispensable cuidar durante todo el año el comportamiento de los ingresos y gastos a fin de lograr las utilidades planeadas. Para cuidar la rentabilidad de la empresa debe preverse el futuro, analizando constantemente qué está sucediendo y qué puede suceder para tener planes y alternativas para enfrentar los diferentes escenarios que puedan presentarse.

Si se desea conocer las utilidades reales de la empresa es necesario consultar los informes o declaraciones de impuestos anuales, puesto que, con cualquier otra información, ya sea mensual, trimestral o semestral, puede haber variaciones.

❧Las empresas exitosas son aquellas que logran que su personal se involucre y genere el compromiso individual y colectivo de hacer que la empresa sea rentable❧

FINANCIAMIENTO

Conseguir fondos para empezar un negocio o para que crezca no es fácil. Por lo común, estos se consiguen con la aportación de accionistas y con préstamos de instituciones financieras públicas y privadas.

Hay épocas en que hay mucho dinero en el mercado y otras en que prácticamente desaparece, hay escasez de crédito y puede ser bastante complicado conseguir recursos financieros. También hay épocas en que las tasas de interés son accesibles y otras en que son muy altas e imposibilitan pedir créditos, ya que el dinero se vuelve caro y los proyectos de negocio dejan de ser rentables.

Cuando se piensa en solicitar un crédito es necesario hacer un análisis de la situación económica regional, nacional e internacional. Deben planearse las necesidades financieras de una forma realista y sin subestimar las necesidades de crecimiento.

Hay que considerar posibles contingencias o gastos inesperados, ya que generalmente se necesitan más recursos de los planeados para financiar la operación diaria de la empresa, sobre todo en la etapa inicial de aceptación en el mercado.

Deben planearse con detalle las necesidades de capital y solo pedir prestado el dinero que real y objetivamente se necesite. Cuando se solicita un financiamiento debe tenerse muy claro el uso que se dará al dinero que se obtenga. Se requiere definir lo siguiente:

- Saber cuánto dinero se necesita.
- Saber por cuánto tiempo.
- Definir un calendario de la forma en que se necesita el dinero.

- Definir el tipo de crédito que pretende solicitarse.
- Analizar las condiciones del porcentaje de intereses, formas de pago y periodos de gracia de los créditos disponibles para definir la mejor opción.
- Definir las fuentes de financiamiento a las que se puede recurrir.
- Hacer una presentación en donde se vea un panorama lógico y favorable del negocio.
- Elaborar y tener documentadas las proyecciones financieras y las aplicaciones del dinero.
- Comprobar que existe un potencial de utilidades para el retorno del capital en los tiempos programados.
- Negociar un programa de pagos realista respecto de las posibilidades del emprendimiento o la empresa en funciones.

Cuando una empresa es exitosa y crece, generalmente necesita financiamientos. Los montos de los financiamientos dependen de la magnitud del emprendimiento, proyecto o de la empresa que ya está funcionando, de la etapa de crecimiento en la que se encuentra, de la velocidad a la que se quiere crecer y de la capacidad de pago.

Los financiamientos que se soliciten deben estar basados en las posibilidades reales de pago del emprendedor o la empresa, considerando el peor de los escenarios en el que el negocio no funcione. Puede estimarse el monto y el programa del financiamiento que será requerido para un periodo determinado, tomando como base las proyecciones financieras que se realicen.

Se debe conseguir dinero prestado en condiciones favorables para el emprendedor o la empresa:

- Intereses bajos y fijos.
- Pagos a largo plazo.
- Comisiones de apertura nulas o bajas.
- Plazos de gracia.

Es aconsejable, cuando se tengan los recursos disponibles para pagar una asesoría, contratar un despacho especializado en asesoramiento sobre la mejor forma de conseguir financiamientos accesibles.

RENDICIÓN DE CUENTAS

La rendición de cuentas de los ejecutivos, del consejo de administración o administrador único es la forma para que los accionistas se enteren de los manejos de los recursos económicos de la empresa.

En el caso de los emprendedores se debe rendir cuentas a los socios inversionistas o a quién prestó el dinero, como pueden ser instituciones financieras, familiares, amigos u otros.

Se debe generar un sistema de información que permita tener transparencia en la rendición de cuentas que se deberá realizar periódicamente y en las empresas anualmente en la asamblea de accionistas.

Las áreas de sistemas de información, administración y comunicación deberán recabar los datos requeridos de todas las áreas y coordinarse para la elaboración de los informes para una clara, concreta, completa y transparente rendición de cuentas.

FACTURACIÓN ELECTRÓNICA

Actualmente, todos los ingresos que generan las personas morales o físicas con actividad empresarial requieren entregar facturas electrónicas a sus clientes. La factura electrónica es un comprobante fiscal digital que está apegado a los estándares definidos por la autoridad y sustituyen a las facturas impresas.

Un CFDI es un Comprobante Fiscal Digital por internet. Es un mecanismo de comprobación fiscal por medios electrónicos que utiliza tecnología digital en generación, procesamiento, transmisión y almacenamiento de datos.

Una factura electrónica responde a un documento electrónico en formato XML que integra una serie de datos mínimos a incluir en cualquier comprobante y un proceso de construcción de cadenas que son sometidas a firma con Certificado de Sello Digital. Se constituye como documento digital en formato XML con cuatro características esenciales de integridad, autenticidad, verificable y único.

Ventajas

- Agiliza la conciliación de la información contable.
- Simplifica el proceso de generación de comprobantes para efectos fiscales.
- Puede ser vista rápidamente desde cualquier navegador para internet.
- El almacenamiento de los comprobantes para el emisor es electrónico.
- Integración automática y segura de la contabilidad.

Firma digital

La firma digital es una herramienta que permite ofrecer garantías de seguridad en la emisión de una factura.

Validación de facturas electrónicas (CFDI)

Hay empresas que ofrecen el servicio de validación de facturas y su contratación asegura que todos los elementos de una factura electrónica (CFDI) cumplan con los requisitos indicados por la autoridad. Si alguna de las facturas electrónicas fuera inválida, el sistema que se contrata genera un reporte informando del caso para que se pueda solicitar la corrección o reposición.

Las CFDI deben ser sometidas a un proceso de timbrado que le otorgará valor fiscal como paso previo al envío de la factura a su destinatario. La emisión del correspondiente timbre fiscal valida la estructura del comprobante y lo certifica, asignándole un número de referencia único que dota de valor a la factura.

Archivos electrónicos en formato XML

Los contribuyentes deben conservar los archivos electrónicos en formato XML en medios magnéticos ópticos o de cualquier otra tecnología, ya que forman parte de la contabilidad. Es necesario tener una herramienta para el resguardo, que permita almacenar en los servidores las facturas digitales que se validen, como un disco duro externo.

FLUJO DE DINERO MENSUAL

CONCEPTO	ENERO	FEBRERO	MARZO	ABRIL	MAYO	JUNIO	JULIO	AGOSTO
Egresos								
Total de egresos								
Ingresos								
Total de ingresos								
Menos								
Total de egresos								
Efectivo disponible								

El flujo de efectivo puede ser diario, mensual, trimestral, semestral y anual.

Actualmente la mayoría de las empresas utilizan las transferencias electrónicas para realizar sus pagos. Este tipo de controles se lleva en la computadora y en su caso en un libro o cuaderno se registran todos los movimientos.

CONTROL DE MOVIMIENTOS DE CHEQUES
O TRANSFERENCIAS

FECHA	N° DE CHEQUE O TRANSFERENCIA	CONCEPTO	ABONO	CARGO	SALDO
Total saldo					

CAPÍTULO 11

INSTITUCIONES FINANCIERAS

Los bancos y las instituciones de crédito se dedican principalmente a captar recursos financieros y prestarlos a empresas o personas físicas. Para los emprendedores es necesario tener contacto continuo con diferentes bancos en la ciudad donde esté el negocio.

Es recomendable tener un banco base en el que puedan obtenerse todos los servicios que requieren. El banco puede ser una referencia comercial valiosa con proveedores, otros intermediarios financieros o posibles socios.

Para cualquier emprendedor es indispensable conocer los servicios y movimientos que pueden realizarse en las diferentes instituciones de crédito. Cada institución financiera proporciona distintos servicios para cubrir las diferentes necesidades de los negocios. Ofrece diferentes alternativas crediticias, que son otorgadas de acuerdo con las necesidades y características de cada empresa o persona.

CARTA DE CRÉDITO

La carta de crédito, también conocida como *crédito comercial,* es un instrumento de pago y financiamiento en operaciones de compra, y particularmente, en importaciones y exportaciones. Constituye una promesa incondicional de pago a favor del vendedor contra la presentación de la documentación y cumplimiento de las condiciones estipuladas.

La carta de crédito es un documento expedido por un banco, a través de uno de sus clientes, por medio del cual se autoriza a un beneficiario a girar contra determinado banco si se cumplen las condiciones señaladas en el crédito. Las mercancías deben asegurarse por el tiempo que dure el crédito.

CRÉDITO SIMPLE CON GARANTÍA HIPOTECARIA

Está pensado para satisfacer las necesidades de capital de trabajo, proyectos de inversión, consolidación de pasivos, etc. Deben garantizarse con inmuebles asegurados en favor del banco, por el tiempo que dure el financiamiento o proporcionar un aval.

Este crédito se formaliza mediante un contrato, el cual debe documentarse en escritura pública e inscribirse en el registro público de la propiedad, otorgados en garantía hipotecaria.

CRÉDITO REFACCIONARIO

Es un financiamiento para la adquisición de activos fijos no inmobiliarios, como la maquinaria y el equipo. Se solicitan garantías prendarias o hipotecarias propiedad de la empresa libres de gravamen, de reserva de dominio y aseguradas a favor del banco por el tiempo que dure el crédito o un aval.

CRÉDITO COMERCIAL

El crédito comercial sirve como medio de pago. Un banco adquiere el compromiso por cuenta de un comprador de pagar a un vendedor una cantidad determinada en un plazo fijo.

Los créditos pueden utilizarse para importaciones, exportaciones o ventas internas. Los créditos nacionales se usan en operaciones de compra-venta nacional en donde el banco hace el pago de las mercancías. Los de importación y exportación son usados en operaciones internacionales.

Los bancos de un determinado país son el medio de pago de las mercancías y se encargan también de las notificaciones a los beneficiarios.

Los créditos pueden ser revocables o irrevocables. Los primeros son los que pueden ser cancelados o modificados sin previo consentimiento del beneficiario. Los segundos requieren del consentimiento de todas las partes interesadas.

Los créditos pueden dividirse en notificados y confirmados. En los primeros, el banco del país exportador no adquiere ningún compromiso.

En los segundos, el banco intermediario se compromete solidariamente y por cuenta del banco ordenante a cubrir el importe al beneficiario.

Los documentos y la información necesaria para el otorgamiento de créditos son:

- Los estados financieros de los últimos años.
- Los antecedentes de las operaciones de la empresa.
- Un plan de negocios para el tiempo en que se pretenda obtener el crédito.
- El carácter moral de quien solicita el préstamo.
- El capital invertido por los accionistas en el negocio que está solicitando los recursos.
- Los conocimientos y la capacidad de los ejecutivos para administrar con eficiencia.
- Las garantías en activos tangibles que puede otorgar.
- La posición competitiva de la empresa.
- La naturaleza y tipo de producto o servicio ofrecido.

En ocasiones se requiere adquirir un seguro de vida que garantice el pago en caso de fallecimiento de quien solicita el crédito.

PRÉSTAMOS

Es conveniente analizar el tipo de préstamo que pretende solicitarse para estar seguros de que se puede pagar. Hay préstamos a corto, mediano y largo plazo. Es indispensable analizar la factibilidad de poder cumplir con el programa de pagos en las condiciones y tiempos que se pacten.

Cuando se solicita un préstamo hay que entregar diferentes tipos de documentos a la institución de crédito con la que se pretenda obtener los fondos.

Fuentes más comunes en las que se puede obtener dinero

- Préstamos familiares o de amigos.
- Incubadoras y aceleradoras de negocios.

- ◆ Préstamos de instituciones financieras.
- ◆ Inversionistas privados.
- ◆ Prestamistas.
- ◆ Aportación propia.

Los préstamos familiares o de amigos tienen el inconveniente de que si el proyecto no resulta puede haber dificultades para pagar y tener pleitos y problemas.

Los préstamos en instituciones financieras son difíciles de obtener, ya que suelen pedir garantías o que el solicitante posea suficientes recursos económicos, que no siempre se tienen.

El dinero de los llamados prestamistas generalmente resulta costoso y no siempre es legal. Los inversionistas privados son otra opción y tal vez sean los más adecuados para este efecto, siempre y cuando no pongan demasiadas condiciones.

∽Pedir dinero a crédito puede ser fácil,
pero si no hay un plan que prevenga contingencias
y mida riesgos puede ser difícil pagarlo∽

Préstamos directos

Un banco entrega una cantidad pactada a una persona física o moral, quien se obliga, mediante la firma de un pagaré, al pago del préstamo. En general, este tipo de préstamo es a corto plazo.

Préstamos con garantías

Tienen como característica principal que quien presta el dinero solicita el respaldo de algo que tenga un valor superior a la cantidad prestada.

Los bancos solicitan garantías que pueden ser en dinero, bienes raíces, pólizas de seguros de vida, acciones negociables de empresas, hipotecas sobre propiedades personales, etc. En estas condiciones, puede ser obtenido hasta el cien por ciento de los recursos solicitados.

PAGO DE INTERESES

Los intereses son el porcentaje que se paga a una institución de crédito por el dinero recibido como préstamo. Pueden ser fijos o variables. Los primeros son constantes en tanto dura el préstamo, mientras que los segundos cambian dependiendo del aumento o disminución del interés.

Se debe considerar que hay épocas en que los intereses pueden ser muy altos y es difícil pagar los créditos.

MODALIDADES DE INVERSIONES

Cada institución financiera tiene diferentes formas de invertir el dinero de sus clientes, en general usan las siguientes:

- Cetes (Certificados de la Tesorería).
- Certificados.
- Mesa de dinero.
- Pagarés especiales.
- Cuentas de ahorro.
- Divisas.
- Fondos soportados por acciones de diferentes empresas y de diferentes tipos y giros.
- Otros.

Cuanto más largo es el plazo de la inversión, mayores son los intereses que pagan las instituciones financieras. También influye el monto invertido.

SERVICIOS ELECTRÓNICOS BANCARIOS

Actualmente todos los bancos ofrecen servicios electrónicos que pueden ser ejecutados desde las empresas. Con estos, los emprendedores pueden realizar diferentes operaciones bancarias y financieras en forma ágil y sencilla. Estos servicios pretenden dar seguridad, comodidad y eficiencia. Por ejemplo:

- Son sencillos de utilizar.
- Cuentan con dispositivos de seguridad avanzados que garantizan la protección de los recursos y la información.
- Pueden realizarse diferentes operaciones desde la empresa en horarios flexibles, inclusive en horarios nocturnos.
- Pueden llevarse a cabo operaciones automáticamente en una cuenta o entre distintas cuentas e inversiones, así como tener acceso a diferentes servicios e información.

Las instituciones bancarias proporcionan servicios de banca en línea. Estos permiten atender prácticamente todas las necesidades de servicios bancarios de empresas y personas físicas desde cualquier computadora con acceso a internet. Son seguros, están protegidos y se encuentran a disposición de quien posea una tarjeta de débito o una tarjeta de crédito de un banco.

Algunas de las transacciones que se pueden realizar en línea son las siguientes:

- Ver los balances y el historial de una cuenta.
- Pagar las tarjetas de crédito del banco.
- Transferir fondos entre cuentas y a cuentas de otros clientes del banco.
- Programar transferencias y pagos periódicos de facturas o en una fecha futura.
- Ver el historial de la tarjeta de crédito del banco.
- Pagar facturas.
- Solicitar y recibir estados de cuenta electrónicos.
- Verificar e imprimir los cheques cobrados de las cuentas bancarias.
- Solicitar suspensión de pagos de cheques emitidos de las cuentas bancarias.
- Reordenar dotación de cheques.
- Consulta de saldos correspondientes a cuentas de cheques, tarjetas de crédito, inversiones, valores, sociedades de inversión y movimientos de cuentas bancarias.
- Compra y venta de fondos de inversión.
- Traspasos entre cuentas de cheques, tarjetas de crédito e inversiones.
- Pago de servicios.

- Información sobre tasas de interés y cotizaciones de divisas.
- Solicitud de estados de cuenta.
- Pagos a terceros y traspasos a cuentas de proveedores del ámbito nacional.
- Crear grupos de cuentas para realizar pagos de nómina a terceros o proveedores.
- Programar pagos a terceros, de grupo, de servicios.
- Obtener información sobre tasas de interés e indicadores que rigen los mercados.
- Verificar los movimientos efectuados durante el día.
- Todos los servicios que pueden hacerse por teléfono.
- Solicitud de aclaraciones y cambio de domicilio y teléfono.
- Cambio de número confidencial.
- Información en general.

Servicio de nómina

Este servicio permite a las empresas simplificar el proceso de pago de nómina sin importar el número de empleados. Se realiza el abono automático de la nómina mediante depósitos que la empresa efectúa a las cuentas personales de los empleados por medio de banca en línea.

Servicio de tarjetas de crédito en punto de venta

Las empresas que requieren el servicio de ventas a través de tarjetas de crédito pueden solicitarlo a diferentes bancos para tener toda la gama de tarjetas que hay en el mercado.

Cuentas bancarias

Las cuentas bancarias pueden contratarse bajo diferentes regímenes, en los cuales puede designarse a uno o más titulares y a una o más personas autorizadas, quienes podrán efectuar operaciones en la cuenta. Las características de los diferentes regímenes de las cuentas bancarias son:

Régimen en sociedad

Se puede autorizar a más de una persona a efectuar operaciones en las cuentas, determinando facultades en los montos de autorización e inducido si deben firmar en forma indistinta uno u otro o mancomunada uno y otro.

Régimen personal

Únicamente existe un titular en la cuenta y puede designarse a una o más personas autorizadas para efectuar operaciones.

Régimen mancomunado

Existen dos o más titulares en la cuenta, quienes deberán autorizar documentos u operaciones en forma conjunta. También pueden existir una o más personas autorizadas para efectuar operaciones en conjunto.

Régimen indistinto

Existen dos o más titulares en la cuenta, quienes pueden autorizar documentos u operaciones en forma independiente.

TRANSFERENCIAS BANCARIAS

Una transferencia bancaria es un sistema mediante el cual se traspasan fondos entre distintas cuentas bancarias sin necesidad de transportar físicamente el dinero.

Las transferencias pueden realizarse entre cuentas de personas físicas o morales, en un mismo banco o en diversos bancos en diferentes países. Para facilitar los pagos entre bancos se suelen utilizar códigos de identificación bancaria, nacionales e internacionales. El de mayor utilización internacional es el SWIFT, aunque actualmente se utilice cada vez más el IBAN promulgado por el Comité Europeo de Estándares Bancarios.

La información que se requiere para realizar una transferencia bancaria incluye:

- Número de la cuenta de retiro.
- Tipo de operación.
- Banco destino.
- Cuenta de depósito.
- Nombre del beneficiario.
- Importe.
- Fecha de operación.
- Forma de depósito.
- Concepto de pago.
- Referencia numérica.
- Clave de rastreo.
- Folio de internet.

El formato del banco contiene la hora en que se realizó la operación. Es recomendable checar el depósito en el banco destino. El comprobante de la transferencia se puede imprimir para su archivo.

CARACTERÍSTICAS DE LOS CHEQUES

El cheque es un título de crédito por el que se puede hacer uso de los recursos disponibles en una cuenta. Es utilizado principalmente para hacer pagos a terceros.

Cada vez se usan menos los cheques, ya que muchas de las empresas hacen transferencias electrónicas. En el futuro tenderán a desaparecer.

Es conveniente tener presente la siguiente información: todos los cheques tienen una banda de caracteres magnéticos en la cual se detalla la identificación, el número de cuenta, el número de cheque y la sucursal. Hay chequeras provisionales que brindan en la apertura de una cuenta de cheques, no contienen el nombre del titular y se pueden disponer inmediatamente de los recursos.

Hay chequeras definitivas personalizadas que se entregan entre cinco y diez días hábiles después de la apertura de la cuenta. En cada uno de los cheques debe aparecer el nombre de la persona o de la empresa. Cuando se necesitan con el logotipo o la imagen corporativa, en forma continua o cheques póliza, pueden solicitarse.

Cheques robados o extraviados

Cuando se detecta que un cheque o toda la chequera han sido robados o extraviados se debe notificar inmediatamente al banco para bloquear y cancelar los números de cuenta de las chequeras o los cheques faltantes.

El mal uso de cheques es responsabilidad del titular de la cuenta, por lo que se recomienda guardar las chequeras en un sitio seguro y con acceso únicamente para los responsables.

Por ningún motivo deben firmarse cheques en blanco o dejar espacios al escribir el importe en número y letra. Es conveniente tener una máquina protectora de cheques.

Para cancelar un cheque debe escribirse la palabra "cancelado" con tinta o romper la parte de la firma. Generalmente se guardan para efectos fiscales.

Sobregiros

El sobregiro ocurre cuando es presentado un cheque para su cobro y no dispone de fondos para cubrirlo. Cuando esto sucede, el banco carga una comisión a la cuenta.

Para evitar los sobregiros es necesario llevar un control de los cheques expedidos y de las transferencias y los depósitos efectuados para conocer el saldo diariamente. Si no se tiene certeza de los fondos puede consultarse en el banco en línea.

Estado de cuenta bancaria

Hoy en día, los estados de cuenta son la base de la contabilidad de las empresas, ya que la autoridad controla los movimientos bancarios de estas a través de ese instrumento. Mensualmente, el cuentahabiente recibe un estado de cuenta que contiene el registro de cada una de las operaciones efectuadas para que se verifiquen contra la chequera.

El estado de cuenta sirve para tener control de los recursos utilizados y los disponibles. Es un comprobante fiscal que incluye los detalles de la operación financiera de una empresa y contiene todos los elementos que la Secretaría de Hacienda demanda por disposición oficial.

Puede ser consultado a través del telebanco o se le puede solicitar al banco copias de los días en los que se esté interesado. Por lo común, los estados de cuenta se reciben por correo los primeros días de cada mes o por correo electrónico. Es necesario informar de cambios de domicilio o teléfono con anticipación.

Instituciones de fianzas

Las instituciones afianzadoras son empresas que se dedican a otorgar fianzas a título oneroso.

En los concursos que organizan las empresas privadas para adjudicar una compra importante y en las licitaciones públicas que convoca el gobierno, son solicitadas fianzas con las que se garantizan los compromisos de una concesión o la entrega de un contrato.

El monto de la fianza depende del monto del contrato. Las fianzas se otorgan por un tiempo determinado y deben renovarse.

CAPÍTULO 12
SISTEMAS DE INFORMACIÓN, ADMINISTRACIÓN Y CONTROL EMPRESARIAL

IMPORTANCIA DE LOS SISTEMAS EMPRESARIALES

Es indispensable emparejar la tecnología de la información con el modo de hacer negocios, dado que sin datos precisos las empresas corren el riesgo de no tomar las decisiones correctas. Las empresas deben tener modernos sistemas de información, administración y control empresarial para que prosperen y sobrevivan en el mercado. Un sistema de este tipo garantiza que se pueda coordinar, integrar y controlar la administración y operación de una empresa.

Los sistemas empresariales son indispensables para los negocios grandes y algunos medianos por la necesidad que tienen para procesar los grandes volúmenes de información que se requieren para una buena toma de decisiones. Son una herramienta que sirve para la transformación de las empresas, maximizar su rentabilidad y hacer más eficiente la planeación y administración estratégica. Son una aplicación de sistemas de autocontrol y mejora continua. Sirven para alinear horizontal y verticalmente la ejecución de la estrategia y encauzar a la empresa hacia los resultados proyectados.

Se puede definir como una estructura de control de la información, administración y operación general. Es la mejor herramienta para los socios y los ejecutivos de alta dirección para conocer y mejorar los resultados de la empresa.

Requiere de un grupo de personas que tengan como fortaleza su filosofía de mejora continua, el trabajo en equipo y una visión estratégica unificada. Los directivos y los mandos medios necesitan disponer de información instantánea para tomar decisiones que no pueden esperar y requieren de sistemas efectivos que proporcionen diferentes tipos de datos con el mayor detalle y de la mejor manera posible.

La finalidad de un buen sistema de información y control empresarial es proporcionar a los ejecutivos encargados de la toma de decisiones toda la información que les sirva para confirmar o cancelar la validez de las estrategias que se están siguiendo.

Los sistemas deben proporcionar información clave, sencilla, clara, expedita, veraz, precisa y fácil de analizar e interpretar. Es necesario precisar en qué consiste la información clave, cómo puede obtenerse, quiénes son los responsables de elaborarla, en qué formato, con qué frecuencia se va a presentar, quiénes tendrán acceso a ella y con qué detalle podrá ser consultada.

Para tener una buena administración se requiere que la información se automatice y se establezca un sistema de control simple pero eficaz. Hay que planear el crecimiento del sistema y la compra del equipo que se va a necesitar para que todos los equipos de cómputo que se adquieran sean compatibles. Lo que es una realidad es que cuando un sistema de información y de control no es diseñado profesionalmente y por gente que conoce la empresa, puede resultar poco práctico y no responder a las necesidades para las que fue adquirido.

En la actualidad existen sistemas empresariales con los que se puede tener integrada la información administrativa, operacional y financiera. La selección de un sistema existente en el mercado o la creación de uno específico está determinada por el giro y las necesidades de cada negocio en particular.

Implantar un sistema de información y control en una empresa mediana o grande no es sencillo, ya que es preciso contar con personal capacitado que se involucre durante mucho tiempo en su implementación. Cuando la empresa de un emprendedor crece y se vuelve mediana debe modernizar sus sistemas de información y control.

INFORMACIÓN, CRITERIOS DE MEDICIÓN Y CONTROL

Algunas preguntas que deben hacerse los empresarios, emprendedores y directivos en relación con la información, los criterios de medición y el control son:

Información

- Cuál es el mínimo de información necesaria para controlar la empresa.
- Qué información es requerida diariamente, mensualmente, trimestralmente, semestralmente y anualmente.
- Qué información se necesita para realizar periódicamente una evaluación integral.

Métricas

- Cuáles son los criterios de medición e indicadores.
- Cuáles son los indicadores clave que definen la información realmente relevante.
- Qué indicadores necesitan ser comparados.

Control

- Qué, cuándo y para qué se debe controlar.
- Quién debe controlar.
- Cuándo y dónde se debe controlar.
- Con qué frecuencia y prioridad.
- Con qué profundidad.
- Cómo puede ejecutarse.

SISTEMA DE INFORMACIÓN Y CONTROL EMPRESARIAL

Un sistema de información y control tanto administrativo como operacional bien diseñado debe contemplar como mínimo lo siguiente:

- Ser fácil de utilizar.
- Estar estructurado lógicamente.
- Tener procedimientos documentados.
- Tener una estructura lógica de reportes.

- Proporcionar información completa y fácil de comprender sobre las diferentes áreas y productos.
- Tener un mecanismo de retroalimentación que permita conocer inmediatamente los avances en los programas de todas las áreas.
- Asegurar que las políticas y reglas establecidas en el sistema sean cumplidas.

La información que proporcione el sistema debe ajustarse a las necesidades de cada empresa.

Algunos ejemplos de información general que puede proporcionar un buen sistema de información son:

Información diaria

- Estadísticas y comparativos de las diferentes áreas.
- Diferencias en conciliaciones bancarias.
- Pagos realizados en efectivo, transferencias y cheques.
- Saldos en caja, chequeras e inversiones.
- Ventas en efectivo y crédito.
- Reclamaciones, devoluciones y mermas
- Avances y problemas de producción.
- Producción en proceso y productos terminados
- Problemas de distribución.
- Problemas de mantenimiento.
- Asistencias y retardos.
- Otros que requieran los ejecutivos de cada empresa.

Información semanal

- Avances en programas y proyectos de cada área.
- Conciliaciones de caja chica.
- Cuentas por cobrar y pagar.
- Informes ejecutivos de cada una de las áreas de la empresa.
- Modificaciones a la plantilla del personal.
- Cumplimiento de programas y metas.
- Otros que requieran los ejecutivos de cada empresa.

Información mensual

* Análisis detallado de inventarios, compras, ventas, producción y presupuesto.
* Balances, estado de resultados y origen y aplicación de recursos.
* Situación del mercado.
* Situación de la competencia.
* Avance de los programas de las diferentes áreas.
* Cumplimiento de objetivos y metas.
* Áreas críticas o con problemas.
* Otros que requieran los ejecutivos de cada empresa.

Información trimestral, semestral y anual

* Avances de nuevos proyectos.
* Comparativo con el mismo mes, trimestre o semestre del año anterior.
* Concentrado y comparativo de la información semanal y mensual.
* Información sobre clientes, distribuidores, proveedores y empleados.
* Información sobre líneas de productos.
* Investigación y desarrollo (tecnología de punta).
* Modificación de regulaciones e impuestos por la autoridad.
* Nuevos productos nacionales e internacionales en el mercado.
* Tendencias de los mercados.
* Cumplimiento de programas, objetivos y metas.
* Otros que requieran los ejecutivos de cada empresa.

Es necesario para efecto de la alta dirección y los miembros del consejo de administración de las empresas elaborar un resumen ejecutivo que solo contenga información relevante. Los sistemas van perfeccionándose con la experiencia adquirida en el manejo cotidiano, que permite definir las necesidades de control y adaptar los reportes al sistema de información con que se cuenta, a fin de que en él quede incluida la mejor información posible para que las personas indicadas tomen las decisiones correctas.

En estos sistemas los costos de adquisición, desarrollo y mantenimiento son altos, ya que son diversos módulos los que se requieren dentro de la empresa para atender de forma integral las necesidades de todas las áreas, pero tienen muchas ventajas de eficiencia y control.

La persona encargada del sistema de información debe tener un perfil que le permita manejar las relaciones públicas con los responsables de la información de las demás áreas y con los directivos. Los conocimientos y la experiencia en el manejo del área son un requisito indispensable.

En las empresas grandes y medianas por lo general existe un área encargada de la informática de la empresa. Esta área es la idónea para concentrar todos los datos que genera el sistema de información para los accionistas, directores y el personal de la empresa. En las empresas pequeñas y micro debe haber un responsable que cubra las necesidades de cómputo de la empresa misma.

La capacitación de los emprendedores, empresarios, directivos y trabajadores en el uso de las computadoras y sistemas empresariales se ha vuelto un requisito indispensable para poder competir en una economía mundial abierta.

> ❧ *Un resumen ejecutivo solo debe contener información relevante* ❧

SISTEMAS EMPRESARIALES

Algunos de los sistemas más utilizados son los siguientes:

CRM: Administración de relación con el cliente

La CRM se centra en administrar la relación con el cliente sin un objetivo financiero específico y orientar a la empresa hacia diferentes elementos:

* Eficacia para adquirir clientes.
* Retener a los adecuados a un costo razonable.
* Aumentar la base de clientes a través de la venta con un valor agregado.
* Acceso universal desde cualquier dispositivo de internet.
* Reducción de costos de implantación, mantenimiento y capacitación en las organizaciones.
* Análisis empresarial con visibilidad en tiempo real de los procesos empresariales.

♦ Integración con otras aplicaciones como ventas, mercadotecnia, servicio de campo, ayuda en escritorio, soporte y administración de interacciones.

Integra las áreas de mercadotecnia, ventas y servicio a clientes, cadena de suministro y sistemas de administración financiera y de personal, lo que les permite colaborar como si fueran una sola empresa, lo cual genera beneficios para los clientes.

La CRM es una solución de administración de relaciones con clientes enfocada a las empresas medianas. Esta solución incluye cuatro áreas de la relación con los usuarios: mercadotecnia, ventas, soporte y comercio electrónico, que están relacionadas entre sí.

Hay soluciones CRM para empresas medianas que se integran a una planeación de recursos empresariales (ERP, Enterprise Resource Planning) con soporte local y que también abarcan comercio electrónico.

Los sistemas empresariales incluyen los ERP y los sistemas de manejo de activos empresariales (EAM).

ERP: Planeación de recursos empresariales

Los sistemas ERP más sencillos usan tecnología de base de datos y una sola interfase de usuario para controlar toda la información de una empresa, en donde se pueden incluir datos financieros, de ventas, inventarios, clientes, cálculo y elaboración de nóminas, entre otros.

EAM: Sistemas de manejo de activos empresariales

Las aplicaciones EAM también se utilizan para el manejo del mantenimiento, enfocadas en órdenes de trabajo de mantenimiento y funciones relacionadas con inventarios, compras, contabilidad y personal.

APS: Aplicaciones de planificación y programación avanzadas

Actualmente hay tendencias importantes para la incorporación del comercio electrónico, los CRM y la funcionalidad de los APS con paquetes centrales ERP.

Los sistemas empresariales también pueden convertir las interfaces de usuarios de sus aplicaciones en portales con contenido de internet, sistemas externos y correo electrónico.

Estas soluciones ofrecen a los ejecutivos de alto nivel un medio para tener información estratégica de las bases de datos de los sistemas ERP.

La tendencia general de fusionar CRM, APS y capacidades de comercio de internet con los sistemas back-end parece ser cada vez más sólida.

Lo anterior está cambiando la naturaleza misma de los sistemas empresariales, facilita su manejo en un mundo en que la clave del éxito de un negocio son las compras basadas en redes web, la personalización masiva y la entrega rápida de pedidos.

Sistema a la medida

Se desarrolla un sistema para cubrir necesidades específicas de cada empresa. Se puede adquirir un sistema específico para el giro y que se pueda adaptar a las necesidades de cada empresa.

Beneficios para las empresas

Los beneficios específicos que reciben las empresas son:

- ◆ Facilita la toma de decisiones a los socios y ejecutivos, ya que se tiene la información de las diferentes áreas de manera inmediata y permite detectar las desviaciones de los planes, programas y estrategias y decidir las medidas correctivas.
- ◆ Se utilizan criterios de medición e indicadores para controlar la eficiencia y eficacia en el cumplimiento de la visión, la misión y los objetivos.
- ◆ Mide el desempeño de la empresa en resultados financieros, relación y satisfacción de los clientes, procesos internos y desarrollo y conocimiento.
- ◆ Pone énfasis en los indicadores financieros y no financieros y los incluye en el sistema de información para todos los niveles jerárquicos de la empresa.
- ◆ Permite vigilar y ajustar la puesta en marcha de las estrategias y realizar oportunamente cambios fundamentales en las mismas.

- Los objetivos se derivan de un proceso vertical impulsado por el objetivo general y la estrategia de la empresa.
- Mayor eficiencia y menor costo de los programas de mercadeo.
- Capacidad para mejorar los programas de mercadeo personalizados.
- Mayores ventas al enfocar la mezcla de mercadeo hacia los clientes de interés.
- Ventajas estratégicas al conocer las necesidades de los clientes.

Los retos importantes que enfrentan las empresas que quieran implantar el mercadeo de base de datos son:

- La capacidad para desarrollar una base de datos de clientes eficaz.
- La habilidad y creatividad de usarla para mejorar sus tácticas de mercadeo.

⁓La utilización eficaz de una base datos de clientes para mejorar las estrategias de mercadeo es clave para lograr los objetivos de ventas⁓

Los problemas que pueden presentar los sistemas empresariales son:

- Que el personal encargado de operarlos no esté bien capacitado.
- No cumplen con las necesidades de las empresas.
- Se tienen que hacer adecuaciones y correcciones.

Los accionistas de las empresas no disponen de mucho tiempo para ver grandes cantidades de datos, por ello es necesario elaborar un reporte ejecutivo que solo contenga la información relevante para la toma de decisiones.

GENERACIÓN DE INDICADORES

Generar indicadores útiles para cada área y que permitan medir el logro de los objetivos y metas es complicado. El objetivo de tener normas e indicadores es el de poder evaluar en términos cualitativos y cuantitativos la administración y operación de la empresa.

La norma se considera como la mejor práctica en el ramo, o sea, el nivel deseado de rendimiento, y el indicador es el nivel real de rendimiento obtenido. La diferencia entre lo deseado y lo real son los factores que causan la variación respecto de la norma de rendimiento que puede ser favorable o desfavorable y el efecto que es el impacto de la variación de los resultados.

Lo que se busca es explorar diferentes alternativas para derivar las causas y efectos propios a los hallazgos y traducirlas en recomendaciones. Conocer los hallazgos a tiempo puede ser trascendente para tomar decisiones oportunas.

La comparación entre los indicadores reales y las normas de rendimiento establecidas es la base para realizar hallazgos. Hay que medir lo vital y no lo trivial. Se deben diseñar indicadores que reflejen el alcance y el desarrollo de las estrategias planteadas. Cada indicador debe tener metas y acciones definidas para alcanzarlas.

Se deben utilizar exclusivamente los indicadores que proporcionen información relevante para la toma de decisiones y para facilitar el proceso de monitoreo. A través de las mediciones se crea un sistema de información que permite detectar inmediatamente las desviaciones a los objetivos y metas establecidas.

Hay cámaras o asociaciones de empresarios que ya tienen desarrollados diferentes indicadores de acuerdo a lo que se considera la mejor práctica en un giro específico. Hay libros especializados, sobre todo en el área de finanzas, que tienen indicadores y las fórmulas correspondientes para su cálculo.

∾Es indispensable evaluar en términos cualitativos y cuantitativos la administración y operación de la empresa∾

CAPÍTULO 13

MANUALES DE ORGANIZACIÓN Y PROCEDIMIENTOS PARA EL EMPRENDEDOR

IMPORTANCIA DE LOS MANUALES DE ORGANIZACIÓN

Una de las reglas básicas para que una empresa tenga éxito es que los manuales de organización y procedimientos estén diseñados en función de las necesidades de esta en particular.

Es importante dimensionar la utilidad de los manuales de organización y procedimientos al inicio de operaciones de cualquier empresa. El contenido de los manuales depende del giro, del tamaño y las necesidades de cada negocio en particular. El contenido del manual de la microempresa será diferente al de la macroempresa, sin embargo, tendrán la misma función.

El manual de organización es un instrumento metodológico de la ciencia y la técnica de la administración que contribuye favorablemente en el proceso de organización. Es un medio valioso para hacer clara y fluida la comunicación del personal y sirve para registrar, transmitir y controlar toda la información referente a la empresa de una forma ordenada y uniforme.

Asimismo, se trata de un instrumento de apoyo administrativo que contiene información sobre antecedentes, disposiciones jurídicas, atribuciones, misión, objetivos, políticas, estructura orgánica y funciones asignadas a cada una de las áreas de la empresa. También contiene la determinación de los campos de competencia y deslindamiento de responsabilidades. Concentra información amplia y detallada acerca del quehacer del personal.

Los manuales de organización pueden ser generales, en el sentido de que competen a toda la empresa, y particulares, cuando corresponden a cada área.

ELABORACIÓN DE LOS MANUALES

Los manuales de organización deben ser elaborados tomando en cuenta los objetivos, las políticas y las funciones de todas las áreas de la empresa. Para formular los manuales de organización y procedimientos se requiere que la información sea clara, suficiente y fidedigna, a fin de no generar confusiones en el personal.

Cuando no exista un área para desarrollar actividades de organización y métodos debe designarse un grupo de personas que conozca la empresa y que coordine el diseño, la elaboración, la implantación y la actualización del manual. Para hacer un manual de organización deben considerarse los siguientes elementos:

Identificación

Es la primera hoja del manual y aparecen datos elementales del documento.

- ◆ Logotipo.
- ◆ Nombre de la empresa.
- ◆ Título del manual.
- ◆ Área responsable de su elaboración y actualización.
- ◆ Fecha de implantación y, en su caso, de actualización.

Contenido

Es la lista que especifica los rubros que contiene el manual y el número de página en la que se encuentra cada uno de los apartados. Es necesario enumerarlos progresivamente y asignar el número de página correspondiente.

- ◆ Introducción.
- ◆ Antecedentes.
- ◆ Disposiciones jurídicas y atribuciones.
- ◆ Estructura orgánica.
- ◆ Misión.
- ◆ Objetivos generales y específicos.
- ◆ Políticas generales y específicas.
- ◆ Funciones de las diferentes áreas de la empresa.

- Planes y programas de trabajo.
- Diagramas de flujo y secuencia de labores.
- Controles manuales, mecanizados y electrónicos basándose en cédulas y formatos.

Directorio

Es el registro de nombres, cargos, direcciones, correos y teléfonos del personal que aparece en el manual.

Introducción

Se da una explicación breve dirigida al lector relacionada con el contenido, la utilidad, los fines y los propósitos del manual. Incluye, además, información sobre el modo en que se aplica, las personas a quienes está dirigido y cómo ha de ser actualizado.

Antecedentes

En esta parte son mencionados los aspectos sobresalientes del desarrollo histórico de la empresa, la fecha de fundación y las circunstancias específicas del inicio de operaciones.

Objetivos generales

Los objetivos son los fines y resultados que pretenden alcanzarse en un futuro determinado, vía el cumplimiento de todo lo necesario para conseguirlo. Hay dos clases de objetivos: los generales y los específicos. Los primeros se aplican a todas las áreas, mientras que los otros son propios de cada una de ellas. Ambos, los generales y los específicos, pueden ser propuestos a corto, mediano y largo plazo. Pueden, además, ser complementarios e interdependientes.

Es frecuente confundir objetivos con metas, la razón es que ambos rubros están íntimamente ligados y no pueden concebirse los unos sin los otros. Los objetivos definen un fin por alcanzar en uno o varios periodos, sin especificar fechas ni cuantificación de resultados. En otras palabras, describen lo que se pretende alcanzar con el funcionamiento total de la empresa. Las metas determinan un fin que, en principio, tiene que ser alcanzado en un tiempo establecido y cuyos resultados han de ser cuantificados.

Objetivos específicos

Describe el fin que se pretende alcanzar con la realización de una sola operación, de una actividad concreta, de un procedimiento o de una función completa.

Políticas generales

Las políticas son normas de acción expresadas en forma verbal o escrita, mediante las cuales los accionistas o directivos de las empresas transmiten los criterios que orientan la forma de actuar y la toma de decisiones de las áreas de la empresa.

Funciones generales

Son las actividades que deben llevar a cabo cada una de las áreas de la empresa para cumplir con las atribuciones y objeto de ésta. Se dividen en generales y específicas. Se recomienda que sigan el orden establecido en la estructura de organización y que su redacción comience con un verbo en infinitivo.

Estructura orgánica

Es una relación ordenada de las áreas de la empresa que permite identificar las relaciones de dependencia de nivel jerárquico superior al inferior.

Organigramas

Se trata de la representación gráfica de la estructura orgánica que refleja, en forma esquemática, la posición de las áreas que integran la empresa, los niveles jerárquicos, las líneas de autoridad y la asesoría. Hay diferentes tipos de organigramas: verticales, horizontales, mixtos, funcionales, entre otros. Veamos, a continuación, un ejemplo de un organigrama que se utiliza en muchas empresas.

EJEMPLO DE ORGANIGRAMA

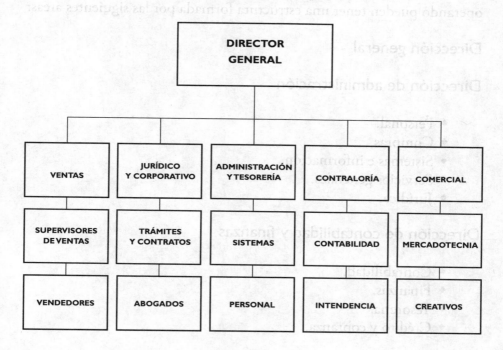

EJEMPLO DE UN MANUAL DE ORGANIZACIÓN

Este ejemplo tiene como propósito facilitar la elaboración de los manuales de organización para quien no tiene experiencia en la materia.

El contenido de un manual de organización debe adaptarse a cada empresa de acuerdo con su tamaño y giro. La estructura de organización de cada empresa puede ser diferente, aunque, en lo general, las del mismo tamaño realizan las mismas funciones.

Hay objetivos, políticas y funciones que tienen validez para todas las empresas. Diferenciar los objetivos de las políticas y estas de las funciones, por lo común, causa confusión, pues algunas políticas también son funciones. Lo importante es documentar, de la forma más organizada posible, las responsabilidades y obligaciones de todo el personal y las formas de hacer y ejecutar las actividades de la empresa.

Dependiendo del tamaño, giro y si es familiar o no, la estructura organizacional de la empresa se debe de adecuar en cada caso.

La mayoría de las empresas pequeñas o medianas cuando ya están operando pueden tener una estructura formada por las siguientes áreas:

Dirección general

Dirección de administración

- ◆ Personal.
- ◆ Compras.
- ◆ Sistemas e información.
- ◆ Servicios generales.
- ◆ Jurídica.

Dirección de contabilidad y finanzas

- ◆ Contabilidad.
- ◆ Finanzas.
- ◆ Tesorería.
- ◆ Crédito y cobranza.

Dirección de mercadotecnia

- ◆ Mercado.
- ◆ Ventas.
- ◆ Publicidad.
- ◆ Relaciones públicas.
- ◆ Digital y en internet

Dirección de operaciones

- ◆ Producción.
- ◆ Almacenes y embarques.
- ◆ Servicio técnico.
- ◆ Transporte.

Algunos de los objetivos, políticas y funciones generales, por áreas, que debe contener un manual de organización, son:

Dirección general

Objetivos

✓ Cumplir con la visión y la misión de la empresa.
✓ Generar las utilidades que el consejo de accionistas tiene proyectadas.

Políticas

✓ Conservar la información que se genere en la empresa en condiciones de confidencialidad y seguridad adecuadas.
✓ Cumplir con los compromisos que genere la empresa en las condiciones pactadas.
✓ Establecer objetivos y programas de trabajo por área.
✓ Establecer sistemas de información, control y calidad.

Funciones generales

✓ Coordinar y dirigir las operaciones, funciones y actividades de la empresa.
✓ Administrar eficientemente los recursos humanos, materiales, técnicos y financieros.
✓ Crear programas de productividad que establezcan los niveles deseados.
✓ Lograr una eficiente planeación, organización, dirección y control de la empresa.
✓ Verificar y mejorar el nivel de servicio proporcionado al cliente.
✓ Mantener la eficiencia y la eficacia global de la empresa.
✓ Observar la rentabilidad de la empresa a través de toda su operación.
✓ Adecuar la estructura a las necesidades de crecimiento de la empresa.
✓ Autorizar modificaciones que pretenda hacérsele al sistema de información contable.
✓ Autorizar la contratación del personal de nuevo ingreso.
✓ Coordinar y supervisar el buen funcionamiento de todas las áreas de la empresa.

✓ Dar cumplimiento a los acuerdos y a las disposiciones del consejo de administración.
✓ Delimitar autoridades y responsabilidades.
✓ Estar permanentemente en procesos de mejora continua.
✓ Adecuar permanentemente la infraestructura administrativa y operativa para el mejor funcionamiento de la empresa.
✓ Supervisar el funcionamiento de los sistemas y procedimientos.
✓ Coordinar el crecimiento equilibrado, la captación de financiamientos adecuados, la elaboración de los programas, los presupuestos y el informe al consejo de administración.
✓ Utilizar con eficiencia y eficacia las tecnologías digitales que estén a su alcance.
✓ Vigilar la adecuada aplicación de las medidas de racionalización de los gastos.

Dirección de administración

Objetivo

✓ Organizar y satisfacer eficientemente todas las necesidades de la empresa con respecto al personal y a los recursos materiales, técnicos y de servicios generales.

Políticas

✓ Afianzar a todo el personal de la empresa.
✓ Contratar las pólizas de seguros necesarias para proteger al personal y a los activos y recursos económicos de la empresa.
✓ Cumplir cabalmente con los compromisos de pagos.
✓ Racionalizar los gastos generales.

Funciones generales

✓ Coordinar las funciones de las áreas de personal, compras, sistemas, jurídica y servicios.
✓ Cubrir satisfactoriamente los requerimientos y las necesidades que se tengan para el desarrollo y buen funcionamiento de la empresa.

✓ Contar con los elementos de seguridad necesarios para la protección adecuada del personal, de los productos y de los activos de la empresa.

✓ Contratar las pólizas de seguros que cubran posibles riesgos y vigilar la adecuada aplicación de las primas de seguros y fianzas.

✓ Determinar con las áreas los equipos y productos necesarios para la operación competente.

✓ Establecer los controles y registros necesarios para la eficiente administración de los recursos.

✓ Participar en la planeación, elaboración y control de los presupuestos de adquisiciones, tráfico, almacenamiento, seguros y personal.

✓ Supervisar y coordinar la elaboración del programa de compras.

✓ Vigilar que los registros se lleven conforme a los procedimientos establecidos.

Área de personal

Objetivo

✓ Propiciar y mantener un clima organizacional adecuado que fomente el trabajo en equipo a fin de obtener un desempeño efectivo en las actividades del personal.

Políticas

✓ Capacitar constantemente a los empleados.

✓ El personal de nuevo ingreso deberá tener el proceso de inducción a la empresa.

✓ El personal debe ser evaluado semestralmente.

✓ El personal será contratado una vez que sea verificada su capacidad para cumplir en forma satisfactoria con sus funciones.

✓ Respetar el reglamento interior de trabajo.

✓ Seleccionar y contratar personal suficiente y adecuado.

✓ Ubicar a la persona adecuada en el puesto adecuado.

Funciones generales

✓ Analizar periódicamente los incrementos de sueldos y salarios.

✓ Examinar periódicamente los índices de rotación del personal.

✓ Colocar avisos y señales sobre cuestiones de seguridad e higiene.

✓ Coordinar con las demás áreas el establecimiento de indicadores de desempeño.

✓ Dar a conocer las políticas, los reglamentos y procedimientos establecidos.

✓ Avisar a las instancias necesarias de los accidentes ocurridos.

✓ Definir e implantar los sistemas de evaluación del personal.

✓ Coordinar el proceso de reclutamiento, selección, contratación e inducción.

✓ Determinar con cada área las características necesarias de cada persona y puesto.

✓ Difundir los manuales de organización y procedimientos.

✓ Elaborar los requerimientos, las descripciones de puestos, los planes de sueldos, las prestaciones y los incentivos.

✓ Confeccionar un programa de compensaciones estratégicas para la alta dirección.

✓ Controlar los contratos de trabajo y los expedientes del personal.

✓ Integrar las credenciales que identifiquen al personal.

✓ Establecer indicadores de desempeño y darlos a conocer al personal.

✓ Implantar los tabuladores de sueldos y salarios.

✓ Fijar programas de capacitación y adiestramiento.

✓ Disponer técnicas y medios de motivación.

✓ Establecer sistema de bonos de productividad.

✓ Informar y orientar al personal sobre las actividades de la empresa.

✓ Lograr buenas relaciones entre los diferentes niveles jerárquicos.

✓ Alcanzar la preparación y el desarrollo adecuado del personal.

✓ Mantener actualizado el catálogo y el archivo del personal.

✓ Realizar el registro de los contratos individuales de trabajo.

✓ Establecer, revisar y vigilar el cumplimiento del reglamento interior de trabajo.

✓ Salvaguardar la integridad física de los empleados.

✓ Supervisar constantemente el ambiente laboral.

✓ Vigilar el control de vacaciones del personal verificando que se cumpla.

✔ Controlar el correcto cálculo y pago de retenciones efectuadas en la nómina.
✔ Inspeccionar las actividades de control de asistencia y movimientos del personal.
✔ Tener los expedientes del personal con los documentos y requisitos establecidos.
✔ Valorar periódicamente la eficiencia del flujo comunicacional.
✔ Realizar las notificaciones de altas, bajas, cambios y pagos al Seguro Social.
✔ Comprobar que se conserve en las mejores condiciones ambientales.

Área de compras

Objetivos

✔ Abastecer de bienes y servicios en forma continua y oportuna a las áreas de la empresa.
✔ Comprar los mejores productos e insumos y equipos al precio más bajo del mercado.

Políticas

✔ El precio pactado debe mantenerse hasta que la entrega sea recibida y termine la operación.
✔ El programa de compras debe hacerse sobre la base de los pronósticos de ventas y los programas de producción.
✔ Deben tenerse tres cotizaciones de proveedores distintos para decidir a quién se ha de comprar el producto.
✔ Todas las órdenes de compras deberán estar autorizadas por el responsable.

Funciones generales

✔ Determinar la rotación y el punto de recompra de productos.
✔ Conocer las necesidades de las áreas para adquirir las mercancías adecuadas.
✔ Conseguir descuentos por compras en volúmenes importantes.

✓ Elaborar los pedidos sobre la base de la política establecida de mínimos y máximos.

✓ Confeccionar un programa de compras que garantice, por un lado, las existencias suficientes y, por el otro, satisfaga puntual y oportunamente la demanda.

✓ Realizar y entregar a la dirección de contabilidad y finanzas el programa de pagos.

✓ Establecer políticas para definir el mínimo y el máximo de equipos y productos que debe haber en el inventario.

✓ Evitar el aumento en los precios pactados con los proveedores.

✓ Evitar excedentes de pagos por requisiciones urgentes.

✓ Seguir las mercancías, desde que se hace el pedido hasta que es entregado al almacén.

✓ Mantener la inversión mínima necesaria en inventarios y con rotación adecuada.

✓ Conservar óptimas relaciones con los proveedores.

✓ Planear las adquisiciones de acuerdo con las tendencias del mercado.

✓ Programar y supervisar las fechas de entrega.

✓ Realizar las compras en el exterior del país.

✓ Los trámites de los equipos y productos que necesita la empresa.

✓ Contar con canales de comunicación con las demás áreas de la empresa.

✓ Tener controles de registro y localización de los productos que se compran.

✓ Disponer de un catálogo actualizado de proveedores.

Área de sistemas

Objetivos

✓ Contar con tecnología de punta que coadyuve al desarrollo de la empresa.

✓ Mantener actualizada la base de datos del sistema para proporcionar información.

Políticas

✓ Mantener el adecuado control del sistema para evitar fugas de información.
✓ Tener programas de mantenimiento preventivo para los equipos.

Funciones generales

✓ Actualizar el equipo de cómputo y el software.
✓ Actualizar y crear los formatos de control.
✓ Capturar los inventarios.
✓ Contratar el mantenimiento del equipo de cómputo.
✓ Coordinar con cada área sus requerimientos de cómputo e información.
✓ Coordinar con todas las áreas la entrega oportuna de la información.
✓ Dominar los programas que se utilizan en todas las áreas.
✓ Elaborar la estadística necesaria para la toma de decisiones.
✓ Realizar y entregar reportes e informes a cada una de las áreas de la empresa.
✓ Procesar la información que proporcionen los vendedores y distribuidores.

Área jurídica

Objetivos

✓ Evitar tener problemas jurídicos.
✓ Resolver los problemas jurídicos que se presenten de la manera más conveniente.

Políticas

✓ Ser éticos en todos los pleitos en que intervenga la empresa.
✓ Buscar la mejor solución para la empresa.

Funciones generales

- ✓ Defender legalmente los intereses de la empresa.
- ✓ Revisar la documentación jurídica de la empresa.
- ✓ Revisar todos los contratos en los que intervenga la empresa.
- ✓ Tener registrada, revisada y actualizada toda la documentación jurídica de la empresa.
- ✓ Tramitar las licencias y los permisos necesarios.

Área de servicios generales

Objetivo

- ✓ Proporcionar todos los servicios generales y administrativos que requieran las áreas.

Política

- ✓ Todos los servicios y materiales que se proporcionen a las demás áreas deben ser de primera calidad.

Funciones generales

- ✓ Coordinar y proporcionar los servicios generales requeridos en la empresa.
- ✓ Coordinar el servicio de intendencia, de mensajería interna y externa, así como el de limpieza de todas las áreas de la empresa.
- ✓ Coordinar la seguridad de la empresa, la renta de transportes y los servicios de viajes.
- ✓ Controlar el inventario de artículos de papelería.
- ✓ Proveer artículos de papelería a las demás áreas.
- ✓ Ofrecer y controlar el servicio de fotocopiado y engargolado.
- ✓ Solicitar los artículos y materiales al área de compras.
- ✓ Vigilar y autorizar los gastos de transportación y viáticos.

Dirección de contabilidad y finanzas

Área de contabilidad

Objetivo

- ✓ Cumplir con las obligaciones fiscales dentro de los plazos establecidos y pagar puntualmente los impuestos.

Política

- ✓ Mantener registros contables exactos y oportunos.

Funciones generales

- ✓ Atender las visitas de inspectores y requerimientos de las diferentes autoridades.
- ✓ Coordinar la facturación de los productos y equipos que se vendan.
- ✓ Detectar las diferencias físicas-contables del inventario.
- ✓ Elaborar e integrar distintos informes y reportes para los ejecutivos en la empresa.
- ✓ Elaborar el catálogo de cuentas.
- ✓ Establecer los controles y registros necesarios para la aplicación de recursos y contabilización de las transacciones de la empresa.
- ✓ Estimar las provisiones para los créditos incobrables, las fluctuaciones en inventarios y valores, así como la depreciación y la amortización de activos.
- ✓ Formular pólizas de diario y codificarlas en el sistema de contabilidad.
- ✓ Elaborar y tener la contabilidad actualizada.
- ✓ Organizar y actualizar continuamente el archivo del área.
- ✓ Practicar mensualmente un arqueo a la caja.
- ✓ Prever las tendencias de los precios y costos en la elaboración de los presupuestos.
- ✓ Tener un control de los activos de la empresa.
- ✓ Verificar que los registros contables sean oportunos y exactos.

Área de finanzas

Objetivos

- ✓ Mantener la solvencia y estabilidad financiera de la empresa.
- ✓ Tener información financiera veraz y oportuna que sirva como herramienta para la toma de decisiones y para la práctica de medidas correctivas.

Política

- ✓ Mantener actualizados los informes financieros de la empresa.

Funciones generales

- ✓ Elaborar el flujo de efectivo.
- ✓ Elaborar el plan financiero sobre la base de los presupuestos de cada área.
- ✓ Elaborar periódicamente los estados financieros propios de la empresa (balance general, estado de resultados, origen y aplicación de recursos, etcétera).
- ✓ Establecer un sistema presupuestal para la planeación y el control de las operaciones.
- ✓ Integrar el presupuesto de costos de todas las áreas.
- ✓ Participar en la integración de los presupuestos y estados de resultados.
- ✓ Preparar y presentar oportunamente información y estudios contables especiales.

Tesorería

Objetivo

- ✓ Mantener el control adecuado sobre los ingresos y los egresos.

Políticas

- ✓ Está prohibido el acceso a la caja general de cualquier persona no autorizada.
- ✓ Los pagos de nómina se realizarán los días 15 y 30 de cada mes.
- ✓ Los viernes de 16:00 a 19:00 horas se recibirán las facturas para su revisión, también se llevarán a cabo los pagos de la semana inmediata anterior.
- ✓ Si esos días de pago son feriados se pagará el día laborable inmediato anterior.

Funciones generales

- ✓ Realizar y programar los pagos de la empresa.
- ✓ Conocer las modificaciones a la nómina para que sea correcto el pago al personal.
- ✓ Comprobar la existencia de fondos para el cumplimiento de los pagos aprobados y reportar cualquier insuficiencia actual o prevista.
- ✓ Elaborar los depósitos de las ventas, los recibos de pagos y los cheques.
- ✓ Elaborar un reporte diario de los movimientos de las cuentas bancarias, cartas de crédito abiertas y pago de comisiones e intereses.
- ✓ Depurar mensualmente las conciliaciones de las cuentas bancarias.
- ✓ Participar en la elaboración del programa de pagos y vigilar su aplicación.
- ✓ Tener actualizados los saldos bancarios.
- ✓ Vigilar la oportuna expedición de los cheques para cubrir los pagos programados y la elaboración de las pólizas de egresos correspondientes.

Crédito y cobranza

Objetivos

- ✓ Otorgar créditos que garanticen su cobranza.
- ✓ Tener una cartera sana.

Políticas

- ✓ Cada cliente debe tener su expediente con la documentación completa.
- ✓ La documentación de referencias comerciales debe estar debidamente llenada.
- ✓ No se otorgarán créditos sin la realización de los estudios socioeconómicos.

Funciones generales

- ✓ Controlar y registrar cada uno de los pagos recibidos.
- ✓ Realizar la revisión diaria de la facturación y el reporte de cobranza.
- ✓ Coordinar y efectuar el seguimiento de la cobranza.
- ✓ Elaborar y optimizar la ruta diaria de la cobranza.
- ✓ Establecer y negociar plazos sobre los créditos que se otorguen.
- ✓ Mantener comunicación con los clientes para activar la cobranza y aclarar saldos.
- ✓ Mantener la menor cobranza morosa posible.
- ✓ Mantener el control de los documentos generados por la operación comercial. Pronosticar la cobranza mensual para efectos del flujo de dinero.
- ✓ Realizar las gestiones necesarias para recuperar la cartera en los plazos estipulados.
- ✓ Reportar a la dirección de contabilidad y finanzas los pagos recibidos y los pendientes de cobranza, indicando fechas específicas.

Dirección de mercadotecnia

Objetivos

- ✓ Fomentar y cuidar las relaciones públicas de la empresa.
- ✓ Desarrollar nuevos mercados y propuestas innovadoras.
- ✓ Dirigir los esfuerzos encaminados a detectar las necesidades de los clientes.
- ✓ Establecer liderazgo en el mercado y buscar nuevos nichos de negocio.
- ✓ Hacer más eficiente la entrada en el mercado potencial.

Políticas

- ✓ Establecer un programa de monitoreo del producto para determinar la satisfacción del cliente.
- ✓ La promoción y publicidad deben estar íntimamente ligadas y coordinadas.
- ✓ El área de ventas debe tener la asesoría y el apoyo del área de servicio técnico.
- ✓ Las campañas publicitarias se basarán en los resultados de la investigación de mercado.

Funciones generales

- ✓ Analizar y autorizar las devoluciones, los descuentos y las bonificaciones.
- ✓ Calcular y asignar el presupuesto para publicidad.
- ✓ Coordinar la contratación de investigaciones de mercado que se necesiten.
- ✓ Articular las campañas publicitarias en todo el país.
- ✓ Llevar las relaciones públicas.
- ✓ Coordinar los canales de distribución.
- ✓ Supervisar los trabajos directos de promoción y venta en el ámbito nacional.
- ✓ Definir conjuntamente con la dirección general los objetivos de ventas.
- ✓ Desarrollar campañas de promoción y publicidad determinando objetivos y recursos.
- ✓ Desarrollar y registrar las marcas.
- ✓ Proponer los sistemas de compensación para el personal de ventas.
- ✓ Elaborar planes realistas de atención a clientes.
- ✓ Elaborar los planes, pronósticos, presupuestos y estrategias comerciales para lograr los objetivos de mercadotecnia y ventas.
- ✓ Evaluar periódicamente los resultados comerciales de la empresa, así como el esfuerzo de promoción y publicidad en términos de efectividad en la venta.
- ✓ Evaluar, contratar y supervisar los medios de comunicación más adecuados.

✓ Fijar políticas y precios.
✓ Obtener una comprobada efectividad correspondiente a promoción y publicidad.
✓ Planear y desarrollar nuevos productos.
✓ Realizar estudios de mercado que permitan detectar las necesidades de los clientes.
✓ Supervisar la labor de promoción y venta de los vendedores.
✓ Verificar la atención y la calidad del servicio ofrecido.
✓ Coordinar todo lo relacionado a la mercadotecnia digital.

Área de administración de ventas

Objetivos

✓ Coordinar, fortalecer y aumentar las ventas actuales, procurando diversificar los clientes.
✓ Ofrecer productos de calidad que cumplan con las expectativas de los clientes.
✓ Planear las estrategias de ventas para satisfacer los requerimientos de los clientes.

Política

✓ Promover la satisfacción de los clientes actuales y generar nuevas ventas.

Funciones generales

✓ Analizar los informes de ventas de los vendedores.
✓ Asignar zonas de ventas.
✓ Autorizar o rechazar pedidos de clientes, considerando su situación comercial y crediticia.
✓ Capacitar a los vendedores de nuevo ingreso.
✓ Evaluar el desempeño de los vendedores verificando el cumplimiento de las metas.

✓ Conocer las características técnicas y comerciales de los equipos y productos.

✓ Conseguir clientes nuevos en el ámbito nacional.

✓ Informar al área de contabilidad sobre las comisiones devengadas por los vendedores.

✓ Controlar y atender los pedidos de los clientes.

✓ Coordinar la fuerza de ventas en todo el país.

✓ Coordinar las juntas semanales del área de ventas.

✓ Dar seguimiento de servicio posventa.

✓ Diseñar estructuras de comisiones e incentivos para motivar a vendedores.

✓ Elaborar los contratos de las ventas que realicen los vendedores.

✓ Entregar el contrato firmado al cliente, recabar su firma, registrar y archivar.

✓ Entregar la factura y recibir el contra recibo correspondiente.

✓ Establecer los requerimientos de capacitación de la fuerza de ventas.

✓ Mantener contacto con el cliente para proporcionar toda la información que requiera.

✓ Promover y fomentar un alto nivel de motivación de los colaboradores del área.

✓ Recabar los datos necesarios para firmar el contrato respectivo.

✓ Recibir los pedidos, el reporte de visitas y las actividades diarias de los vendedores.

✓ Supervisar el servicio de posventa a los clientes.

✓ Supervisar las llamadas de seguimiento y de posibles nuevos clientes.

✓ Tener al día la información de los clientes actuales y potenciales.

Área de publicidad y promoción

Objetivos

✓ Ganar el mercado existente y el potencial con productos de primera calidad.

✓ Tener una mejor imagen con el público consumidor que redunde en mayores ventas.

Políticas

- ✓ Las campañas publicitarias deben respetar y fomentar la imagen corporativa de la empresa.
- ✓ Los medios y los materiales que se utilicen deben ser de primera calidad.

Funciones generales

- ✓ Coordinar y comprobar la efectividad de las campañas publicitarias.
- ✓ Contratar a los proveedores para elaborar los diferentes impresos.
- ✓ Contratar a los medios de comunicación adecuados para las campañas publicitarias.
- ✓ Coordinar a los diseñadores y creativos que intervienen en las campañas.
- ✓ Determinar objetivos, políticas, alcances e ideas principales de las campañas.
- ✓ Evaluar periódicamente el esfuerzo de publicidad y promoción en relación con los resultados comerciales y en términos de efectividad de ventas.

Área de relaciones públicas

Objetivos

- ✓ Tener buenas relaciones con todos los actores que se interrelacionan con la empresa.
- ✓ Mantener la identidad corporativa en todas las actividades de la empresa.

Políticas

- ✓ Los ocupantes de los puestos del área deben recibir capacitación.
- ✓ Todo el personal del área debe tener tres años de experiencia en relaciones públicas.

Funciones generales

- ✓ Apoyar el cierre de negocios importantes.
- ✓ Apoyar en lanzamientos de productos y promociones especiales.
- ✓ Atender a los visitantes e invitados de la empresa.
- ✓ Coordinar la participación de la empresa en congresos, ferias y exposiciones.
- ✓ Coordinar todo lo relacionado con la imagen corporativa.
- ✓ Establecer y mantener buenas relaciones con los medios de comunicación.
- ✓ Hacer contacto y estrechar nexos con grupos de interés para la empresa.
- ✓ Organizar los eventos internos y externos de la empresa.
- ✓ Participar activamente en los programas internos de motivación.

Dirección de operaciones y producción

Objetivo

- ✓ Alcanzar una cobertura nacional del servicio técnico, la venta de refacciones y las pólizas de servicio y mantenimiento.

Políticas

- ✓ Apoyar en la solución de problemas técnicos que los clientes o distribuidores no puedan resolver por sí solos.
- ✓ Las refacciones usadas para la reparación de las máquinas deben ser originales.
- ✓ Tiene que haber extintores suficientes, debidamente cargados y a la vista.
- ✓ El apoyo técnico deberá apegarse a las políticas establecidas en las pólizas de garantía.

Funciones generales

Área de producción

- ✓ Controlar los registros de avance sobre el desarrollo del proceso de producción.
- ✓ Coordinar para que al operario le sean entregados los materiales y las herramientas necesarias.
- ✓ Definir en qué fechas empezará y terminará el trabajo y todas sus etapas.
- ✓ Determinar qué grupo de máquinas y de operarios realizarán el trabajo.
- ✓ Detectar desviaciones para modificar planes y programas establecidos.
- ✓ Estimar cuánto costará producir cada producto y el lote.
- ✓ Evitar al máximo los desperdicios.
- ✓ Planear qué cantidad de cada producto es necesario producir.
- ✓ Supervisar que el comienzo del trabajo ocurra en la fecha prevista.

Área de operación

- ✓ Supervisar y coordinar las actividades de los responsables del almacén.
- ✓ Capacitar a los técnicos de nuevo ingreso.
- ✓ Contar con un servicio técnico de calidad.
- ✓ Coordinar la sala de exhibición junto con la dirección comercial.
- ✓ Atender las reclamaciones de los clientes.
- ✓ Coordinar la entrega de gasolina a los responsables de los vehículos.
- ✓ Coordinar los movimientos de los medios de transporte.
- ✓ Establecer sistemas de mantenimiento preventivo y correctivo.
- ✓ Vigilar el mantenimiento de instalaciones, equipo, mobiliario y vehículos de transporte.
- ✓ Vigilar que se tenga un alto índice de seguridad.
- ✓ Tener una calidad estándar de los productos.
- ✓ Mantener una relación constante de asesoría y servicio a los clientes.
- ✓ Obtener el máximo rendimiento de los equipos e instalaciones.
- ✓ Participar en la mejora de los procesos de mantenimiento.

✓ Proveer a los empleados y obreros de equipo moderno de seguridad.
✓ Satisfacer al área de ventas con respecto a sus compromisos de entregas.
✓ Solicitar al área de compras las refacciones y mercancías necesarias.
✓ Supervisar a todos los técnicos en sus funciones cotidianas.
✓ Tener un proceso de producción confiable.
✓ Vigilar que la atención a los clientes se ajuste a las normas de servicio.
✓ Estimar los requerimientos de personal y presupuesto para llevar a cabo la recepción, el control, la transportación y la operación de equipos y productos.
✓ Establecer procedimientos de recepción, almacenamiento y manejo de equipos y productos.

Almacén

Objetivos

✓ Conservar el nivel de existencias de acuerdo con las necesidades de abastecimiento.
✓ Mantener la distribución funcional de los productos.
✓ Reducir desperdicios, faltantes y deterioros.

Política

✓ Para sacar productos del almacén debe presentarse la documentación completa.

Funciones generales

✓ Clasificar los productos de acuerdo con criterios previamente estipulados.
✓ Consolidar la información para elaborar y presentar los reportes.
✓ Controlar la recepción, la entrada y la salida de los equipos y productos en el almacén.
✓ Coordinar el registro y el control de los equipos y productos que ingresan en el almacén.

✓ Coordinar el acomodo de los equipos y productos, que permita su identificación y surtido.

✓ Coordinar los embarques para que lleguen oportunamente y en buenas condiciones.

✓ Coordinar el registro automatizado, entradas, salidas y saldos del almacén.

✓ Levantar mensualmente el inventario físico del almacén.

✓ Planear y tener las existencias para satisfacer de manera oportuna la demanda.

✓ Solicitar los productos y equipos necesarios al área de compras.

✓ Suministrar los equipos y productos con oportunidad a los clientes y a las áreas.

✓ Tener información fidedigna, expedita y actualizada para el área de contabilidad.

✓ Avisar a su jefe inmediato de cualquier accidente o problema que se presente.

Servicio técnico

Objetivos

✓ Proporcionar un servicio técnico de calidad a los clientes y a la empresa.

Políticas

✓ Las refacciones usadas para elaborar cualquier reparación deberán ser originales.

✓ Todo apoyo técnico deberá apegarse a las políticas establecidas en las pólizas de garantía.

Funciones generales

✓ Implementar diariamente el programa de visitas de los técnicos y hacerlo cumplir.

✓ Supervisar que se mantengan en buenas condiciones los equipos de la empresa.

✓ Coordinar que se mantengan limpios y en buenas condiciones los vehículos.
✓ Mantener una relación amable y de servicio con los clientes.
✓ Recibir los reportes de los técnicos.
✓ Reparar los equipos en el menor tiempo y costo.
✓ Seguir el programa de mantenimiento preventivo.
✓ Verificar diariamente que el inventario de herramienta personal esté completo.

Área de transporte

Objetivos

✓ Tener el parque vehicular en las mejores condiciones de presentación y operación.

Políticas

✓ El mantenimiento preventivo es obligatorio cada determinado número de kilómetros.
✓ En cualquier reparación deben utilizarse refacciones originales.
✓ Los vehículos deben guardarse diariamente en la empresa.

Funciones generales

✓ Avisar de accidentes y robos a la aseguradora.
✓ Capacitar al personal en la utilización del reglamento de tránsito.
✓ Coordinar la entrada y salida de los vehículos de los talleres.
✓ Coordinar y supervisar el manejo de la carga y descarga de mercancías.
✓ Establecer el procedimiento de entrega de mercancías a los clientes.
✓ Llevar una bitácora de mantenimiento de los vehículos.
✓ Resguardar las llaves de los vehículos.
✓ Revisar diariamente los niveles de aceite, llantas, batería, agua, hojalatería y pintura.
✓ Mantener actualizada la lista de precios de refacciones y mano de obra.

✓ Tener la documentación del seguro vehicular.
✓ Contar con varios talleres disponibles para reparaciones mayores.
✓ Capacitar al personal en el manejo de la documentación necesaria del vehículo (tarjeta de circulación, seguro, permiso de carga, factura y salida de almacén, con fecha, sello y firma).

Funciones generales para todas las áreas

✓ Participar en las juntas de coordinación con las demás áreas.
✓ Reportar periódicamente a los superiores los avances en los programas del área.
✓ Tener buena comunicación y coordinación con las demás áreas.
✓ Archivar la documentación correspondiente al área.
✓ Presentar mensualmente la información necesaria a la dirección general.
✓ Respaldar en un archivo digital la información que se genere cada día.

Cada área deberá adaptar los manuales de organización a sus necesidades. Las actividades coordinadas no solo deben tener correspondencia unas con otras, sino que también deben ser realizadas oportunamente.

∽ *La madre del éxito es la organización* ∽

Agrego este formato para facilitar la descripción de puestos.

FORMATO PARA LA DESCRIPCIÓN DE PUESTOS
Ejemplo de cómo elaborar una descripción de puesto de un almacenista

I. DATOS GENERALES

NOMBRE DE LA PERSONA: _____

NOMBRE DEL PUESTO: Jefe de almacén.
JEFE INMEDIATO: Gerente de operaciones.
ÁREA: Gerencia de operaciones.
TRAMO DE CONTROL: I Almacenista.
I Chofer.
I Auxiliar.

HORARIO: _____ NORMAL: _____ TIEMPO EXTRA: _____
LUGAR: _____ SUCURSAL: _____
RANGO DE SALARIO: _____ MÍNIMO: _____ MÁXIMO: _____
FECHA DE ELABORACIÓN: _____ FECHA DE REVISIÓN: _____
ELABORÓ: _____ REVISÓ: _____ AUTORIZÓ: _____

II. DESCRIPCIÓN GENÉRICA (EJEMPLO DE ALGUNAS ACTIVIDADES DIARIAS DEL JEFE DE ALMACÉN)

- ✦ Supervisar y coordinar la recepción y el despacho de equipos y productos.
- ✦ Establecer los registros necesarios para el control de inventarios.

III. DESCRIPCIÓN ESPECÍFICA

- ✦ Elaborar los pedidos de los productos.
- ✦ Tener las existencias suficientes para satisfacer puntual y oportunamente la demanda.

IV. EJEMPLO DE ALGUNAS ACTIVIDADES PERIÓDICAS

- ✦ Levantar mensualmente el inventario físico del almacén.
- ✦ Detectar las diferencias físicas contables del inventario.
- ✦ Elaborar y actualizar el catálogo de proveedores.

V. ESPECIFICACIÓN DEL PUESTO

- • HABILIDAD
  - ✦ *Educación*: Preparatoria terminada, como mínimo.
  - ✦ *Manejo de equipo*: Manejo de PC y conocimiento de equipos de carga y descarga.
  - ✦ *Experiencia*: Dos años en puesto similar, como mínimo.
  - ✦ *Iniciativa*: Iniciativa para prever y resolver circunstancias adversas.
  - ✦ *Conocimiento del puesto*: Conocimiento en el manejo de almacenes.
  - ✦ *Políticas y reglamentaciones*: Actualizados.
  - ✦ *Métodos y procedimientos*: Actualizados.
  - ✦ *Información técnica*: Actualizados.
  - ✦ *Información relacionada*: Actualizados.
  - ✦ *Uso de equipo especial*: No.

- Responsabilidad
  - *Material*: De productos y refacciones resguardados en el almacén.
  - *Equipo*: Tener en buen estado y uso el equipo para desempeñar sus funciones.
  - *Supervisión de otros*: Un chofer, un almacenista y un auxiliar.
  - *Información confidencial*: Manejo adecuado de la información a su cargo.
  - *Trámites y procesos*: Surtir el material, refacciones y consumibles en tiempo.

- Esfuerzo
  - *Físico*: Desplazarse en el área de trabajo y, en ocasiones, fuera de la misma.
  - *Mental*: Concentración para efectuar correctamente las actividades del puesto.

- Condiciones de trabajo
  - *Ambiente*: Un lugar con buena ventilación, buena iluminación y espacio adecuado.
  - *Riesgos*: Riesgo de manejar equipos, productos y refacciones.
  - *Relaciones internas*: Con el jefe inmediato y subordinados.
  - *Relaciones externas*: Con proveedores.

MANUAL DE PROCEDIMIENTOS

Los manuales de procedimientos son instrumentos administrativos que están considerados como documentos fundamentales para la coordinación, la dirección, la evaluación y el control administrativo para consulta en el desarrollo cotidiano de actividades.

Un manual de procedimientos apoya el quehacer cotidiano de las diferentes áreas de una empresa. Agrupa procedimientos precisos con un objetivo común, describe una secuencia lógica de las distintas actividades de que se compone cada uno de estos procedimientos que lo integran, señalando generalmente quién, cómo, dónde, cuándo y para qué han de realizarse.

Los manuales de procedimientos contienen las actividades y acciones de las operaciones diarias que deben seguirse para llevar a cabo las funciones generales. Sirven para hacer un seguimiento adecuado y secuencial de las actividades programadas, en un orden lógico y en un tiempo definido.

Los procedimientos son una sucesión cronológica y secuencial de un conjunto de labores concatenadas que constituyen la manera de efectuar un trabajo dentro de un ámbito predeterminado de aplicación.

La elaboración del manual de procedimientos es más complicada y tardada que la de todos los que se utilizan en la empresa. Deben colaborar todos los integrantes de la empresa, documentando al detalle sus actividades e interrelaciones con otras áreas.

Hay muchos procedimientos que son iguales o muy parecidos en la mayoría de las empresas, como el de compras, el de inventarios, el de selección de personal, etcétera.

Hay otros procedimientos que son diferentes dependiendo del giro de cada empresa. Ejemplo, los procedimientos en la industria textil son diferentes de los procedimientos en la industria inmobiliaria o los de la petrolera.

Se requiere nombrar un coordinador para la elaboración del manual, que tenga acceso a todas las áreas y pueda solicitar a cada integrante la información necesaria.

Una vez que se tiene el proyecto del manual se hace una revisión final, a efectos de verificar que la información contenida en el mismo sea la necesaria, esté completa y corresponda a la realidad. Se debe comprobar que no contenga contradicciones o faltas. Después de efectuar esta revisión, deberá someter el proyecto a la aprobación del director general o al responsable del área correspondiente.

Una vez que el manual de procedimientos ha sido elaborado, autorizado e impreso debe ser entregado a los colaboradores responsables de su implementación. El proceso de implantación de procedimientos requiere considerar tiempos de capacitación del personal responsable de realizar las actividades.

Las personas directamente involucradas en el uso de los manuales deben conocer al detalle su contenido, con el objeto de que tengan el conocimiento general de la acción institucional y los puedan consultar siempre que sea necesario.

La utilidad de los manuales de procedimientos y organización radica en la veracidad de la información que contiene, por lo que es necesario mantenerlos actualizados.

Elaboración

Para elaborar un manual de procedimientos hay que seguir los siguientes pasos:

1. Definir el contenido:
   - Introducción
   - Objetivos
   - Áreas de aplicación
   - Responsables
   - Políticas
   - Descripción de las operaciones
   - Formatos
   - Diagramas de flujo
   - Terminología
2. Recopilar la información.
3. Estudio preliminar de las áreas.
4. Elaboración de inventario de procedimientos.
5. Integración de la información.
6. Análisis de la información.
7. Graficar los procedimientos.
8. Revisión de objetivos, ámbito de acción, políticas y áreas responsables.
9. Implantación y recomendaciones para la simplificación de los procedimientos.

Para elaborar un procedimiento es necesario contestar con la mayor precisión posible las siguientes preguntas:

- ¿Cuál es el procedimiento que se va a analizar?
- ¿Cómo se va a llamar el procedimiento?
- ¿Dónde comienza?
- ¿Dónde termina?
- ¿Cuál es el objetivo del procedimiento?

Posteriormente, se procede a la recolección de la información, que consiste en recabar los documentos y los datos que, una vez organizados, analizados y sistematizados, permitan conocer los procedimientos actuales y hacer los ajustes convenientes. Las técnicas que usualmente se utilizan para recabar la información necesaria son:

- Investigación documental.
- Entrevista directa.
- Observación de campo.

La investigación documental consiste en la selección y el análisis de documentos que contienen datos relacionados con los procedimientos: registros estadísticos, actas de reuniones, circulares y todos los documentos que contengan información para acreditar el procedimiento.

Recabar todas las formas y los documentos que intervienen en el procedimiento que se está elaborando y seguir el flujo de los mismos con el fin de determinar dónde se originan, cuál es el trámite que siguen y dónde terminan.

La entrevista directa consiste en reunirse con una o varias personas para obtener información y respuestas directas y percibir actitudes.

Para que la entrevista se desarrolle con éxito es conveniente observar los siguientes lineamientos:

- Tener claro el objetivo de la misma.
- Concertar la cita previamente.
- Verificar la información a través de otras fuentes.
- Aclarar todas las dudas que existan.

La observación de campo consiste en acudir al lugar donde se desarrollan las actividades de los procedimientos y observar y anotar todo lo que se considere relevante; para verificar o modificar la información recabada en las entrevistas. La observación de campo permite definir y detectar con mayor precisión los problemas y notarlos datos omitidos durante las entrevistas.

El análisis de la información y el diseño del procedimiento consiste en estudiar cada uno de los datos que se integraron durante la recolección de la información con el propósito de obtener un diagnóstico que refleje la realidad operativa actual. La descripción de cualquier procedimiento deberá hacerse detalladamente y documentarla en los formatos pertinentes.

Una vez que todas las actividades se han sometido al análisis correspondiente y se considera que es necesario mejorar o rediseñar un procedimiento, se empiezan una serie de acciones ordenadas para eliminar todo lo que no sea absolutamente necesario. Cualquier operación, cualquier paso, cualquier detalle que no sea indispensable, debe ser eliminado. También se pueden combinar si no es viable prescindir de ellos; entonces, el siguiente punto es combinar algún paso del procedimiento con otro a efecto de simplificar el trámite.

Los procedimientos pueden simplificarse cambiando la secuencia de las operaciones, modificando el lugar o sustituyendo a la persona que realiza determinada actividad. Se puede mejorar el procedimiento rediseñando una forma, un registro o un informe, o haciendo alguna mejoría al instrumento o al equipo empleado.

Revisión, aprobación, distribución e implantación

Una vez concluido el documento tiene que ser revisado para verificar que la información esté completa, sea veraz y no tenga contradicciones. El responsable de cada área de la empresa debe aprobar el contenido para su difusión y distribución con los ejecutivos y empleados que deben tenerlo. Para implantar el manual se requiere capacitar a todo el personal.

Actualización

Es necesario mantener los manuales actualizados, mediante revisiones periódicas, a fin de mantenerlos apegados a la realidad de la operación.

Recomendaciones generales de presentación

La presentación es muy importante, para lo cual hay que considerar:

- ◆ Logotipo.
- ◆ Nombre de la empresa.
- ◆ Lugar y fecha de elaboración.
- ◆ Responsables de la revisión y autorización.
- ◆ Índice con la relación de capítulos que forman el manual.
- ◆ Carátula, portada, introducción, parte sustancial del manual, diagramas y anexos.

- Formatos de hojas intercambiables para facilitar su revisión y actualización.
- Utilizar el método de reproducción en una sola cara de las hojas.
- Utilizar separadores de divisiones para los capítulos y secciones del manual.
- Prever todo lo relacionado con la presentación digital.

Principales ventajas de contar con manuales de procedimientos

- Facilitan el adiestramiento y la capacitación del personal.
- Facilitan la inducción al puesto.
- Describen en forma detallada las actividades de cada puesto.
- Mejoran la interacción de las distintas áreas de la empresa.
- Indican las interrelaciones con otras áreas de trabajo.
- Permiten que el personal conozca los pasos que se siguen para las actividades de rutina.
- Promueven una adecuada coordinación de actividades a través de un flujo eficiente de la información.
- Proporcionan la descripción de cada una de sus funciones al personal.
- Brindan una visión integral de la empresa al personal.
- Se establecen como referencia documental para precisar fallas, omisiones y desempeños de los empleados involucrados en un determinado procedimiento.

FORMATOS DE USO GENERAL PARA EL EMPRENDEDOR

La importancia que tienen los formatos radica, por un lado, en la forma en que habrán de ser utilizados y, por el otro, en el tipo de información que contienen, así como en el modo en que podrán ser empleados para la toma de decisiones. La mayoría de estos formatos se pueden encontrar ya diseñados en internet.

- Solicitud de empleo u hoja de vida.
- Estudio socioeconómico.

- Tarjeta de control de horarios.
- Recibo de nómina electrónico.
- Autorización de vacaciones.
- Renuncia de un trabajador.
- Control de trámites de vehículos.
- Control de vigencia de pólizas de seguros.
- Solicitud de préstamo.
- Reporte de llamadas telefónicas.
- Relación de comprobantes de gastos.
- Vale de fotocopias.
- Vale de papelería.
- Control de gasolina.
- Recibo de caja chica.
- Nota de crédito electrónica.
- Catálogo de proveedores.
- Directorio de clientes.
- Pedido.
- Flujo de efectivo mensual.
- Factura electrónica.
- Control de movimientos de cheques.
- Programa de trabajo.
- Minutas.
- Datos para constituir una sociedad ante notario.

Dependiendo del giro y la magnitud de la empresa, hay que diseñar algunos formatos de uso específico que no se encuentren en la red. Hay software que ya tienen la mayoría de los formatos que se utilizan en las empresas. Los sistemas de información empresariales generalmente tienen los formatos incluidos y diseñados y se pueden adaptar a las necesidades de cada empresa.

∼Los manuales de organización y procedimientos son indispensables para el eficiente funcionamiento de la empresa; la eficiencia y la eficacia son la clave del éxito de una empresa∼

FORMATO PARA LA DESCRIPCIÓN DE PROCEDIMIENTOS

Nombre del puesto: _____

Responsable: _____

Antigüedad en el puesto: _____

Nombre del procedimiento: _____

Describa las actividades realizadas con el procedimiento

AREA	NO.	ACTIVIDAD	FRECUENCIA	RESPONSABLE

DESCRIPCIÓN DE PROCEDIMIENTOS

Anotar los documentos de consulta o apoyo que se requieren en el procedimiento (catálogos, manuales, tablas, reglamentos, etc.) y relaciónelo con el número de actividad correspondiente (cuadro anterior).

No.   *Documento, fuente, reglamento, etc.*   *Actividad No.*

_____   _____   _____

_____   _____   _____

_____   _____   _____

_____   _____   _____

_____   _____   _____

_____   _____   _____

PROCESOS DE MEJORA CONTINUA

Mejorar es una necesidad de cualquier empresa que quiera ser competitiva, con la premisa de que siempre se pueden hacer mejor las cosas. La mejora continua debe ser una cultura, una forma de ser de los emprendedores, en donde mejorar es el nombre del juego.

Para que una empresa consiga ser competitiva no basta con implantar mejoras aisladas o accidentales, sino que lo anterior necesita hacerse de manera constante y estratégica. Aquí radica el secreto de la continuidad y mejora del proceso.

La base de los procesos de mejora continua consiste en repetir estos elementos en forma cíclica, para retroalimentar y ajustar los logros alcanzados a fin de no perder lo que ya se ha obtenido. Se busca asegurar que, efectivamente, hay avances y no retrocesos en la implantación.

Cada proyecto de mejora que se plantee debe estar acorde con los recursos disponibles para que sea realizable. Los procesos de mejora continua, la búsqueda de la calidad y la excelencia no son fines en sí mismos, sino que son medios que permiten a las empresas tener cada día una posición más exitosa.

La mejora continua se debe establecer como política y se tienen que definir las estrategias para implantarla. El propósito es la creación del máximo valor para los clientes a través de la mejora continua de los sistemas, procesos, productos, bienes y servicios que ofrece la empresa.

MODELOS DE CALIDAD EMPRESARIAL

La base de tener un buen modelo de calidad es conocer profundamente las características y necesidades de la empresa, así como los deseos y las pretensiones de sus clientes actuales y potenciales.

El modelo de calidad consiste en reunir todas las actividades y funciones en forma tal que ninguna de ellas esté subordinada a las otras y que cada una se planee, controle y ejecute de un modo formal y sistemático. Se requiere que los emprendedores comprendan que las empresas se forman por un conjunto de elementos interdependientes e interconectados que buscan un mismo objetivo, por lo que requieren funcionar como un modelo de calidad.

Implantar este tipo de modelos tiene como objetivo principal que las empresas desarrollen sistemáticamente productos, bienes y servicios de mejor calidad y cumplan con las necesidades y los deseos de los clientes. Se necesita un modelo en el que con el esfuerzo de cada área se tengan resultados que permitan a la empresa ser competitiva y tener calidad de clase mundial.

Un modelo de calidad con procesos y procedimientos ágiles y comprensibles para todos los involucrados, pasando por las etapas de diseño, materias primas, fabricación, distribución, entrega y satisfacción del cliente. Es necesario que todos los elementos se estructuren en forma tal que permitan un control y aseguramiento de todos los procesos involucrados, con la calidad.

Se requiere ver a la empresa como un ente dinámico que se retroalimenta del interior y del exterior y que tiene interacciones e interdependencias con los diferentes actores relacionados con el negocio, como son proveedores, instituciones de crédito, clientes, personal, etcétera.

Cuando una empresa está funcionando con un modelo de calidad es señal de que tiene el propósito de permanecer y crecer en el mercado, ser competitiva, proteger los intereses de los accionistas, cuidar la fuente de trabajo y mejorar la vida de su personal.

CAPÍTULO 14

ADMINISTRACIÓN DEL TIEMPO DEL EMPRENDEDOR

La administración del tiempo en el siglo XXI se debe conceptuar como una manera de ser y una forma de vivir. Es la capacidad de ordenar y estructurar actividades, establecer prioridades, sincronizar esfuerzos y crear métodos de acción para cumplir metas en un determinado tiempo.

El tiempo es uno de los recursos más importantes y críticos de las personas. Cuando uno es menor de edad el tiempo pasa lentamente, de joven se empieza a percibir que el tiempo pasa más rápido, en la edad madura parece que se va de las manos y de los 60 en adelante vuela, pero la realidad es que es el mismo para todos.

Cada persona administra el tiempo de acuerdo con sus necesidades y forma de ser. Lo que es conveniente para una persona puede no serlo para otra. Para administrar el tiempo con eficiencia se requiere hacer cambios en nosotros, en nuestras actividades, prioridades, expectativas y en nuestros intereses.

Controlar el tiempo ayuda al logro de los objetivos en los plazos estimados y evita en gran medida el estrés y el cansancio. Para maximizar la productividad se debe hacer diariamente un calendario de las tareas pendientes.

Hay que dedicar el tiempo libre a las cosas importantes que hacen feliz a cada persona. Fomentar las relaciones con amigos, familiares y sociales. Dedicarse a pasatiempos que generen entretenimiento y satisfacción.

*Cada quien decide cómo utilizar el tiempo
y es responsable de lo que hace con él*

Las siguientes estrategias e ideas ayudan a optimizar el tiempo para aprovechar cada momento en el trabajo y en la vida personal.

PRINCIPALES CARACTERÍSTICAS DEL TIEMPO

- Puede ser un enemigo a vencer o un aliado si lo podemos organizar y controlar.
- Puede ser un recurso escaso, si no se controla en función de las prioridades que se les asignen a las actividades diarias de las personas.
- Puede ser un amigo o un enemigo en el logro de los objetivos y metas que se planteen en un tiempo determinado.
- No se puede comprar, atrapar, detener o regresar.
- Es lo más valioso que tienen las personas, por lo que hay que utilizarlo con el máximo grado de efectividad.
- Se dice que nadie tiene suficiente tiempo, sin embargo, todo el mundo tiene todo el tiempo que hay.

PRINCIPIOS BÁSICOS PARA PLANEAR Y ADMINISTRAR EL TIEMPO

- Un principio de la planeación del tiempo es que cada hora utilizada en planear las actividades ahorra de 3 a 4 horas de ejecución y se obtienen mejores resultados.
- Evitar realizar o resolver múltiples cuestiones a la vez, es mejor enfocarse en una sola y resolverla y luego pasar a la siguiente.
- Establecer fechas límites para cumplir con los compromisos contraídos facilita al grupo de trabajo lograr los objetivos y metas establecidas.
- Evitar confundir movimientos con realizaciones y actividades con resultados.
- Evitar utilizar el tiempo en problemas que tienden a resolverse por sí mismos.
- Posponer o aplazar la toma de decisiones desperdicia tiempo, se pierden las oportunidades y aumenta la presión sobre el programa de actividades establecido.
- El tiempo utilizado en dar respuesta a problemas que surgen debe ser realista y limitado a las necesidades de cada situación en particular.
- Las actividades de rutina de bajo valor para el logro de los objetivos generales deben ser delegadas o eliminadas hasta donde sea posible.

- Las actividades similares se deben agrupar para eliminar la repetición de acciones.
- Para conocer la eficiencia y eficacia con la que se utiliza el tiempo se requiere evaluar el logro de los objetivos y verificar el cumplimiento de los resultados.
- Los resultados más efectivos se logran teniendo objetivos y programas planeados.

HAY QUE SABER DIFERENCIAR LO URGENTE DE LO IMPORTANTE

- Para administrar el tiempo con eficiencia hay que saber diferenciar lo urgente de lo importante y lo que puede esperar.
- Se debe priorizar según la importancia y no según la urgencia.
- Jerarquizar y realizar primero lo que es importante, necesario e inaplazable, sin dejar de atender lo urgente.
- Tener disciplina y darle prioridad a las situaciones y actividades que son trascendentes para el logro de los objetivos.
- Hay que tener sensibilidad para no retrasar lo importante por resolver lo urgente.
- Hay situaciones que pueden esperar un tiempo razonable, pero que requiere resolverse en algún momento antes de transformarse en urgentes e importantes.
- Evitar confundir prioridades trabajando en cosas de segunda o tercera importancia y dejando lo urgente para después.
- Las actividades urgentes requieren reaccionar ante los correos electrónicos, llamadas telefónicas, noticias en los medios de comunicación, etcétera.
- Las actividades importantes contribuyen a lograr la misión, los objetivos y las metas.
- Hay que tomar decisiones importantes y eliminar actividades que no lleven a lograr la misión los objetivos y las metas.
- Decidir qué actividades hacer y cuáles eliminar es más fácil cuando se tiene claro qué es más importante para la empresa.

Una fórmula para entender la diferencia entre urgente e importante es la siguiente:

Urgente e importante: son actividades que requieren ser atendidas de inmediato.

Importante pero no urgente: son actividades que se pueden realizar después.

Urgente pero no importante: son actividades que se pueden delegar.

Algunas veces puede ser fácil separar estas diferencias, pero hacerlo continuamente se puede complicar. Es conveniente planear y organizar las actividades y acciones para que las urgencias sean las menos posibles y se tenga tiempo para atender y resolver las situaciones importantes.

❧Si primero se llena la agenda con actividades no importantes nunca habrá tiempo para realizar las verdaderamente necesarias❧

CARACTERÍSTICAS DE LAS PERSONAS QUE ADMINISTRAN CON EFICIENCIA EL TIEMPO

- El 80% de los asuntos que llegan al escritorio los manejan en forma inmediata, los eliminan si no tiene ninguna utilidad, los delegan si es el caso y los toman bajo su control si lo consideran necesario.
- Delegan con claridad y precisión para asegurase que se ha comprendido lo asignado.
- Establecen los objetivos de las estrategias que se tomen a corto, mediano y largo plazo.
- Desglosan cada objetivo en actividades con un tiempo estimado para cada una y establecen prioridades.
- Deciden los cursos de acción que permitan alcanzar los objetivos en el tiempo más corto.
- Definen alternativas de acción y previenen posibles consecuencias positivas y negativas.
- Analizan y eligen la que parece la mejor opción en cada caso.
- Llevan un seguimiento y control de lo delegado, mediante informes sobre lo realizado, para asegurarse que se están logrando los resultados planeados.
- Dan seguimiento diario a la lista de pendientes importantes.

- Tienen una agenda diaria, semanal y mensual de compromisos y actividades.
- Organizan actividades dentro de los tiempos disponibles en su agenda.
- Utilizan programas informáticos de control de proyectos para controlar actividades, acciones, recursos y tiempos de ejecución.
- Elaboran diariamente una lista de tareas pendientes.
- Tienen el don de la organización y el control del tiempo.
- Dedican tiempo para ellos, se desarrollan, disfrutan y tienen calidad de vida.

⤦Los ejecutivos de alta dirección deben dividir su tiempo dedicando 80% en labores vitales y 20% en funcionales.⤦

PROBLEMAS COMUNES QUE TIENEN LAS PERSONAS PARA ADMINISTRAR EL TIEMPO

- Los estimados de tiempo que suponen van a necesitar para una actividad son irreales y son parte de los desperdiciadores de tiempo más comunes.
- La escasez del tiempo resulta de una mala administración o una carga de trabajo mal planeada y distribuida.
- Es frecuente que se trata de hacer demasiado en un tiempo muy corto, perdiendo muchas veces la calidad.
- Algunas personas no saben decir "no" a las distracciones externas.
- Se establecen metas diarias muy por encima de la capacidad real de poder cumplirlas.
- No se preocupan por registrar los compromisos y actividades a los que se comprometen, lo que impide administrar eficientemente el tiempo.
- Llegan tarde a las reuniones y en situaciones adversas pueden producir crisis innecesarias.
- Trabajan siempre con base en la improvisación diaria o como se presenten las cosas, lo que no permite aprovechar o planear la utilización del tiempo.
- La dinámica cotidiana impide planear el futuro.

- Se dispersan y dejan temas sin atender y resolver.
- Confunden prioridades.
- No pueden organizar su lugar de trabajo y tienen la información desordenada.
- No usan agenda y se les olvidan las cosas, realizan actividades y acciones en el orden incorrecto, llegan tarde o no acuden a sus compromisos, entre otros.
- Invierten tiempo en acciones irrelevantes para el logro de los objetivos.
- La falta de la planeación del tiempo limita las posibilidades de generar alternativas de soluciones factibles y de seleccionar la vía de acción más efectiva.

PUNTUALIDAD

- Muchas personas tienen la costumbre de llegar tarde a sus citas y generalmente están catalogados por sus amigos y conocidos como impuntuales, lo que causa una mala imagen de la persona ante los demás.
- Cuando alguien llega con mucho retraso a una cita la persona que está esperando puede estar irritada o molesta por el tiempo excesivo de espera y cambia su actitud, lo que puede afectar los resultados de una cita o reunión.
- No es lo mismo encontrar a una persona o un cliente relajado y con buena actitud, a encontrar a una persona tensa y molesta por la falta de puntualidad.

REGLAS PARA ADMINISTRAR EL TIEMPO

En reuniones

- Coordinar con los asistentes el horario y el lugar más conveniente para la reunión.
- Solicitar a todos que asistan puntualmente.
- Tener una agenda de trabajo organizada.
- Tener objetivos para la reunión.

- Establecer el horario de apertura y cierre de la reunión.
- Establecer recesos de quince minutos cuando las reuniones rebasen las dos horas.
- Evitar prolongar las reuniones más tiempo del establecido.
- Priorizar temas y colocar al principio de la lista del orden del día los primeros que deberán tratarse.
- Elaborar un programa de manera que todo el mundo pueda participar y exponer sus propuestas e ideas.
- Solicitar a los participantes que traigan a la reunión propuestas listas para exponer.
- Entregar el orden del día a cada asistente con la debida anticipación para que pueda preparar su participación.
- Al iniciar la reunión solicitar a los participantes apagar los celulares.
- Asignar tiempo límite a cada tema del orden del día.
- Moderar las participaciones para que no se extiendan más allá del tiempo establecido.
- Mantener a todos enfocados sobre los puntos a tratar en el orden del día.
- Evitar interrumpir y demostrar interés y respeto por lo que dicen otras personas.
- Solicitar a los asistentes que no interrumpan la reunión, y si fuera necesario que solo sea en casos de fuerza mayor.
- Expresar de forma clara, precisa y oportuna las ideas.
- Tener disposición a escuchar y transmitir conocimientos y experiencias.
- Determinar espacios de tiempo para elaborar las conclusiones de la reunión.
- Levantar una minuta y entregar a los participantes las conclusiones y los compromisos al día siguiente del día de la reunión.

El resumen de conclusiones deberá dar respuesta a cada uno de los temas tratados en la reunión. Es importante tener presente que la capacidad de atención e interés de las personas en una reunión generalmente disminuye a medida que pasa el tiempo.

Para el caso de las juntas que requieran tomar decisiones complicadas se recomienda realizarlas en la segunda parte del día, para tener tiempo de terminar las actividades importantes.

En comidas de negocios

- Evitar desayunos, comidas o cenas de negocios que no tengan un objetivo concreto.
- Determinar los temas a tratar y la prelación de estos.
- Sacar el mayor provecho tratando temas de interés para todas las partes.
- Evitar divagar en temas intrascendentes y con sutileza encauzar la plática hacia los objetivos de la reunión.
- Elegir el momento adecuado para tratar los temas de interés, evitando tomar todas las decisiones y los acuerdos al final de la reunión.
- Evitar contestar los teléfonos y mandar o leer mensajes.
- Una vez cumplidos los objetivos a tratar, proponga sutilmente terminar la reunión.
- Elaborar una minuta de la reunión y mandársela a los participantes.

En los viajes de negocios

- Determinar, organizar y analizar los documentos necesarios para trabajar en las reuniones que se tengan programadas.
- Tener por escrito una lista de los pendientes por resolver, nuevas estrategias y proyectos e ideas innovadoras.
- Documentar conclusiones y compromisos de las reuniones que se realicen.
- Establecer un método de seguimiento de los compromisos contraídos.
- Definir y desarrollar los temas que se quieran abordar en la siguiente reunión.
- Hablar diariamente con los responsables de su equipo de trabajo para conocer pendientes y dar las instrucciones necesarias para cumplir con los objetivos y compromisos establecidos.
- Optimizar la agenda de manera que no se prolongue el tiempo del viaje.
- Enlazar actividades y evitar tiempos perdidos.
- Buscar tiempo para contestar los correos electrónicos y atender las redes sociales.

En el correo electrónico y las redes sociales

- ◆ Es muy fácil perderse contestando los correos electrónicos. No todos los correos que llegan requieren de una respuesta inmediata.
- ◆ Se debe tener una política para contestar correos y ahorrar tiempo y ser eficiente.
- ◆ Hay que contestar los correos que tengan mayor relevancia y administrar el tiempo para responder por demás.
- ◆ Los que no sean tan importantes se pueden responder en algún tiempo que se tenga entre actividades o al final del día.
- ◆ Hay que revisar la bandeja de entrada solo en el tiempo que se tenga indicado en la agenda. No hay que pasar más tiempo del planeado contestando correos.
- ◆ Hay que evitar usar las redes sociales en los horarios de trabajo, si estas no tienen nada que ver con las funciones del puesto.

REGISTRO DE ACTIVIDADES EN LA AGENDA

- ▪ La agenda física o electrónica es una herramienta indispensable que sirve para planificar, organizar, priorizar y recordar con eficiencia los pendientes y compromisos, es muy importante para optimizar la utilización del tiempo.

CONSEJOS PARA ADMINISTRAR LA AGENDA

- ▪ Utilizar los últimos veinte minutos en la oficina para planear la agenda del día siguiente.
- ▪ Planear cómo se piensa utilizar el tiempo en el día, en la semana o en el mes, para no establecer metas irreales.
- ▪ Tener una lista de las actividades de una semana con espacios de quince minutos entre cada una permite la programación y la utilización efectiva del tiempo.
- ▪ Enumerar las metas o los trabajos más importantes a desempeñar durante el día.
- ▪ Registrar cada actividad estableciendo el tiempo de duración.
- ▪ Determinar el momento para suspender una actividad y definir cuándo se volverá a empezar.

- Registrar en la agenda actividades y no proyectos. Los proyectos se dividen en actividades y son estas las que se programan en la agenda.
- Mantener a la vista la agenda facilita administrar correctamente el tiempo.
- Se puede administrar mejor el tiempo utilizando una agenda electrónica y las categorías de esta.
- Dividir las actividades en categorías como: llamadas, juntas, reuniones, visitas programadas e imprevistas, trabajo administrativo y operativo, viajes, desayunos, comidas, descansos, vacaciones, actividades familiares y personales.

Administrar el tiempo eficazmente, es un "don" que pueden desarrollar la mayoría de las personas que se lo propongan.

Hay que evitar dedicar demasiado tiempo a las cosas que no son importantes. El tiempo es demasiado caro y limitado para desperdiciarlo.

La diferencia entre las personas que son eficientes, eficaces y están satisfechas y las que no, es la forma en que administran, utilizan y disfrutan de su tiempo.

∼El que no tiene capacidad de administrar el tiempo no es capaz de administrar nada∼

APLICACIONES QUE FACILITAN LA ADMINISTRACIÓN DEL TIEMPO

Administrar la programación diaria de actividades con herramientas tecnológicas posibilita utilizar el tiempo con eficiencia.

- *Basecamp*. Sirve para la administración de proyectos en grupo o individuales. Tiene características para mejorar la organización de las tareas, medir la productividad, compartir información entre los equipos de trabajo, aclarar e iniciar discusiones, organizar y almacenar archivos, realizar un seguimiento del proceso y verificar que las actividades van de acuerdo según lo planeado.
- *Toggl*. Es útil para realizar un seguimiento del tiempo a través de proyectos mediante un contador, el cual informará del tiempo que

se necesita para realizar ciertas tareas para después poder compartir el informe con sus clientes, amigos, familiares, otros. También tiene la posibilidad de sincronizar proyectos sin conexión.

- *Google Calendar.* Sirve para llevar un control diario de cada uno de los eventos que se tengan durante el día, diseñar un calendario de actividades, consultar los eventos diarios en el correo electrónico, trabajar sin conexión y crear calendarios y compartirlos. Se pueden agregar herramientas y productos de Google.
- *Rescue Time.* Ayuda a conocerlos hábitos diarios con un medidor de productividad para evitar perder el tiempo. Da un informe detallado de en qué se consume el tiempo y en qué se tienen distracciones.
- *Remember The Milk.* Se enfoca en el manejo de lista de actividades pendientes. Muy útil para recordar y realizar las tareas que tenemos durante el día.
- *Todoist.* Puede compartir un número ilimitado de tareas o proyectos en tiempo real y en cualquier lugar de forma online y offline, en la que se puede acceder con más de diez plataformas diferentes. También se pueden crear tareas multiplataforma para cualquier dispositivo y sincronizarlas automáticamente y priorizarlas.
- *MyMemorizer.* Su función es notificar por medio de alarmas, mensajes o correos electrónicos cada uno de los eventos o tareas que se tengan programadas durante el día.
- *Fantastical 2.* Se pueden crear eventos con un estilo personalizado, crear tareas mediante reconocimiento de voz, disponer de múltiples calendarios para el trabajo y el hogar. Establecer recordatorios y listas de pendientes.
- *Synch Back Pro.* Permite sincronizar y realizar una copia de seguridad de archivos. En caso de pérdida o eliminación de datos se pueden restaurar fácilmente.

∿ *La organización es la madre del éxito* ∿

A continuación se agrega un formato para realizar una minuta de reuniones.

MINUTA

Fecha _____ Hora inicio _____ Hora término _____

Nombre del grupo de trabajo _____

Tema de la reunión _____

Reunión No. _____

Nombre	Comentario

Conclusiones _____

_____

_____

Compromisos y responsables _____

_____

_____

Programa de trabajo anexo _____

Observaciones _____

_____

Fecha y lugar próxima reunión _____

Nombre y Firma de los asistentes _____

_____

CAPÍTULO 15

EMPRESA FAMILIAR

Es importante que las empresas familiares se institucionalicen incorporando las mejores prácticas de un gobierno corporativo. Una empresa familiar, desde el punto de vista de la conformación accionaria, es aquella en la que una familia tiene el control de la mayoría de las acciones y puede tomar las decisiones más convenientes. Son las organizaciones en las que el capital y su gobierno están en manos de una o más familias que ejercen el control, la mayoría de los votos en la asamblea y en el consejo de administración los tiene la familia y un familiar o varios participan en la administración y gobierno corporativo de la empresa.

En el mundo, las empresas familiares son un pilar fuerte en la economía de las naciones, dan trabajo a más del 80% de las personas. En México los negocios familiares representan el mismo porcentaje del total de los negocios. Las empresas familiares se conforman por la primera generación, que es la que inició el negocio, o sea, los socios fundadores; por la segunda generación, son los hijos de los fundadores; y la tercera generación, son los hijos de los hijos de los fundadores, y así sucesivamente.

A nivel internacional hay un alto índice de fracaso de las empresas familiares, de cada 100 que se crean solo 30, aproximadamente, llegan a la segunda generación y 10 a la tercera. La falta de una misión común es una de las principales causas de desavenencias, ya que cada integrante de la familia tiene su propia idea de lo que debe ser la empresa. Un CEO de una empresa no familiar se mantiene en el puesto entre 5 y 10 años en promedio, pero en la empresa familiar el promedio es de 30 años.

El trabajar en un entorno familiar puede ser una experiencia reconfortante y frustrante a la vez, dependiendo del perfil de los integrantes de cada familia, ya que se puede potenciar o deteriorar la relación entre ellos. El hecho de que los familiares trabajen en la misma empresa también permite que los problemas domésticos puedan llevarse al trabajo y viceversa. Puede ser conveniente o no, y tiene sus ventajas y desventajas.

Hay que diferenciar entre una empresa familiar grande y una empresa familiar pequeña, ya que los roles de los miembros de la familia son diferentes. Hay familias en las que sus integrantes no trabajan en la empresa y no la administran. Hay otras empresas en las que varias generaciones están involucradas en puestos ejecutivos altos y estratégicos para tener el control y la administración total.

Es conveniente para las familias definir la estructura de propiedad, quién participará en el control de la administración, cuál será la participación y la sucesión de las nuevas generaciones, definir el contenido del protocolo familiar y cómo se realizará la designación de consultores externos profesionales y de confianza.

VENTAJAS Y DESVENTAJAS DE LA EMPRESA FAMILIAR

Cada familia tiene diferentes ventajas y desventajas dependiendo del perfil de sus integrantes.

Ventajas

- ◆ Compartir una visión y una misión comunes, aceptadas y comprendidas por la familia.
- ◆ La imagen del líder casi siempre es aceptada sin cuestionamientos.
- ◆ Poder lograr una buena sinergia y un ambiente de trabajo agradable y positivo.
- ◆ Contar con absoluta confianza entre los familiares que interactúan en el trabajo.
- ◆ Se conocen las fortalezas que tiene cada miembro y se utilizan con más efectividad.
- ◆ Se actúa con mayor flexibilidad, ya que los accionistas y directivos son los mismos, por lo que generalmente la toma de decisiones es más rápida.
- ◆ La existencia de gente de confianza para diferentes asuntos delicados.
- ◆ Tener integrantes de las siguientes generaciones preparados y capacitados para manejar el negocio familiar con eficiencia y eficacia.
- ◆ Crear relaciones buenas y duraderas con los clientes.

- Tener un protocolo familiar que indica las reglas para todos los integrantes que trabajen en la empresa.
- Tienen alto grado de compromiso y dedicación.
- Ser una familia que tenga inculcada la cultura del trabajo y la responsabilidad sin descuidar la calidad de vida personal.
- Se puede reinvertir una cantidad importante de los dividendos, lo que genera un autofinanciamiento y se evita pagar intereses por apalancamiento.

Desventajas

- La problemática mayor es que muchas veces no pueden mantener los asuntos familiares fuera del trabajo y los laborales fuera de la casa.
- La falta de definición de roles y responsabilidades.
- La falta de un buen líder puede complicar la convivencia familiar dentro de la empresa.
- Tener un cambio del líder de la familia por muerte natural, enfermedad o decisión de retirarse y que el sucesor no tenga el perfil adecuado.
- La generación de problemas de coordinación y autoridad por la nueva persona de la familia que toma el liderazgo y el control de la empresa.
- Tomar decisiones unilateralmente.
- Resistencia para cambiar la forma de administrar y operar.
- Conflictos personales entre familiares, lo que perturba el funcionamiento de la empresa.
- Problemas económicos, sociales y emocionales que puedan afectar a la familia.
- Familiares de la segunda o tercera generación con perspectivas distintas.
- Personal no calificado en puestos clave por recomendaciones de algún familiar.
- Falta de planeación en la sucesión de un familiar a otro de la siguiente generación.
- Problemas de comunicación por informalidad, relaciones conflictivas entre los miembros de la familia que pueden provocar el tomar decisiones viscerales en perjuicio de la empresa.

- Se puede dar el caso de que exista una incompetencia de parte de algún familiar y que despedirlo o cambiarlo de puesto sea complicado.
- La proyección profesional de los integrantes de la familia.
- Favorecer a familiares o amigos para que sean proveedores de la empresa y que sus servicios y productos sean de mala calidad o precios altos.
- Que un familiar aproveche su puesto para hacer compras en donde reciba una comisión no autorizada por el consejo de familia.
- Que se diseñen organigramas pensando en darle un puesto a algún familiar no capacitado, en lugar de darle prioridad a las necesidades y procesos de la empresa.
- Tener operaciones con partes relacionadas sin la documentación adecuada.

La profesionalización
de la empresa familiar
nunca es sencilla

La mayoría de las empresas en todo el mundo son administradas y operadas por una familia. Muchos negocios empiezan como empresas familiares y cuando crecen deben enfrentar el reto de institucionalizarse y esta evolución es decisiva en su futuro.

Se requiere una cultura institucional,
organizacional y de calidad para la trascendencia
de la empresa familiar de generación en generación

REQUISITOS PARA MANTENER LA ARMONÍA FAMILIAR

Los requisitos para mantener la armonía familiar y la continuidad con éxito de la empresa son:

- Tener una visión y una misión compartidas.
- Disponer de un plan estratégico y de negocios.
- Institucionalizar y profesionalizar las empresas familiares.

- Constituir un gobierno corporativo operando conforme a la ley del mercado de valores y prácticas internacionales.
- Desarrollarse según reglas claras para el funcionamiento del consejo de administración y comités y que operen con las mejores prácticas corporativas.
- Tener un consejo de familia.
- Contar con un protocolo familiar.
- Elaborar planes de sucesión para la presidencia o dirección general de la empresa.
- Preparar planes alternativos de vida para los familiares que se retiran.
- Tener planes de carrera para familiares ejecutivos.
- Elaborar un plan de incorporación de segundas y terceras generaciones a la empresa, estableciendo políticas y condiciones de ingreso.
- Implementar políticas corporativas, mejorar los sistemas de información administrativa y financiera, fortalecer los procesos de transparencia, equidad, rendición de cuentas y responsabilidad corporativa y social empresarial.
- Establecer en el protocolo políticas de la forma de dialogar o discutir diferentes asuntos entre los familiares que participan en la empresa, y formas de buscar soluciones conjuntas, evitando tener conflictos entre ellos que afectan el desarrollo del negocio.
- Establecer en el protocolo familiar una política de dividendos.
- Proteger los derechos de los accionistas minoritarios.
- Tener la documentación corporativa de todas las empresas de la familia actualizada, documentada y protocolizada ante notario.
- Establecer el valor de la empresa y actualizarlo con expertos periódicamente.
- Tener un plan integral para maximizar el valor de las acciones.
- Integrar consejeros familiares y de negocios profesionales independientes con experiencia, en el consejo de administración y para presidir los comités de auditoría y protección social.

❧Tener una visión compartida entre los integrantes
de la familia maximiza las coincidencias
y minimiza las diferencias.❧

ÓRGANOS DE GOBIERNO CORPORATIVO

Los principales órganos de gobierno de una empresa familiar son la asamblea de accionistas, el consejo familiar, el consejo de administración y la dirección general. Se deben establecer reglas de operación para cada órgano de gobierno, definiendo funciones, responsabilidades y roles.

Generalmente los miembros de la asamblea de accionistas son los mismos que los del consejo familiar. Algunos miembros de la familia también participan en el consejo de administración y ocupan los puestos directivos más importantes en la empresa. También participan en el consejo de administración los consultores de negocios de diferentes especialidades para dar su opinión sobre diversos temas.

VENTAJAS DEL GOBIERNO CORPORATIVO

- Institucionalizar la empresa.
- Mejorar la administración y operación.
- Tener ventajas competitivas.
- Contar con mejores oportunidades para acceder a los mercados financieros.
- Tener sistemas de información confiables y oportunos.
- Generar valor a la marca y a los servicios y productos de la empresa.
- Tener rendición de cuentas.

SUCESIÓN DEL PRESIDENTE DE LA EMPRESA

El cambio del presidente en la empresa, por la sucesión natural de una a otra generación en la familia, es un proceso difícil, delicado y complicado. Para facilitar la sucesión es necesario tener responsables expertos con experiencia en la planificación familiar para lograr que sea planeada.

Se requiere un plan estratégico de sucesión, claramente documentado en un protocolo familiar, que contenga planes de contingencia para hacer frente a circunstancias imprevistas que puedan poner en riesgo la continuidad de la empresa y el patrimonio de la familia.

Si el fundador o presidente comprende la importancia del proceso de sucesión se puede programar y llevar a cabo con mucha más facilidad y eficacia. Si somos empáticos con el fundador o presidente de una empresa se pueden entender los miedos que tiene y que son normales en cualquier persona cuando llega el momento de pensar en la sucesión y de ceder la silla.

Es necesario que el fundador entienda la necesidad de preparar la sucesión y que esté haciendo lo necesario para estar listo cuando llegue ese momento. Se presentan temores sobre lo que puede perder si deja la empresa, como el prestigio, el poder, amigos y hasta la figura de autoridad en su familia. Hay empresarios que le dedican más tiempo a la empresa que a su vida misma y de su familia, por lo que es normal que se tengan temores al momento de soltar el mando y dejar que las nuevas generaciones dirijan la empresa.

Para que el proceso de sucesión ocurra con éxito se requiere que el presidente esté convencido de que es el momento de empezar a hacer los movimientos necesarios para que se prevean todos los detalles y se definan los tiempos para vivir un retiro planeado y organizado.

Lo más importante de la sucesión es saber cuál es el momento de retirarse y, si el estado de salud lo permite, controlar a través del consejo de administración el patrimonio, la armonía en la familia y la rentabilidad en la empresa. El mundo evoluciona y las necesidades de las empresas cambian y a determinadas edades esos cambios son muy difíciles de asimilar y entender, por lo que alargar el plazo de sucesión puede no ser conveniente para la empresa. Generalmente, el presidente sigue formando parte del consejo familiar y puede tener voto de calidad, dependiendo de cada caso en particular.

El familiar que se retira debe tener un plan de vida para ocupar su tiempo en cosas que le gusten y contar con un plan financiero para cubrir sus necesidades económicas presentes y futuras sin ningún problema. Es conveniente establecer un cronograma para transferir paulatinamente el control de la administración y la operación de la empresa de una generación a otra.

Si el fundador o presidente dirige su propia sucesión, entonces, crea un legado, transfiere un sueño y deja un negocio exitoso.

⮜La cordialidad familiar es fundamental
para que se dé el proceso de sucesión⮞

PERFIL DEL SUCESOR

Se debe considerar que el perfil del fundador puede ser muy diferente al familiar de la segunda o tercera generación que tomará el puesto de presidente. Se requiere tener ciertas capacidades, conocimientos, actitudes y sensibilidades especiales, y estar convencido de la visión y misión, para poder ser un empresario-líder familiar y no siempre existe la persona con este perfil entre los posibles candidatos a sucesores de los integrantes de la familia.

Es común que en la segunda o tercera generación ningún familiar tenga el perfil idóneo por lo que se opta por contratar un ejecutivo de alta dirección con experiencia, que cumpla los requisitos para dirigir con éxito la empresa.

La sucesión es un proceso de traspaso de conocimientos y relaciones, así como de desarrollo de capacidades y actitudes que lleva mucho tiempo, por lo que los posibles sucesores familiares deberán tener un proceso en sus actividades diarias, que a través del tiempo, les permita tener un panorama integral de todas las áreas de la empresa.

Cuando el sucesor ideal es de la tercera generación y hay integrantes de la segunda generación que trabajan en la empresa, pero no tienen el perfil para ocupar el puesto, se complica la decisión, ya que es difícil que acepten que el hijo de uno de los hermanos sea el presidente.

También es complicado decidir la sucesión cuando dos de los miembros de la tercera generación de diferente rama familiar cumplen con el perfil de sucesores y los papás de cada uno de ellos se inclinan a que su hijo ocupe el cargo de presidente. Se dificulta el consenso y la sucesión. Por lo anterior, muchas de las empresas que llegan a la tercera generación se venden o desaparecen.

HEREDEROS

Existen varios tipos de herederos: el primogénito, que en muchas familias tiene condiciones especiales, los herederos que tienen mayoría de edad y los herederos que no tienen la mayoría de edad o las capacidades necesarias para administrar la empresa. Para los herederos menores de edad se instituye en el protocolo familiar un ingreso fijo, que se le puede entregar en mensualidades o anualidades.

También se puede establecer una cantidad de dinero por una sola vez o una combinación de estas dos formas, dependiendo de lo que sea más conveniente para la administración del dinero y el pago de impuestos de cada familiar en lo particular.

Otra opción es crear un fideicomiso que administre los bienes y el dinero hasta que puedan ser manejados por los herederos.

Para los herederos menores de edad se debe tener un administrador experto, de confianza, designado previamente por el consejo familiar, por un periodo de tiempo, hasta que tengan la mayoría de edad y sean capaces de participar en la administración de las empresas de la familia.

PROTOCOLO FAMILIAR

El protocolo familiar es un documento confidencial que se debe elaborar para las necesidades específicas y las circunstancias particulares de cada familia.

- Establece los principios generales de actuación y comportamiento de los integrantes de una familia.
- Refleja la voluntad y el compromiso de los miembros de la familia para establecer las reglas y los procedimientos de convivencia y armonía.
- Define las estrategias que debe seguir la empresa para tener mejor rentabilidad y crecimiento sostenido.
- Sirve para establecer las bases del presente y del futuro, los beneficios y las obligaciones de cada heredero, evitando luchas de poder entre familiares.
- Facilita la incorporación de las siguientes generaciones a la empresa, prepara a la familia para la sucesión y asegura la continuidad y el éxito de la empresa con consensos y de una manera constructiva.
- Permite la institucionalización de la empresa, fomenta la unidad de la familia, cuida los intereses de los socios y facilita su permanencia en el largo plazo.

- Fomenta la armonía entre familiares basada en el respeto, la tolerancia, la empatía, el aceptar otros puntos de vista, el escuchar y valorar las opiniones de los demás y en el tener una comunicación abierta, franca, transparente y honesta.
- Busca utilizar las fortalezas y evitar las desventajas que tienen las empresas familiares.
- Establece las reglas para la toma de decisiones entre los familiares.
- Asegura que se tomen decisiones basándose en las necesidades de la empresa y no de algún miembro o rama familiar.

Es de gran utilidad poner en práctica un protocolo para la familia y que sea cumplido, con el objeto de lograr una dirección y administración profesional. Es conveniente que el protocolo quede referido en los estatutos sociales de la empresa, se protocolice ante un notario y se protejan los acuerdos familiares enunciados.

❧Los familiares deben visualizar la continuidad
de la empresa, preservando siempre los valores
y principios de la familia❧

CAPÍTULO 16

FRANQUICIAS Y MULTINIVEL

VENTAJAS DE LAS FRANQUICIAS PARA LOS EMPRENDEDORES

Cuando se piensa en ser emprendedor e iniciar un negocio se tiene la posibilidad de ser parte de una franquicia, y de hecho es una idea realmente buena que puede ahorrar muchas complicaciones y trabajo si se tiene el capital necesario y el perfil para ser exitoso.

Una franquicia es un sistema en donde al dueño se le nombra *el franquiciante*, que concede a otra persona, que se le llama *el franquiciatario*, una licencia para la operación de un negocio probado como exitoso.

La transmisión de los conocimientos (know how) y la tecnología la hace el franquiciante a través de manuales, guías, capacitación, inspecciones y supervisiones.

El franquiciatario se obliga a cumplir con la calidad del servicio y productos en los términos que se señalen en el contrato que se firme para obtener la franquicia.

El contrato de franquicia es de colaboración, en el que el franquiciante y el franquiciatario tienen intereses comunes. Generalmente es un contrato a largo plazo. El contrato debe incluir la autorización de uso de marca de productos o servicios, nombre, publicidad y la explotación de patentes.

La franquicia debe tener una exclusividad relacionada con un territorio o un número determinado de establecimientos geográficamente identificados.

Lo más importante para el éxito de una franquicia es tener una marca acreditada, aceptada y conocida por los consumidores, debido a la alta calidad de sus productos y servicios. Es importante aclarar que para incursionar en el negocio de franquicias es necesario evaluar las ventajas y desventajas de la franquicia, ya que siempre existe la posibilidad de fracasar.

En México, cada vez hay más opciones de franquicias nacionales, que son más accesibles para los emprendedores que empiezan un negocio. Una franquicia internacional generalmente requiere una inversión mayor.

REQUISITOS PARA CREAR UNA FRANQUICIA MAESTRA

- Tener un nombre y marca debidamente registrados y protegidos.
- Poseer una marca con reconocimiento público dentro del mercado.
- Éxito comprobado por varios años.
- Experiencia y antigüedad para tener credibilidad.
- Un centro de capacitación y entrenamiento para franquiciatarios.
- Un centro de pruebas de nuevos sistemas de organización, operación, productos y servicios.
- Satisfacer una necesidad real del mercado con calidad.

El propietario de la franquicia maestra también debe establecer lo siguiente:

- Las características necesarias para la ubicación de las unidades de negocio.
- Los metros cuadrados mínimos necesarios para la operación.
- Los sistemas de control y supervisión para la administración y operación eficiente de la franquicia.
- El contrato para firmar con los franquiciatarios.
- El porcentaje de las regalías por ventas que debe pagar el franquiciatario.
- El porcentaje de las ventas que se debe aportar para publicidad corporativa.
- El cálculo de la Tasa Interna de Retorno (TIR) para que los franquiciatarios la conozcan.

BENEFICIOS PARA EL TITULAR DE LA FRANQUICIA

- Facilidad de expansión del negocio en diferentes mercados nacionales e internacionales.
- La expansión del negocio se realiza a través de inversiones de otros.
- Ingresos constantes mediante el cobro de regalías.
- Se hace la publicidad de la franquicia con el dinero que los franquiciatarios aportan al corporativo.

- Los franquiciatarios puede ser socios creativos y leales, a los que les interesa dar sugerencias innovadoras para mejorar la franquicia.

∾Las franquicias son una solución de mercado a un problema de mercado∾

VENTAJAS DE ADQUIRIR UNA CONCESIÓN DE UNA FRANQUICIA

- Tener un producto o servicio probado y aceptado por los consumidores.
- Utilizar métodos operativos, comerciales y administrativos probados para tener calidad y uniformidad en los productos o servicios que se ofrecen.
- Tener la licencia para el uso de la marca.
- Crecer el negocio de manera más rápida que con otra alternativa o alianza comercial.
- Tener menor riesgo de fracaso que en un negocio que no está probado.
- Recibir asesoría en ubicación, acondicionamiento, decoración y compra de equipo.
- Adquirir los conocimientos y experiencia para el manejo eficiente del negocio.
- Tener acceso a campañas publicitarias corporativas.
- Tener beneficios por descuentos que otorgan los proveedores por el volumen de compra que generan las unidades de negocio de la franquicia.

Veamos cuáles son las obligaciones más importantes de cada una de las partes.

OBLIGACIONES DEL FRANQUICIANTE

El franquiciante se obliga a proporcionar al franquiciatario:

- Asistencia técnica y brindar los elementos necesarios para prestar el servicio con calidad.

- Un sistema de software que permita controlar la administración, la operación y las ventas.
- Proporcionar capacitación y entrenamiento especializado y permanente para producir o vender productos o servicios de calidad.
- Secretos comerciales para la mejor operación y administración de la franquicia.
- Un directorio de proveedores probados, con condiciones preferenciales y con calidad.
- El reglamento de higiene y limpieza.
- Manuales de organización y procedimientos profesionales y su actualización.
- Un programa integral de cooperación y asistencia.
- Asignación de un gerente para la operación diaria (puede ser con costo o sin él).
- Apoyo en el reclutamiento, evaluación y contratación del personal.
- Un equipo de asesoramiento experto en planes de publicidad y promoción.
- Publicidad y marketing en todos los niveles.
- Los materiales necesarios para promover el desarrollo de la franquicia.
- Asesoría en la elaboración de una página web personalizada.
- Asesoría en estrategias de marketing digital.
- El cálculo de la inversión requerida y de las necesidades para empezar a operar.

OBLIGACIONES DEL FRANQUICIATARIO

El franquiciatario se obliga a lo siguiente:

- Respetar los estándares y políticas del franquiciante.
- Usar la marca exclusivamente en el territorio asignado.
- Adquirir del franquiciante los equipos y productos para operar la franquicia.
- Conservar y mantener los equipos funcionando en perfectas condiciones.
- Respetar las políticas de organización, operación, procedimientos, métodos, técnicas.

- Diseñar el establecimiento de acuerdo con las normas para la imagen corporativa.
- Proporcionar al franquiciante la información que solicite de la administración, operación, ventas, etc.
- Pagar una regalía establecida por concepto del uso de la franquicia.
- Adquirir el equipo, los materiales y productos con los proveedores que indique el franquiciante.

PROCEDIMIENTO PARA ADQUIRIR UNA FRANQUICIA

El primer contacto y la presentación del concepto de la franquicia se realiza por teléfono. Posteriormente, se tiene una primera entrevista con el dueño o el ejecutivo de ventas de la marca. Esta entrevista sirve para conocer al dueño o directivo, para que él sepa quién es el franquiciatario, qué pretende con la franquicia y qué objetivos desea alcanzar.

La entrevista ayuda a comprender quién es el franquiciante, qué es lo que hace que la marca sea una oportunidad y quiénes tienen el perfil y la capacidad de ser franquiciatarios exitosos. De esta manera, juntos comienzan el proceso para determinar si el perfil corresponde a las habilidades y aptitudes que se requieren para tener éxito con la franquicia.

Durante esta etapa, el franquiciante busca saber si el franquiciatario tiene el dinero necesario para emprender el modelo de negocio y si hay coincidencia con la perspectiva de la marca. Se debe establecer un diálogo abierto y honesto con el representante de la franquicia, quién por su experiencia, evaluará las posibilidades de tener éxito considerando el potencial del posible franquiciatario.

También en esta etapa es conveniente entrevistarse con otros franquiciatarios, reunir información para verificar que los datos que proporcionó el franquiciante son verídicos y determinar el grado de probabilidad de alcanzar los resultados esperados. Hay que conseguir información de manera intensiva y analizarla en profundidad, tener un diagnóstico para ver la veracidad de los sistemas del franquiciante y evaluar si es un modelo de negocio rentable en el largo plazo.

Adquirir una franquicia implica establecer una relación personal, por lo que se debe conocer a las personas encargadas de administrar y operar la franquicia. Se debe estar consciente de que se confía el dinero que se va a invertir en el liderazgo de la franquicia y sus colaboradores.

Es importante visitar las oficinas corporativas de la franquicia, conocer a la gente que toma las decisiones y plantearles todas las dudas e inquietudes que se tengan. En esta fase se debe evaluar si da confianza la franquicia y la calidad de su administración y operación, ya que todavía se está a tiempo de tomar la decisión de invertir o no.

Circular de Oferta de Franquicia (COF)

La COF contiene la información que el franquiciante debe entregar a sus franquiciatarios antes de la firma del contrato. Es un documento que en términos generales debe contener información técnica, económica y financiera de la franquicia.

Se debe analizar la COF desde la perspectiva de si es un negocio que tiene sentido y si los términos y obligaciones del acuerdo son congruentes, desde el punto de vista legal. Se establecen el tipo de compromisos comerciales y la obligación de cumplirlos.

Si por cualquier razón en el contrato de la franquicia hay obligaciones o acuerdos que no parecen lógicos o viables de cumplir, no se debe firmar. Un abogado o un consultor especialista en franquicias puede ayudar a analizar del contenido del contrato.

❧Ser parte de una franquicia es una excelente opción de negocio para un emprendedor❧

MULTINIVEL

Ventajas de un multinivel para emprendedores

La comercialización llamada *multinivel* también es conocida como "comercialización por redes", "comercialización por estructuras" o "venta directa multinivel".

El objetivo de las empresas de comercialización multinivel es la venta de productos a diferentes consumidores. Es indispensable que los productos tengan calidad para facilitar el éxito de las personas que participan en un multinivel. Si los productos no tienen calidad, seguramente se perderá el tiempo buscando clientes que no van a volver a comprar.

En la actualidad hay muchas personas preparadas que se quedan sin trabajo o tienen tiempo libre y no saben cómo aprovecharlo para generar ingresos adicionales. Un multinivel adecuado, con productos que se pueden vender en el círculo de amistades y entre los compañeros de trabajo, puede ser una buena opción para generar ingresos adicionales.

Se requieren personas emprendedoras que quieran tener ingresos, invirtiendo tiempo y una cantidad razonable de dinero en un negocio. Generalmente, para entrar en un negocio se requieren muchos recursos, lo que no sucede en la mayoría de los multiniveles.

Cuando un multinivel comprueba los beneficios de la utilización de sus productos, ofrece muchas posibilidades de éxito a sus participantes. Para hacer dinero sin dinero es necesario dedicarse a las ventas, y un multinivel es una de las mejores opciones para lograrlo.

Hay gente a la que la posibilidad de participar en un multinivel la inquieta, ya que ha tenido o ha oído de malas experiencias. Hay otros que tienen familiares, vecinos o amigos que se han independizado y hoy son sus propios jefes y en algunos casos tienen ingresos importantes que nunca se hubieran imaginado. El éxito depende en gran medida del perfil de cada persona.

Beneficios para el emprendedor de la comercialización multinivel

- Oportunidad de edificar su propio negocio independiente vendiendo bienes o servicios a consumidores y desarrollando y capacitando una organización o red de vendedores directos para que hagan lo mismo.
- Un método exitoso y efectivo para distribuir productos y servicios directamente a los consumidores.
- Un método para organizar y recompensar a los vendedores que intervengan con él en un negocio de venta directa.
- Una manera sencilla de aprender algunos conocimientos básicos sobre negocios, administración y ventas.
- Un medio flexible, que en un principio puede servir para complementar los ingresos, después puede ser el que más ingresos genere.

Un multinivel se puede describir como el plan de incentivos de venta directa mediante el cual los vendedores pueden recibir ingresos.

Tiene la ventaja de que los productos o servicios innovadores se pueden colocar en el mercado sin gastos de publicidad, sin medios masivos de comunicación y sin tener que competir por espacio en los anaqueles de las tiendas minoristas. Es un método popular de distribución minorista que tiene presencia en casi cualquier parte del mundo.

Los ingresos que se obtienen en un plan legítimo de comercialización multinivel se derivan exclusivamente de las ventas de bienes y servicios a consumidores y usuarios finales.

La diferencia con una pirámide es que no hay ganancia monetaria por el solo hecho de reclutar participantes adicionales, se requiere vender productos para generar ingresos.

Existen ciertas características comunes en la comercialización multinivel que se pueden identificar fácilmente:

- El costo inicial de participación en una empresa de venta directa mediante comercialización multinivel generalmente es muy bajo.
- Normalmente, las compras requeridas son: materiales de capacitación, auxiliares de venta o productos de demostración.
- Frecuentemente, las empresas ofrecen los materiales de iniciación a precios accesibles.

La oportunidad de obtener ganancias debe estar soportada con pronósticos de ventas factibles y realistas.

Requisitos para ingresar a un multinivel

Para que un emprendedor ingrese a un multinivel es necesario considerar lo siguiente:

- Investigar los antecedentes de la empresa en otras ciudades o países.
- Investigar sobre la legalidad jurídica de la empresa.
- Contactar a otros vendedores integrados en la red para cerciorarse de que la empresa cumple lo que ofrece.
- Como en cualquier otro negocio, los beneficios económicos dependen del esfuerzo realizado y de los objetivos planteados.
- Es muy importante la formación inicial y la retroalimentación que ofrezca la empresa o la persona responsable en la red.

- La motivación y la formación son claves fundamentales para el éxito de este sistema.
- No existe una regla general para ingresar en la red.
- La empresa no puede exigir un número mínimo de ventas.
- Si la empresa obliga a comprar un inventario inicial, el desembolso debe ser mínimo.
- Hay que registrarse ante la autoridad correspondiente para el pago de impuestos.

La venta piramidal y el multinivel son conceptos de venta diferentes, aunque las similitudes en su estructura organizativa han convertido a la venta piramidal en el fantasma del multinivel.

Algunos esquemas potencialmente fraudulentos pretenden ofrecer una oportunidad de comercialización multinivel, cuando en realidad son simplemente planes engañosos de reclutamiento en los que la gente tiene que invertir una cantidad de dinero, y para recuperarlo, tiene que traer más individuos que aporten una cantidad, y así sucesivamente.

El beneficio llega por la habilidad para captar nuevos miembros de las personas reclutadas, por las que se percibe una comisión, y no por la venta del producto.

La red va creciendo geométricamente y, supuestamente, todos los niveles sacan provecho de los miembros que van reclutando las nuevas personas que ingresan. En la práctica, los primeros en ingresar son los que tienen mayores ganancias.

Una de las diferencias esenciales entre la venta piramidal y la de un multinivel serio es que en el multinivel el beneficio proviene del volumen de ventas que consiga el distribuidor y su equipo y requiere la inclusión de nuevos miembros en la red.

De hecho, muchas empresas tradicionales comienzan a usar distribuidores y empresas de multinivel para distribuir algunos de sus productos y está demostrado que es una de las mejores formas de comercializar en el siglo XXI.

Lo mismo les pasó a las franquicias, que necesitaron un cierto tiempo para depurar su sistema y ser, hoy por hoy, el mejor sistema de comercialización que existe en todo el mundo.

Las ventas multinivel ya están regularizadas y ordenadas en todo el mundo y se han vuelto una oportunidad para los emprendedores que quieren tener éxito.

CAPÍTULO 17

COMPRA DE UNA EMPRESA EN FUNCIONAMIENTO

ESTRATEGIA PARA COMPRAR UNA EMPRESA

Para los emprendedores comprar una empresa funcionando es una forma interesante y atractiva de empezar en el mundo de los negocios, siempre y cuando se tengan o consigan los recursos económicos necesarios. La compra de una empresa es una decisión que requiere un análisis profundo para minimizar el riesgo que implica.

Las probabilidades de éxito son mayores cuando se compra un negocio dentro del giro que uno ya conoce y se tiene experiencia, o se contratan a expertos que asesoren al emprendedor en la administración y operación de la empresa. Hay que recalcar que no siempre la compra de una empresa en funcionamiento asegura el éxito.

Se necesita la intervención de especialistas en el giro del negocio que se piense adquirir, para contar con sus opiniones y considerar todas las variables para tomar la mejor decisión, reducir la curva de aprendizaje y tener certeza de realizar una buena compra.

Definir el valor real de una empresa no es fácil. Hay muchas variables que deben analizarse, ya que la forma de manejar la administración y la contabilidad de cada grupo o empresario es diferente.

Hay empresas especializadas que tienen personal experto en salvar negocios con problemas. Es indispensable analizar con los expertos la contabilidad, la administración y la operación para saber con certeza el valor de lo que se está comprando.

Fundamentar económica y técnicamente la compra de una empresa es vital para poder tomar una decisión correcta. Antes de cerrar la compra es necesario revisar y validar la información, conocer al personal e inspeccionar la empresa para verificar lo que se está comprando.

Se debe tener una estrategia definida de qué se va hacer con el negocio, cómo se va administrar y operar, a donde se va a conseguir al personal, qué se va a cambiar y qué se pretende hacer para tener mejores resultados, hacerla más competitiva, rentable y exitosa.

Cuando se realiza la compra, es aconsejable dejar que el negocio funcione por un tiempo determinado, para aprender su funcionamiento. Es recomendable conservar por un periodo al personal actual para evaluar su eficiencia y productividad, conocer sus características y actividades, aprovechar su experiencia, no perder la inercia de la operación, aprender los secretos, disponer de tiempo para decidir quién se queda y capacitar al personal de nuevo ingreso.

Es conveniente realizar entrevistas y reuniones de trabajo con el personal clave de la empresa los primeros días después de la adquisición, con el propósito de conocer cómo se sienten con la nueva administración, qué recomendaciones les gustaría hacer y cuáles son sus funciones principales. Esto es de vital importancia.

En los puestos claves se requiere tener personal de confianza a la brevedad posible. Hay que considerar que comprar una empresa tiene ventajas y desventajas y que siempre hay un riesgo de que no se haya realizado una buena compra.

En algunas ocasiones es preferible no comprar la sociedad por su situación fiscal o laboral y es preferible adquirir solamente los activos, la cartera de clientes, instalaciones y ubicaciones. Conocer los motivos reales por los que se vende una empresa es importante para la toma de una decisión final de compra.

Es conveniente firmar un convenio de confidencialidad para evitar que los colaboradores y la competencia se enteren. Se requiere una etapa de investigación y confirmación de la información que se solicite a la empresa.

⟨Hay emprendedores que creen que pueden entrar a cualquier negocio y ser exitosos y esto no siempre resulta cierto⟩

RAZONES POR LAS QUE SE COMPRA UNA EMPRESA

- Ampliar la cobertura geográfica o la ubicación.
- Incrementar los canales de distribución.
- Aumentar la cartera de clientes.
- Complementar productos y servicios.
- Complementar sistemas de administración, operación y comercialización.
- El beneficio que se puede obtener por su situación fiscal.
- Entrar a un nuevo mercado.
- Incrementar la participación en el mercado.
- Integrar a algún competidor que está afectando el mercado.
- Realizar ahorros en costos y gastos de administración, operación y comercialización.
- Tener tecnología de punta para ser más competitivos.
- Tener mejores equipos e instalaciones.
- Tener personal con más experiencia.
- Diversificar los negocios en diferentes giros.

VARIABLES QUE DEBEN CONSIDERARSE EN LA COMPRA DE UNA EMPRESA

- Por qué la están vendiendo.
- Capital y flujo de efectivo necesarios, en cantidad y con tiempos programados.
- Condiciones de los contratos de arrendamiento y contratos especiales.
- Condiciones físicas de los inmuebles y de los activos fijos en general.
- Fortalezas y debilidades de la empresa.
- La calidad y experiencia del personal.
- La eficiencia en la operación (productividad y situación de la maquinaria y equipo).
- La imagen de la empresa, sus productos y servicios, con los clientes y la sociedad.
- La reputación de la empresa con los empresarios del ramo.
- Las ventas anuales y la participación en el mercado.
- Margen de utilidad con el que ha estado operando los últimos cinco años.

- Oportunidades de crecimiento.
- Historial de éxitos y fracasos que ha tenido la empresa.
- La historia del producto.
- Quién es y cómo está la competencia.
- Quién está vendiendo y cuál es su historial.
- Estado del crédito comercial.
- Situación e imagen ante los proveedores importantes.
- Situación financiera, fiscal, laboral y jurídica en general.
- Valor real en el mercado de lo que se está pretendiendo comprar.
- Veracidad y coherencia de la información en general.

VENTAJAS Y DESVENTAJAS DE COMPRAR UNA EMPRESA FUNCIONANDO

Hay ventajas y desventajas en la compra de una empresa funcionando que se deben considerar para tomar una decisión correcta.

Ventajas

- El personal conoce sus funciones y tiene experiencia.
- Generalmente, una empresa en funcionamiento aumenta las posibilidades de éxito.
- Las instalaciones ya han sido adaptadas a las necesidades de la operación.
- Se conoce el éxito de la ubicación.
- Se obtienen utilidades con mayor rapidez.
- Se tienen los proveedores adecuados.
- Tiene una clientela recurrente.

Hay que verificar que las ventajas sean realistas y consistentes con la situación administrativa, operativa y contable de la empresa que se piensa comprar.

Desventajas

- Cambios de leyes y regulaciones en la zona que afecten a la empresa.
- La existencia de problemas desconocidos con la comunidad de la zona.

- La imagen y el prestigio del propietario anterior.
- Que exista tecnología de punta que ponga en peligro el sistema de la empresa, lo haga obsoleto y poco competitivo.
- Que la competencia tenga planes muy audaces que el nuevo propietario no conozca.
- Que la empresa esté en la etapa en que su imagen y prestigio empiezan a decaer.
- Que la información que proporcione el propietario anterior esté falseada y no se detecte hasta después de la compra.
- Que los contratos de arrendamiento tengan problemas para su renovación.
- Que se hereden relaciones conflictivas con proveedores, clientes, personal, banqueros, autoridad, comunidad, otros.
- Una posible actitud negativa del personal cuando se implanten nuevas políticas y procedimientos.

Se requiere investigar profundamente los puntos anteriores antes de cerrar una compra y evitar tener sorpresas desagradables.

*⏴Es mejor comprar una empresa cara y exitosa,
antes que una barata que no sea un buen negocio⏵*

DIAGNÓSTICO INTEGRAL PARA LA COMPRA DE UNA EMPRESA

La mejor estrategia es tener un diagnóstico integral, lo más apegado a la realidad, para saber qué se está comprando.

Se pueden contratar empresas que tienen consultores expertos en la utilización de metodologías de evaluación integral y análisis FODA para tener un diagnóstico integral y evaluar la conveniencia de comprar una empresa en funcionamiento.

Dependiendo del tamaño de la empresa, se requiere solicitar diferente información para su análisis de la lista que a continuación se presenta. Cuanto más grande es la empresa, más información hay que solicitar a las diferentes áreas. Para realizar una evaluación integral profesional y tener un buen diagnóstico para decidir invertir en una empresa considerada grande, se requiere analizar la siguiente información:

Información corporativa

- ◆ Escrituras constitutivas.
- ◆ Composición anterior y actual de los accionistas, consejo de administración y comité de vigilancia.
- ◆ Modificaciones de las escrituras y los estatutos sociales y de cualquier otro instrumento.
- ◆ Inscripciones en el registro público de la propiedad.
- ◆ Minutas de las asambleas de accionistas y sesiones del consejo de administración.
- ◆ Actas de asambleas relativas a aumentos y disminuciones del capital social.
- ◆ Análisis de los quórums necesarios para decretar la validez de una asamblea o sesión del consejo de administración, para la adopción de las resoluciones en los mismos.
- ◆ Contratos de compraventa e inscripciones en registro público de la propiedad.
- ◆ Un historial con todos los poderes otorgados por la sociedad que incluya la fecha de otorgamiento y su revocación, en su caso.

Libros corporativos

- ◆ Libro de actas de asambleas de accionistas y del consejo de administración.
- ◆ Libro de registro de accionistas y variaciones de capital.
- ◆ Certificados provisionales o definitivos de acciones canceladas.
- ◆ Certificados de acciones vigentes de todos los accionistas.
- ◆ Información relativa a empresas que interactúan con la empresa y que sean propiedad directa o indirecta de los accionistas.

Personal y laboral

- ◆ Lista del personal con nombre, nacionalidad, cargo, fecha de ingreso en la empresa, salario inicial y actual, monto y fechas de aumento salariales.

- Lista del personal que ha dejado de trabajar para la empresa, junto con la misma información, con la fecha de terminación de la relación laboral.
- Contratos de trabajo de los gerentes, administrativos, personal de oficina y apoyo.
- Contratos individuales de trabajo.
- Contratos temporales o por obra determinada con los trabajadores.
- Contrato colectivo de trabajo.
- Contrato con la empresa que proporcione el servicio de outsourcing, en su caso.
- Honorarios asimilados a salarios y honorarios profesionales.
- Demandas laborales, juicios o procedimientos de arbitraje en contra de la empresa.
- Reportes de exámenes médicos.
- Actas del comité de seguridad e higiene.
- Autorización de las autoridades laborales para la operación de maquinaria y equipo.
- Cumplimiento de los requerimientos de la Secretaria del Trabajo, dependiendo del giro.
- Si la empresa tuviera servicios de outsourcing se deberá revisar el contrato firmado con terceros para verificar que cumpla con las disposiciones legales.

Mercadotecnia y ventas

- Planes de mercadotecnia y ventas.
- Número de vendedores con antigüedad.
- Cumplimiento de objetivos y meta de ventas.
- Clientes claves y ventas por cada uno.
- Plan de medios anual incluyendo la inversión programada.
- Campañas de publicidad en los últimos tres años.
- El comportamiento de las ventas en los últimos tres años.
- La opinión de los clientes y de la comunidad con respecto de los productos, servicios y la empresa.
- El manejo de diferentes redes sociales.
- Páginas web o tiendas virtuales.

Compras

- ◆ Proveedores claves.
- ◆ Opciones de diferentes proveedores en la zona.
- ◆ Calidad de los proveedores.
- ◆ Relación con los proveedores.

Organización

- ◆ Manuales de Organización.
- ◆ Manuales de Procedimientos.
- ◆ Sistemas de control empresarial.
- ◆ Certificaciones ISO.

Garantías

- ◆ Lista de casos en que la empresa haya actuado como: fiador, garante, avalista, suscriptor, endosante o prominente e información acerca de finiquitos obtenidos de dichas obligaciones.

Bienes muebles e inmuebles

- ◆ Lista de bienes inmuebles y los testimonios notariales o documentos privados que comprueben la propiedad de la empresa sobre dichos bienes.
- ◆ Inscripción en el Registro Público de la Propiedad de los títulos de propiedad de los inmuebles.
- ◆ Alineación oficial y licencia de uso de suelo de los inmuebles.
- ◆ Número de cuenta predial de los inmuebles.
- ◆ Últimos cinco recibos del predial pagados.
- ◆ Licencias de construcción de todas las edificaciones realizadas en los inmuebles.
- ◆ Últimas cinco boletas de agua pagadas de los inmuebles de su propiedad.
- ◆ Contratos celebrados para la compra de inmuebles e información de su registro o cancelación e información respecto de la vigencia o terminación de dichos contratos.

- Testimonios notariales y documentos relativos a hipotecas u otros gravámenes sobre los bienes inmuebles de la empresa y la cancelación de los mismos.
- Registro de los gravámenes, restricciones de venta, etc., sobre los inmuebles y sus cancelaciones ante el Registro Público de la Propiedad.
- Certificado de existencia o inexistencia de gravámenes de los inmuebles.
- Contratos de construcción y similares.
- Contratos de arrendamiento.
- Contrato federal o local para el uso de energía eléctrica.
- Licencia sanitaria de funcionamiento municipal, estatal o federal.
- Documentos del registro de los pozos y del equipo de bombeo en su caso.
- Limitaciones sobre construcción y actividades en cada inmueble.

Legal

- Lista de los juicios, demandas o reclamaciones pendientes en contra de la empresa con indicación del número de entrada, número de expediente, juzgado ante el cual se interpuso, cantidad demandada u otras cantidades no determinadas en la demanda.
- Lista de todos los procedimientos de arbitraje y datos relativos a los mismos.
- Lista de juicios de amparo interpuestos a favor o en contra de la empresa.
- Licencias y permisos de las diferentes áreas y productos.

Finanzas y contabilidad

- Libros autorizados por la Secretaría de Hacienda, como diario, mayor y otros.
- Estados financieros, como estado de resultados, balance, balanza e informes del comisario.
- Cuentas bancarias con las firmas autorizadas para librar cheques o hacer transferencias.
- Comportamiento del flujo de efectivo últimos tres años.

- Realizar proyecciones de flujo de efectivo para dos años y conocer las necesidades de dinero.
- Las ganancias netas de la empresa últimos tres años.
- Valor en libros y el valor real de todos los activos y pasivos de la empresa,
- Conocer a los contadores internos y al despacho de contadores externo.

Fiscal

- Archivo fiscal con las declaraciones y pagos de impuestos mensuales y anuales.
- Verificar que los pagos de los diferentes impuestos estén bien calculados.
- Archivo con requerimientos, multas, sanciones, etc., exigidos por las autoridades.
- Auditorías y revisiones realizadas por la autoridad.
- Impuestos a favor o por pagar.
- Deudas contingentes.
- Nivel de exposición fiscal.

Seguros y fianzas

- Fianzas emitidas a cargo o a favor de la empresa y de sus empleados.
- Pólizas de seguros, emitidas a favor de la empresa y de sus empleados.
- Correspondencia relacionada con la cancelación o no renovación de pólizas de seguro emitidas durante los últimos cinco años.
- Decisión de la empresa de seguros de disminuir la cantidad asegurada o la reserva de derechos en contra del negocio, por alguna reclamación pendiente.

Instituto Mexicano del Seguro Social (IMSS)

- Solicitud de registro como "patrón" de la empresa ante el IMSS.
- Solicitud de registro del personal ante el IMSS y el Instituto Nacional del Fondo para la Vivienda de los Trabajadores (Infonavit).

- Avisos presentados al IMSS que tengan por consecuencia un incremento en la cuota.
- Clasificación oficial del grado de riesgo profesional de la empresa.
- Avisos y reportes de enfermedades profesionales y accidentes.
- Recibos de pago de cuotas al IMSS.

Otros

- Propiedad Industrial, marcas, patentes, contratos, licencias, litigios, otros.
- Contratos relevantes de arrendamiento.
- Autorizaciones federales o locales para el funcionamiento de la empresa.

INFORMACIÓN Y ASPECTOS EN LOS QUE PUEDE HABER PROBLEMAS Y DIFERENCIAS

- Compras ficticias.
- Compras sin comprobantes.
- La forma de controlar los inventarios.
- Información sobre mermas ficticias.
- Pagos de sueldos y honorarios por fuera de la nómina formal.
- Prestaciones y antigüedades del personal.
- Monto del pasivo laboral.
- Ventas sin comprobantes.
- Comprobantes de gastos falsos.
- Falsedad en la antigüedad y el tipo de uso de la maquinaria y equipo.
- Falsedad en las condiciones de funcionamiento de la maquinaria y el equipo.
- Problemas ocultos en los inmuebles o instalaciones.
- La forma de elaborar la contabilidad y de calcular y pagar los impuestos.
- Interpretación de los estados financieros.

Las empresas, para efectos de comprar o vender, no son valoradas solamente por los estados financieros o con base en el valor de sus activos fijos. Esta información sirve para conocer valores importantes, pero lo trascendente es en qué tiempo se recupera la inversión y la capacidad de crecimiento, y estos dos factores generalmente determinan el valor final de la empresa.

El criterio de una buena rentabilidad, o sea el retorno de la inversión, puede ser diferente en un inversionista puro, que un emprendedor que desea operar él mismo la empresa. Generalmente se establece un valor comercial de la empresa en donde se incluyen todos los aspectos relevantes para establecer el valor. Hay que tener mucho cuidado y consultar a expertos en la adquisición de empresas para poder dimensionar bien lo que se pretende adquirir y su rentabilidad.

Es muy arriesgado comprar una empresa
si no se tiene el personal idóneo,
si no se conoce profundamente
el mercado y la operación

GLOSARIO

ABASTECIMIENTO: Es la actividad de adquirir todo lo necesario para el funcionamiento de un negocio.

ACTIVIDADES PELIGROSAS: Conjunto de tareas derivadas de procesos de trabajo que generan condiciones inseguras, como la sobreexposición a los agentes físicos, químicos o biológicos capaces de provocar daño en la salud de los trabajadores o al centro de trabajo.

ACTIVO CIRCULANTE: Son activos que se pueden convertir en efectivo durante el ciclo normal de operaciones de la empresa. Son los bienes y las cosas de valor que pueden servir para pagar las obligaciones circulantes.

ACTIVO FIJO: Incluye el valor de los inmuebles, la maquinaria, los bienes muebles y las patentes.

ADIESTRAMIENTO: Es el desarrollo de habilidades y destrezas necesarias para poder hacer un trabajo.

ADMINISTRACIÓN POR OBJETIVOS: Filosofía de la administración que parte del principio de que el rendimiento se mide con objetivos cuantificables. Se evalúan a los responsables de cumplir con algún objetivo sobre la base de los logros alcanzados.

ADMINISTRACIÓN: Es el conjunto de técnicas y conocimientos que, aplicados en un organismo social, sea cual fuere su objetivo, permite el máximo aprovechamiento y rendimiento de los elementos que lo componen (humanos, materiales, financieros, etc.). Conjunto de técnicas sistemáticas que permiten a las empresas u organizaciones sociales lograr sus objetivos. Acción de planear, organizar, dirigir y controlar los recursos y el personal de las empresas para que logren sus fines. Determinación de objetivos, políticas, procedimientos y estructuración orgánica de la empresa.

AMBIENTE DE TRABAJO: Conjunto de elementos naturales o inducidos por el ser humano que interactúan en el centro laboral.

APALANCAMIENTO: Es la cantidad de fondos prestados que se usan para financiar un proyecto o una inversión.

APLICACIÓN PORTÁTIL: Conocida como portable. Es una aplicación informática que puede ser transportada y utilizada en cualquier ordenador que posea el sistema operativo para el que fue programada sin instalación previa.

ASEGURADO: Es la persona física o moral que contrata el seguro por encontrarse su persona o sus bienes en riesgo.

ASEGURAMIENTO DE LA CALIDAD: Sistemas de políticas y procedimientos para crear y producir bienes y servicios de calidad.

AUDITORÍA: Revisión que se hace de las operaciones contables, administrativas, financieras y otras de una empresa; puede ser interna o externa.

AUTOEDICIÓN: Documentos impresos de alta calidad utilizando una PC; pueden quedar listos para la imprenta.

BACK-END: Es la parte que procesa la entrada de datos que se efectuó desde el *front-end*, es decir, son los procesos que utiliza el administrador del sitio con sus respectivos sistemas para resolver las peticiones de los usuarios. Back-end procesa datos.

BIENES DE CONSUMO: Son los productos usados por los consumidores para satisfacer las necesidades personales.

BIG DATA: Macrodatos o datos masivos es un concepto que hace referencia al almacenamiento de grandes cantidades de datos y a los procedimientos usados para encontrar patrones repetitivos dentro de esos datos. El fenómeno del Big Data también es llamado "datos a gran escala".

BLOG: Los blogs publican nuevos contenidos en periodos de tiempo cortos. Es una publicación periódica. Un blog admite comentarios de los lectores y esto hace posible que se cree una comunidad en torno al autor. Los blogs tienen una comunicación bilateral, en la que el lector es protagonista. El efecto que ha tenido es la creación de "comunidades". Estos blogs mantienen un ambiente personal e informal que ayuda a que se vaya forjando una relación de confianza entre el autor del blog y sus lectores.

BONOS Y CONVENIOS DE PRODUCTIVIDAD: Son incentivos económicos orientados a favorecer el esfuerzo y los logros de los trabajadores. Están basados en los esfuerzos efectuados y los resultados obtenidos en relación con los objetivos y las metas fijadas a cambio de mejores remuneraciones.

BÚSQUEDA ORGÁNICA: Es la búsqueda normal de Google, esta búsqueda es automática y depende de diferentes factores, como número de enlaces al sitio, relevancia con las palabras claves del contenido, antigüedad del sitio, frecuencia de actualización y velocidad de carga entre otros.

CAF (Cost and Freight): El vendedor paga el costo de la mercancía y el flete. El comprador paga el seguro.

CANAL DE DISTRIBUCIÓN: Es el camino que tienen que recorrer los productos o servicios para llegar al consumidor final. Son los conductos que cada empresa selecciona para tener una distribución más completa, eficiente y económica de sus mercancías.

CAPACITACIÓN: Es la transmisión de conocimientos que requiere el personal de una empresa para que su desempeño sea eficiente.

CAPITAL: Comprende el total de activos de una empresa. Es el resultado de la suma del total invertido en el negocio, incluyendo préstamos.

CAPITAL CONTABLE: El excedente del activo sobre el pasivo representa el capital contable. Es el dinero de la aportación inicial y las inversiones posteriores realizadas por los accionistas, así como las utilidades reinvertidas.

CAPITAL SEMILLA: Es un financiamiento inicial (fondos que no deben ser devueltos) para la creación de una microempresa o para permitir el despegue de una actividad empresarial existente. Se asocia a la cantidad de dinero necesaria para implementar una empresa. Generalmente esta inversión se utiliza para adquirir equipos, capital de trabajo, desarrollar prototipos, lanzar un producto o servicio al mercado, proteger una innovación, etc. No se utiliza para cancelar deudas ni para comprar acciones.

CAPITAL SOCIAL: Es la cantidad total de dinero que invierten los accionistas de una empresa.

CAPITAL DE TRABAJO: Es la cantidad de dinero requerida para la operación diaria de la empresa.

CARGA DE TRABAJO: Cantidad de trabajo asignada para hacerla en un periodo determinado.

CENTRALIZACIÓN: Cuando el poder y la toma de decisiones están en la oficina matriz o en la cúspide de la empresa.

CENTRO DE PRODUCCIÓN: Es el área total ocupada por una máquina. Es el espacio necesario para el almacenamiento del material de trabajo, también es el espacio para que el operario se pueda mover libremente durante el proceso de producción.

CERTIFICADO DE ORIGEN: Documento que expide el exportador para certificar el origen de un producto.

CFDI: Comprobante fiscal digital por internet. Es un documento electrónico que cumple con los requisitos legales exigibles por el Sistema de Administración Tributaria (SAT).

CIF (Cost, Insurance and Freight): El vendedor paga mercancía, flete y seguro.

CÍRCULO DE CALIDAD: Grupo de trabajo que se reúne para buscar las formas en que puede mejorar la calidad en algún área de la empresa.

COASEGURO: Es el porcentaje con el cual participa el asegurado en los gastos efectuados en un siniestro o cuando dos o más empresas aseguradoras coparticipan de la responsabilidad de un bien asegurado.

COBERTURA: En materia de seguros, es la protección que brinda la empresa de seguros a los bienes asegurados.

CODIFICAR: Convertir la información a una serie de símbolos para comunicarla.

COMPATIBLE IBM: PC de cualquier marca que coincide con las características de una IBM-PC estándar.

POSTEAR: Publicar información en el muro de Facebook.

COMPRAR: Es el acto mercantil por medio del cual una persona física o moral adquiere bienes y servicios a cambio de una cantidad de dinero específica y previamente estipulada.

CONSEJO FAMILIAR: Es el órgano encargado de cuidar los intereses de la familia y proteger los derechos y obligaciones de cada uno de los integrantes, persistiendo la cultura del diálogo, la filosofía, las tradiciones y los valores inculcados por la primera generación.

CONSIGNACIÓN: Son mercancías que quien las recibe para su venta no está obligado a pagarlas hasta que sean vendidas.

CONSUMIDOR: Persona que compra y utiliza los artículos o productos que se producen.

CONTAMINANTES DEL AMBIENTE DE TRABAJO: Agentes físicos, químicos y biológicos capaces de modificar las condiciones del ambiente laboral y que, por sus propiedades, pueden alterar la salud de los trabajadores.

CONTRATO: Pacto o convenio entre dos o más partes por medio del cual estas se obligan respecto de un asunto, materia o cosa determinada y a cuyo cumplimiento están comprometidos.

CONTROL ESTADÍSTICO DEL PROCESO: Método para medir la variación y mejorar, en forma constante, los procesos de trabajo que evitan la elaboración de productos defectuosos.

COSTO: Es toda cantidad de dinero que se debe erogar para pagar la operación de la empresa.

COSTO UNITARIO DE PRODUCCIÓN: Valor de un artículo en particular.

CREATIVIDAD: Se define como el proceso mental que ayuda a generar ideas originales.

CROWDFUNDING: Es la búsqueda de financiación para un proyecto a través de internet, en donde los internautas colaboran para subvencionar una idea y a cambio de ello van a recibir algún tipo de regalo o contraprestación como agradecimiento a su contribución económica.

CURVA DE APRENDIZAJE: Es el tiempo que lleva aprender los detalles y secretos de un negocio. Aprendizaje basado en errores y fracasos.

DEDUCIBLE: Cantidad fija que debe cubrir el asegurado de un siniestro.

DEMANDA: La cantidad de productos o servicios que el mercado requiere para la satisfacción de una necesidad específica de los consumidores a cambio de un precio determinado.

DEPRECIACIÓN: Reducción programada del valor de los activos.

DERECHO DE ARRASTRE: Es un pacto normal en operaciones de inversión en empresas en las que hay un socio principal y otro minoritario. Permiten al socio que puede ejercer tal derecho, normalmente el que tiene la mayoría, obligar al socio minoritario a que vendan juntos.

DIAGNÓSTICO: Resultado de un método de evaluación que permite tener una visión clara, simple, precisa y profunda sobre una empresa. Conocer las fortalezas y las debilidades de la empresa. Conocimiento analítico de un problema o situación.

DIAGRAMA: Representación gráfica de un hecho por medio de símbolos. Presentación de la secuencia que siguen las actividades de un procedimiento, así como el recorrido de las formas o materiales en forma gráfica.

DIVIDENDOS: Es el pago que se hace a los accionistas por las utilidades de una empresa.

DROPBOX: Es un servicio de alojamiento de archivos multiplataforma en la nube, operado por la compañía Dropbox. El servicio permite a los usuarios almacenar y sincronizar archivos en línea y entre ordenadores, para así compartir archivos y carpetas con otros.

EFICACIA: Capacidad para lograr objetivos y metas. Hacer las cosas en el momento adecuado. Relación entre la magnitud de los objetivos y metas previstos en los programas y presupuestos con las realizaciones alcanzadas. Es el camino al crecimiento y al éxito.

EFICIENCIA: Capacidad para lograr los objetivos y metas con los mínimos esfuerzos, recursos y tiempo. Aprovechar los recursos al máximo y al menor costo posible. Hacer las cosas bien y en primera instancia. Relación entre el trabajo útil desarrollado por un individuo y el esfuerzo y tiempo empleado en llevarlo a cabo.

E-MAIL MARKETING (Ciberbuzoneo): Es un método de mercadotecnia directa que utiliza el correo electrónico como medio de comunicación comercial para enviar mensajes a una audiencia. En su sentido más amplio, toda mensajería electrónica enviada a clientes actuales o potenciales podría considerarse ciberbuzoneo.

EMPRENDEDOR: Es el que inicia, construye y forma un negocio desde el principio de sus operaciones; es la persona que tiene el objetivo de afianzar su propio patrimonio con su esfuerzo.

EMPRESA: Es toda organización formada por individuos, cuyas acciones están coordinadas para lograr un objetivo común. Unidad económica organizada cuyo objetivo es combinar un conjunto de factores de producción concernientes a la elaboración de bienes y servicios para su venta y distribución en un mercado determinado.

Endoso: Es el documento con el que se modifican las condiciones o datos originales asentados en la póliza.

Entrenamiento: Transmisión de conocimientos, desarrollo de habilidades y adecuación de conductas necesarias para desempeñar con eficiencia un puesto.

Ergonomía: Adecuación del lugar de trabajo, equipo, maquinaria y herramientas a las características físicas y psíquicas de quien labora, a fin de prevenir accidentes y enfermedades de trabajo y de optimizar la actividad de éste con el menor esfuerzo.

Estrategia: Son las acciones planteadas por una organización en respuesta de o como anticipación a los cambios en su ambiente. También es el modo de obtener una mejor posición respecto de la competencia. Determinación de un propósito de una empresa y asignación de recursos para lograrlo.

Estructura orgánica: Disposición en que se ordenan las áreas de una empresa conforme a criterios de jerarquía.

Factibilidad: Que se puede hacer. Que es posible realizarlo. Que puede ser conveniente realizarlo.

FEA/FIEL (Firma Electrónica Avanzada/Firma Electrónica): Datos que permiten asegurar la identidad del contribuyente ante la autoridad fiscal.

Fianza: Cobertura que protege a la empresa debido al mal uso de los recursos por parte de un empleado o por pérdidas relacionadas con el incumplimiento de contrato.

Fideicomiso: Un fideicomiso es un contrato en virtud del cual una o más personas (fideicomitentes o fiduciantes) transmiten bienes, cantidades de dinero o derechos, presentes o futuros, de su propiedad a otra persona física o jurídica llamada *fiduciaria*, para que esta administre o invierta los bienes en beneficio propio o en beneficio de un tercero, llamado *beneficiario*, y se transmita, al cumplimiento de un plazo o condición, al fiduciante, al beneficiario o a otra persona, llamado *fideicomisario*.

Flujo de caja o efectivo: Son los ingresos y egresos que lleva a cabo una empresa o una persona física en un periodo determinado.

FOB (Free on Board): El vendedor entrega la mercancía en el sitio de carga y descarga. El flete y el seguro los paga el comprador.

FODA: Es una metodología que sirve para realizar análisis de empresas desde el punto de vista de sus Fortalezas, Oportunidades, Debilidades y Amenazas. Las fortalezas deben utilizarse. Las oportunidades deben aprovecharse. Las debilidades deben eliminarse. Las amenazas deben sortearse.

Followers (seguidores): Son cada uno de los usuarios que siguen a una cuenta de Twitter. Son aquellos que pueden leer los tweets que se envían desde la cuenta. Cada vez que tuitees, el mensaje aparecerá en su timeline y podrán leerlo.

FOLLOWING (SEGUIDOS): Son las cuentas a las que un usuario sigue. Aquellas por las que está interesado, aquellas que dicen cosas que le interesa leer. Cada vez que cualquiera de ellas publique un mensaje este aparecerá en la timeline del seguidor y podrá consultarlo.

FRONT-END: Es la visualización del usuario navegante o, dicho de otra manera, es la parte que interactúa con los usuarios. De una manera práctica, el front-end sería todos los formularios que se llenan en las webs, las aplicaciones que se manejan y todo lo que tengan que realizar los usuarios. Front-end recolecta los datos.

GARANTÍA: Es el acto por el cual una mercancía es asegurada y protegida contra algún defecto de fabricación por un periodo determinado.

GASTOS DE VENTA: Son los gastos operativos asociados a la mercadotecnia y a la venta de bienes y servicios de la empresa.

GLOBALIZACIÓN: Se refiere a que todas las regiones del mundo están interconectadas y existe una libre circulación de flujos monetarios, tecnológicos, de población, de información, etcétera.

GOBIERNO CORPORATIVO: Se refiere al conjunto de principios y normas que regulan el diseño, la integración y el funcionamiento de los órganos de gobierno de la empresa, como son: la asamblea de accionistas, el consejo de administración y la alta dirección. También incluye las reglas que regulan las relaciones de poder entre los accionistas, el consejo de administración y la dirección y administración de la empresa. Define los roles estratégicos, operativos, administrativos y de vigilancia.

GOOGLE ANALYTICS: Es una herramienta de analítica web de la empresa Google. Ofrece información agrupada del tráfico que llega a los sitios web según la audiencia, la adquisición, el comportamiento y las conversiones que se llevan a cabo en el sitio web. Se pueden obtener informes como el seguimiento de usuarios exclusivos, el rendimiento del segmento de usuarios, los resultados de las diferentes campañas de marketing online, las sesiones por fuentes de tráfico, tasas de rebote, duración de las sesiones, contenidos visitados, conversiones (para e-commerce), entre otros.

GOOGLE APPS FOR WORK: Es un servicio de Google que proporciona varios productos con un nombre de dominio personalizado por el cliente. Cuenta con varias aplicaciones webs con funciones similares a las suites ofimáticas tradicionales, incluyendo Gmail, Hangouts, Calendar, Drive, Docs, Sheets, Slides, Groups News, Play, Sites y Vault.

GRÁFICA DE GANTT: Herramienta de programación que muestra, mediante una representación ordenada de espacios, los requisitos de tiempos y recursos que permiten ejecutar diversas actividades.

HABILIDAD: Aptitud o destreza para efectuar una tarea específica.

HASHTAG: Término para identificar a las palabras que están prefijas por un símbolo de número gato o almohadilla (#). En el mundo de internet hay páginas que permiten el uso del hashtag para identificar etiquetas, que se utilizan más tarde para identificar contenido. Algunas de las páginas de internet que permiten el uso de hashtag son Twitter, Instagram, Pinterest, Google+.

HARDWARE: Partes físicas del equipo de cómputo, computadora o cerebro (CPU), impresora y equipos periféricos.

IMPRESORA DE MATRIZ DE PUNTO: Impresora con una cabeza de impresión que tiene una matriz de pequeñas agujas.

IMPRESORA DE CHORRO DE TINTA: Imprime con partículas de tinta que han sido cargadas electrónicamente.

IMPRESORA LÁSER: Impresora de alta calidad basada en el láser.

INDUSTRIA DE PROCESO CONTINUO: Trabaja las 24 horas del día en tres turnos.

INDUSTRIA DE PROCESO INTERMITENTE: Industria que maneja partidas del producto conforme recibe pedidos y en la medida que los satisface.

INDUSTRIA DE PROCESO REPETITIVO: Es aquella en que el tratamiento de un producto se hace por lotes o partes.

INFOGRAFÍA: es una representación visual de los textos en la que intervienen descripciones, narraciones o interpretaciones, presentadas de manera gráfica, normalmente figurativa. La infografía nació como un medio de transmitir información gráficamente.

LANDING: En la mercadotecnia en internet se denomina página de aterrizaje (del inglés landing pages) a una página web a la que una persona llega tras pulsar en el enlace de una guía, un portal o algún banner o anuncio de texto situado en otra página web o portal de internet. En la mayoría de los casos esta página web es una extensión del anuncio de promoción, donde se explica más detalladamente la oferta del producto o servicio que se está promocionando a través de una carta de ventas.

LIDERAZGO: Es el conjunto de competencias y habilidades que una persona tiene para motivar a un grupo de individuos para que este trabaje con dedicación y entusiasmo en el logro de la visión, la misión y los objetivos de un ideal o proyecto común.

INTRANETS: Son redes evolucionadas que, además de proveer los tradicionales servicios de archivos e impresión, suelen ser empleadas por las empresas para su operación, aumentando las propias capacidades y transformando, interna y externamente, la forma en que trabajan sobre la base de un nuevo orden tecnológico.

MAYORISTAS: En general, son empresas grandes que mueven gran cantidad de mercancía, con capital y recursos altos y con gran capacidad de almacenamiento y posibilidad de otorgar créditos.

MEGABYTE: Un millón de bytes de datos.

MENÚ: En términos computacionales es un conjunto de opciones dispuestas en una lista.

MERCADO: Conjunto de personas o empresas consumidoras de un determinado producto o servicio identificados por alguna región geográfica.

MERCADOTECNIA DIGITAL: Es la mercadotecnia que hace uso de dispositivos electrónicos, computadoras, teléfonos inteligentes, teléfonos celulares, tabletas y consolas de videojuegos. Aplica tecnologías o plataformas, como sitios web, correo electrónico, aplicaciones clásicas y móviles y redes sociales.

MERCADOTECNIA EN MEDIOS SOCIALES O SOCIAL MEDIA MARKETING (SMM): Combina los objetivos de mercadotecnia en internet con medios sociales, como foros webs, blogs, revistas, sitios de intercambio de contenidos, redes sociales, sitios de microblogging y muchos otros.

MERCADOTECNIA MÓVIL: En inglés, mobile marketing. Es el marketing realizado a través de dispositivos móviles, como los teléfonos móviles. Incluye las actividades dedicadas al diseño, implantación y ejecución de las acciones de marketing.

META: Punto concreto, medible y evaluable al que se desea llegar en un tiempo.

MICROBLOGGING: También conocido como nanoblogging. Es un servicio que permite a los usuarios enviar y publicar mensajes breves, generalmente de texto. Las opciones para el envío de los mensajes varían desde sitios web, a través de SMS, mensajería instantánea o aplicaciones ad hoc. Es el intercambio de pequeños elementos de contenido, como oraciones o párrafos pequeños, imágenes, enlaces.

MINORISTAS: Por lo común son empresas pequeñas, con poca capacidad de almacenamiento y poco dinero.

MISIÓN: Propósito o razón fundamental de la existencia de una empresa.

MONITOR: Es la pantalla de visualización de una computadora personal (PC).

MUESTREO: Selección de una porción representativa para efecto de análisis de sus características.

NETWORKING: Término utilizado para referirse a las redes de telecomunicaciones en general y a las conexiones entre ellas. Es una filosofía que consiste en el establecimiento de una red profesional de contactos que nos permite darnos a conocer y al negocio, escuchar y aprender de los demás, encontrar posibles colaboradores, socios o inversionistas.

NETWORKING ACTIVO: Posibilita el intercambio de información y contactos, así como el establecimiento de relaciones con personas que compartan intereses profesionales comunes.

OBJETIVOS: Son los fines a los que se dirige toda actividad. Conforman la base de la planeación y dan sentido y orientación a todo proceso.

OFERTA: Es la cantidad de productos o servicios que cierto número de oferentes están en posibilidad de poner a disposición del mercado a un precio determinado.

ORGANIGRAMA: Representación gráfica de la estructura formal y orgánica de una empresa en la que se indican líneas de autoridad.

OUTSOURCING: Es el apoyo externo para hacer operaciones con otra empresa. Proporciona el servicio externo de la administración de los recursos humanos, la contabilidad, Sistemas (IT), telemarketing, entre otros.

PAC: Proveedor Autorizado de Certificaciones.

PÁGINA DE ATERRIZAJE: En la mercadotecnia en internet se le denomina así (del inglés landing pages), a una página web a la que una persona llega tras pulsar en el enlace de una guía, un portal o algún banner o anuncio de texto situado en otra página web o portal de internet.

PARÁMETRO: Unidad constante de medición.

PASIVO: Son las deudas de la empresa y el dinero que se adquiere en calidad de préstamo.

PASIVO CIRCULANTE: Son las deudas que tienen que pagarse a corto plazo.

PATRIMONIO: Todos los bienes patrimoniales de una familia. Inmuebles, terrenos, empresas.

PAUTA: Es el dinero que se invierte para comprar publicidad en redes sociales. Conjunto de espacios de publicidad que se seleccionan para comunicar algo por un periodo de tiempo.

PC: Abreviatura de "computadora personal"; también se conoce como microcomputador.

PDF: Siglas en inglés de Portable Document Format (formato de documento portátil).

PEDIMENTO: Declaración fiscal que debe formularse en una forma aprobada por la Secretaría de Hacienda y Crédito Público y que constituye una declaración de los impuestos causados con motivo de la realización de una importación o exportación.

PERIFÉRICOS: Cualesquiera de los dispositivos que se conectan a una computadora personal.

PITCH: Discurso breve.

PLANEACIÓN: Con base en ella se decide, con anticipación, lo que se pretende hacer, cómo hacerlo, cuándo hacerlo y quién se encargará de ello. Implica prever y seleccionar los cursos de acción a seguir en el futuro. En ella son definidos los objetivos y los medios para alcanzarlos.

POLÍTICA: Línea general de acción.

PÓLIZA: Es el documento básico del contrato de un seguro.

PRESUPUESTO: Plan establecido en términos cuantitativos de la obtención y aplicación de recursos para un periodo determinado. Cantidad de dinero asignada a una o varias actividades.

PRIMA: Es la aportación económica que paga el asegurado a una institución aseguradora por transferirle el riesgo. Es el costo del seguro. Representa la participación del asegurado en el costo del seguro.

PROCEDIMIENTO: Es un conjunto de labores concatenadas que constituyen la sucesión cronológica y la manera de ejecutar un trabajo (varios procedimientos forman un sistema).

PRODUCCIÓN: Es la transformación de las materias primas o insumos en productos requeridos por los consumidores.

PRODUCTIVIDAD: Relación entre lo producido y lo que se usa para lograrlo. Es el resultado alcanzado en relación a los recursos utilizados.

PRODUCTO: Es el resultado final de un proceso de producción.

PROGRAMAS: Son conjuntos de metas, políticas, procedimientos, reglas, asignaciones de trabajo, etapas a seguir, así como elementos y recursos necesarios para llevar a cabo un determinado curso de acción.

PROMOCIÓN: Fomentar la venta de productos o servicios de forma directa, de persona a persona.

PRONÓSTICO DE VENTAS: Es una estimación de las ventas, en dinero o unidades físicas, para determinado periodo futuro, según un plan de mercadotecnia propuesto Pronosticar es, en esencia, el arte de prever lo que quizás harán los posibles compradores.

PROPAGANDA: Comunicación masiva o directa cuyo objetivo es el de difundir y propagar ideas (políticas, religiosas, sociales, etc.).

PROTOCOLO FAMILIAR: El protocolo sirve para sentar las bases del presente y del futuro, facilitar y reglamentar la toma de decisiones entre los familiares que son accionistas de una misma empresa. Es un documento que refleja la voluntad y el compromiso de los miembros de la familia para establecer las reglas y procedimientos de convivencia y armonía.

PROYECTO DE INVERSIÓN: Conjunto de elementos que tiene como objetivo conocer cómo se debe destinar el dinero a invertir en una empresa, ya sea propio o por medio de un crédito, y qué ganancias se espera obtener.

PTU: Participación de los Trabajadores en las Utilidades de las Empresas, también conocido como *reparto de utilidades*, es una prestación obligatoria.

PUBLICIDAD: Comunicación masiva, cuyo objetivo es promover la venta de productos o servicios. Todas las actividades mediante las cuales se dirigen a los consumidores mensajes visuales y orales para persuadirlos de que compren mercancías o servicios o prefieran ciertas ideas, empresas o personas.

Punto de equilibrio: Es el punto en donde los ingresos son iguales a los egresos. Es donde no se gana ni se pierde dinero. El punto a partir del cual empiezan las utilidades o las pérdidas. Es el volumen de ventas donde se cubren todos los costos de una empresa

Rama familiar: Se refiere a las personas que son de la misma familia. Pueden ser padre, madre, hijos y nietos. Ejemplo, en una familia de tres hermanos hay tres ramas familiares.

Reaseguro: Es la cesión del riesgo asumido directamente de la empresa aseguradora a otra denominada reaseguradora.

Regalías: Es el porcentaje sobre las ventas que paga una persona física o moral que adquiere una franquicia a su propietario. Es el pago que se efectúa al titular de derecho de autor, patentes, marcas, know-how (saber hacer) a cambio del derecho a usarlos.

Relaciones públicas: Comunicación masiva o directa, cuyo objetivo es el de crear una actitud favorable por parte del público en general hacia una empresa, entidad o persona.

Rendimiento de la inversión: Es el tiempo en que se recupera la inversión. Proporción entre el monto de las utilidades logradas en un periodo y la inversión realizada.

Responsabilidad social: Es la responsabilidad que tienen las empresas, ante los impactos que sus decisiones y actividades ocasionan en la sociedad y el medio ambiente, mediante un comportamiento ético y transparente.

RFC: Registro Federal de Contribuyentes.

Robo con violencia: Es el efectuado mediante el uso de violencia exterior dejando señales visibles.

Rotación de cuentas por cobrar: Se determina dividiendo el total de las ventas netas a crédito efectuadas en un periodo determinado entre el promedio de los saldos mensuales de dichas cuentas.

Rotación de inventarios: Significa la cantidad de veces promedio que, durante un periodo determinado, se renuevan los inventarios.

S.A. DE C.V.: Sociedad Anónima de Capital Variable.

SAT: Secretaría de Administración Tributaria

Scroll: Se denomina scroll o desplazamiento al movimiento en 2D de los contenidos que conforman el escenario de un videojuego o la ventana que se muestra en una aplicación informática, por ejemplo, una página web visualizada en un navegador web.

SEO: En inglés, Search Engine Optimizers. Son las personas que realizan tareas de optimización en motores de búsqueda y se denominan *posicionadores web* o *técnicos SEO*.

SERVICIO: Es el seguimiento que se le da al uso y funcionamiento de una mercancía para verificar que está en condiciones óptimas de trabajo.

SINERGIA: Acción conjunta, concertada y coordinada de varias personas o empresas para lograr un objetivo común.

SISTEMA DE INFORMACIÓN: Un sistema de información está conformado por todas las formas escritas y automatizadas que generan, procesan, comparten y comunican algún tipo de información.

SNIE: Sistema Nacional de Incubación de Empresas.

SOFTWARE: Conjunto de programas, documentos, procedimientos y rutinas diseñados para ser operados en un sistema de cómputo.

SEE: Sistema de Emisión Electrónica

SEM: Del inglés Search Engine Marketing. Es una forma de mercadotecnia en internet que busca promover los sitios web mediante el aumento de su visibilidad en las páginas de resultados del motor de búsqueda.

SUITE OFIMÁTICA: Es la recopilación de aplicaciones informáticas utilizadas en oficinas para realizar diferentes funciones sobre archivos y documentos, como crear, modificar, organizar, escanear, imprimir, entre otros.

TARJETA: En términos de computación, es una placa de circuito impreso.

TECNOLOGÍA DIGITAL: Son los avances de la nueva era de la información, nuevas maneras de comunicación y estructuras especiales de la nueva era de la electrónica, donde todo tiene una forma sistemática de ser.

TIC: Sigla de Tecnologías de la Información y la Comunicación. Conjunto de tecnologías desarrolladas para gestionar información y enviarla de un lugar a otro. Abanico de soluciones muy amplio. Incluyen las tecnologías para almacenar información y recuperarla después, enviar y recibir información de un sitio a otro, o procesar información para poder calcular resultados y elaborar informes.

TRAMO DE CONTROL: Es el número de áreas o personas que un ejecutivo o directivo supervisa directamente.

TRANSFERENCIA DE RIESGO: Es el traspaso del riesgo a una empresa de seguros que está preparada para soportar los efectos económicos desfavorables en caso de ocurrir el accidente.

TRENDING TOPICS (#TT): Son los temas del momento. Son las palabras claves más utilizadas durante un transcurso de tiempo y que permiten conocer si un tema se ha convertido en popular. Habitualmente son de corta duración: un día, unas horas.

TUMBLR: Es una plataforma demicroblogging que permite a sus usuarios publicar textos, imágenes, videos, enlaces, citas y audio a manera de tumblelog.

UTILIDAD BRUTA: Es la diferencia entre el costo de los bienes que se vendieron y las ventas netas. También se lo conoce como margen bruto.

UTILIDAD DE OPERACIÓN: Es la diferencia que resulta de restar el total de gastos de operación a la utilidad bruta.

VENTA: Es la acción de poner al alcance de alguien un bien o un servicio para su utilización o consumo mediante el correspondiente pago del valor fijado.

VENTAJAS COMPETITIVAS: Son las características que contiene un producto o una empresa y que los hacen especiales, además de que garantizan su presencia y aceptación en el mercado.

VENTAS BRUTAS: Son todos los ingresos que se reciben por concepto de la venta de bienes y servicios.

VIABILIDAD: Que, por sus circunstancias, tiene probabilidades de poderse llevar a cabo.

VIMEO: Es una red social de internet basada en videos, lanzada en noviembre de 2004 por la compañía InterActiveCorp (IAC). El sitio permite compartir y almacenar videos digitales para que los usuarios comenten en la página de cada uno de ellos.

XML: Siglas en inglés de Extensible Markup Language (lenguaje de marcas extensible). Es el formato definido por el SAT, en el que se generan los comprobantes fiscales digitales.

BIBLIOGRAFÍA

Albrecht, B., Introducción a las PC, México, McGraw-Hill, 1997.

Alcaraz, R., El emprendedor de éxito, México, McGraw-Hill, 1995.

Alcaraz Rodríguez Rafael, El emprendedor de éxito, 5ta. edición, México, Editorial McGraw-Hill, 2015.

Alvin y Heidi Toffler, La revolución de la riqueza, Barcelona, Editorial Debate, 2006.

Andy Freire, Pasión por emprender, Punto de lectura, México, Santillana Ediciones Generales, 2011.

Anzola Rojas, Sérvulo, La actitud emprendedora, México, McGraw-Hill, 2007.

Baca Urbina, G., Evaluación de proyectos, McGraw-Hill, 1995.

Barrow, A., La esencia de la administración de pequeñas empresas, Simon & Schuster Company, 1996.

Bennet, R., Supervivencia de la pequeña empresa, Cecsa, 1992.

Bennett, M., Guía para el crecimiento de la pequeña empresa, Cecsa, 1992.

Biblioteca gobierno corporativo, colección acción empresarial, gobierno corporativo en la empresa familiar, centro de excelencia en gobierno corporativo, Editorial LID, 2009.

Bleeke, J. y Ernst, D., Collaborating to Compete, Mckinsey & Company, Inc., 1993.

Canales, R., Planifica tu éxito, de aprendiz a empresario. Sentido común y metodologías ágiles aplicadas a profesiones intelectuales, Bogotá, Ediciones de la U, 2013.

Cascio, J. et al., Guía ISO 14000, México, McGraw-Hill, 1996.

Castro, Cecilia de, Seis Sigma, el último grito de la calidad, Diario Clarín, 2003.

Cohen, Dan S., Las claves del cambio. Una guía de campo. Herramientas y técnicas para liderar el cambio en su organización, Barcelona, Ediciones Deusto 2007.

Cornejo Miguel Ángel, Valores de excelencia para triunfar, México, Editorial Grad, 1996.

Deep, S. y Sussman L., Guía de estrategias inteligentes, Promexa, 1991.

Del Río González, C., Costos para administradores y dirigentes, Editorial Ecafsa, 1985.

Dickson, F. J., El éxito en la administración de empresas medianas y pequeñas, México, Diana, 1974.

Dolabela, Fernando, Taller del emprendedor, Editorial A.U.G., 2006.

Drucker, P. F., La gerencia de empresas, México, Hermes, 1979.

Drucker, P. F., El ejecutivo eficaz, México, Hermes, 1984.

Elvia Teresa Aguilar Sanders y Ana Lucía Recaman Mejía, Innovación, emprendimiento y sustentabilidad, México, De La Salle ediciones, México, 2013, 2015.

Finnigan, J. P., Guía de benchmarking empresarial, Prentice-Hall Hipanoamericana, 1993.

Fleitman, J., Evaluación integral, McGraw-Hill, 1993.

Fleitman, J., Evaluación integral para implantar modelos de calidad, México, Pax, 2009 y 2015.

Flores, J., Plan de negocios para pequeñas empresas, Bogotá, Ediciones de la U, 2013.

Franklin, F. y Enrique Benjamin, Auditoría administrativa. Evaluación y diagnóstico, México, Pearson, educación de México, 2013.

Galloway, Dianne, Mejora continua de procesos, Barcelona, Editorial gestión 2000, 2002

González Calvillo, E., La experiencia de las franquicias, México, McGraw-Hill, 1993.

Hammer, M. y Champy, J., Reingeniería, México, Grupo Editorial Norma, 1994.

Hernández y Rodríguez, S., Introducción a la administración, México, McGraw-Hill, 1994.

Hickman, C. R., The Strategy Game, McGraw-Hill, 1993.

Howard Minkin, B., El futuro en los negocios, Prentice-Hall Hispanoamericana, 1995.

Huczynski, A., Cómo influir en la empresa y triunfar, Prentice-Hall, 1997.

Joyanes Aguilar, L., Cibersociedad, México, McGraw-Hill, 1997.

Kennedy, D., Las 25 verdades secretas de los negocios, México, McGraw-Hill, 1997.

Kohan Silvia Adela, Los secretos de la creatividad. Madrid, Ed. Alba, 2006.

Kotler Philip, Los 80 conceptos esenciales de marketing, Pearson, 2003.

Kotler Philip Y Jhon A. Caslione, la ciencia del caos, Gestión, 2009.

Laura Suárez Samper, Emprendedores, Endeavor, La nueva cara de México vi, 2014.

Leboeuf, M., Cómo hacer clientes y conservarlos, Grijalbo, 1995.

Litterer, Joseph A., Análisis de las organizaciones, Limusa, 1979.

Macías Santiago y Víctor Miklos, Capacitación y competitividad, Concamín, 2004.

Martin, Ch., Inicie su propio negocio, Grupo Editorial Iberoamérica, 1994.

Mercado, H. S., Administración aplicada, Limusa, 1990.

Merrill, R. E. y Sedwick, H. D., Manual del nuevo empresario, Grupo Editorial Iberoamérica, 1993.

Middleton, Julia, Liderazgo y empatía, inteligencia cultural, Bloomsbury Publishing, Ediciones B, 2015.

Monnich, Herbert C. Jr., iso 9001:2000, México, Editorial Panorama, 2003.

Ediciones profesionales Microsoft, Diccionario de informática e internet, México, McGraw-Hill Interamericana de España, 2005.

Morris, D. y Brandon, J., Reingeniería, México, McGraw-Hill, 1994.

Muñoz Garduño, J., Introducción a la administración, Diana, 1991.

Guías de gestión de la pequeña empresa. Objetivo: rentabilidad y diagnóstico de la empresa, México, Ediciones Díaz de Santos, 1995.

Pedraza, O., Modelo del plan de negocios, México, Patria, 2011.

Peters, Tom, 50 claves para hacer de usted una marca, Barcelona, Ediciones Deusto, 2005

Pinto Villatoro, R., Proceso de capacitación, México, Diana, 1990.

Puchol, Luis, El libro del emprendedor, Díaz de Santos, 2005.

Rachman, D. et al., Introducción a los negocios, México, McGraw–Hill, 1998.

Reyes Ponce, Agustín, Administración Moderna, Limusa, 1992.

Ruiz González, Carlos, El quehacer del director, México, Océano, Ipade, 2015.

Shefsky, L. F., Los emprendedores no nacen, se hacen, México, McGraw-Hill, 1997.

Siliceo Aguilar, A., Líderes para el siglo xxi, México, McGraw-Hill, 1997.

Steve, France, Evaluación de 360, México, Editorial Panorama, 2002.

Stoner, J. et al., Administración, Prentice Hall, 1996.

Vergara, et al., Cuide su dinero y mejore su economía, México, McGraw-Hill, 1997.

Wang, Ch. B., Tecnovisión, México, McGraw-Hill, 1996.

Wayne Corcoran, A. Costos, contabilidad análisis y control, México, Editorial Noriega Limusa, 1983.

Wikipedia, La enciclopedia de contenido libre.

Wragg, D., Relaciones públicas para mercadeo y ventas, Fondo Editorial Legis, 1992.

Zamorano, E., Las causas del fracaso de las empresas, Grijalbo, 1997.

Zurita, P., Ser empresario. Nuevos modelos de conducta empresarial, Bogotá, Ediciones de la U, 2011.

Esta obra se terminó de imprimir el mes de octubre de 2018
en los talleres de Editorial Progreso, S. A. de C. V.,
Naranjo Núm. 248, Colonia Santa María la Ribera,
Delegación Cuauhtémoc. C. P. 06400, Ciudad de México